上海时尚之都建设路径决策咨询报告

本书获2019年度上海市教育委员会文教结合项目资助

主编　卞向阳

副主编　韩哲宇　李林臻

东华大学出版社

·上海·

内容简介

《上海时尚之都建设路径决策咨询报告》是对巴黎、伦敦、米兰、纽约、东京国际五大时尚之都时尚建设要素的梳理与总结，同时针对上海时尚之都建设，对其产业现状与发展方向展开了有益探讨，围绕时尚与创意、本土与国际、科技与创新、品牌与产业、社会与人才等多元视角为上海发展时尚产业、建设国际化时尚都市开拓思路，提供了决策路径，以期推进上海"时尚之都"建设，助力上海早日成为先锋时尚的出品地、潮流文化的荟聚地、时尚创新的策源地、时尚消费的引领地、时尚传播的核心地。

书稿首章阐明了时尚的概念、内容与特性；解读了发展时尚产业建设的重点要素；总结了国际五大时尚之都与上海发展时尚产业的背景。第二至第六章分别从时尚事件、时尚产业集聚区、时尚品牌和设计师、时尚文化和时尚教育、时尚产业链管理五大时尚产业建设要素出发，一方面对巴黎、伦敦、米兰、纽约和东京时尚产业建设要素的类型与特征展开专题分析；另一方面针对上海时尚产业建设要素各环节发展现状、特征表现、现存问题与对策途径进行论述。从中可以看出，五大国际时尚之都的形成和发展均具备各自的途径和特色，它们的时尚产业公共管理机制不断完善成熟，拥有标志性的时尚品牌、设计师、地标、时尚聚集区，同时具备特色的时尚事件和文化教育等要素，它们在全球时尚产业链中具有国际公认的领导地位。参照之下，上海虽然已经拥有发展时尚产业，成为国际时尚之都的基础，但也还有一定的差距需要加倍努力，而国际五大时尚之都发展中的很多经验教训就值得我们学习借鉴。于是在最终章，结合时代背景，针对科技创新驱动、数字创新赋能、品牌提质增效、可持续时尚强化、消费牵引推进、人才培养支撑、产业链优化引领七个方面提出关于上海时尚之都建设的发展建议。

图书在版编目（CIP）数据

上海时尚之都建设路径决策咨询报告 / 卞向阳主编；韩哲

宇，李林臻副主编. — 上海：东华大学出版社，2023.10

ISBN 978-7-5669-2281-6

Ⅰ．①上… Ⅱ．①卞… ②韩… ③李… Ⅲ．①城市建

设－研究报告－上海 Ⅳ．① F299.275.1

中国国家版本图书馆 CIP 数据核字（2023）第 209023 号

上海时尚之都建设路径决策咨询报告
SHANGHAI SHISHANG ZHI DU JIANSHE LUJING JUECE ZIXUN BAOGAO

主　　编：卞向阳
副 主 编：韩哲宇　李林臻

责任编辑：杜亚玲
封面设计：Callen

出　　版：东华大学出版社（上海市延安西路1882号，200051）
网　　址：http：//dhupress.dhu.edu.cn
天猫旗舰店：http：//dhdx.tmall.com
营销中心：021-62193056　62373056　62379558
印　　刷：上海颛辉印刷厂有限公司
开　　本：889 mm×1194 mm　1/16
印　　张：14.75
字　　数：520千字
版　　次：2023年10月第1版
印　　次：2023年10月第1次印刷
书　　号：ISBN 978-7-5669-2281-6
定　　价：128.00元

PREFACE
前言

在信息化与全球化的大背景下，"多中心化"的时尚城市体系正在形成，时尚产业日益成为提升城市影响力的巨大能量。我国作为世界第二大经济体，经济快速发展且具备强大的消费潜力，是全球最活跃的时尚市场之一，也是国际时尚界聚焦的中心。

时尚经济作为带动我国经济发展的重要力量，引导各地方政府开始重视时尚产业的发展，许多城市纷纷提出"建设时尚之都"的发展规划。上海市作为我国经济、金融、贸易、航运及科技创新中心，其商贸高度发达、产业实力雄厚，在城市GDP中常年排名第一。同时，上海也在全球消费资源配置和消费创新引领方面具备较强能力，集聚了地理位置优越、国际化程度领先、创新型人才集中等众多优势。更为重要的是，上海时尚产业深受海派文化的滋养，向来底蕴深厚，时尚氛围浓郁。这些均为上海时尚之都建设提供了更加有利的先天条件、发展环境和机遇挑战。

诚然，在20世纪的大部分时间里，巴黎、米兰、伦敦和纽约四大城市一直都是世界范围内具有影响力的时尚中心。这些城市拥有大型的时装公司与国际知名品牌，它们是世界级时装周活动的东道主，是国际时尚的潮流引领者。之后，东京迎头赶上，以服装、动漫、数码等特色时尚领域获得了国际时尚话语权，成为了第五大国际时尚之都。这些具备国际五大时尚之都美誉的城市，无疑可以作为上海时尚之都建设路径上的标杆。

《上海时尚之都建设路径决策咨询报告》便是在这一基础上提出并完成的。相信无论是上海还是其他以国际时尚之都为目标的城市，都会期待有关五大时尚之都建设要素的梳理与规律性总结，进而寻求自己的建设之路。

报告的第一章为概念和范畴。以综述形式阐述了时尚的概念、内容与特性；解读了发展时尚产业建设的重点要素；总结了国际五大时尚之都与上海发展时尚产业的背景。

第二至第六章分别从时尚事件、时尚产业集聚区、时尚品牌和设计师、时尚文化和时尚教育、时尚产业链管理五大时尚产业建设要素出发，一方面对巴黎、伦敦、米兰、纽约和东京时尚产业建设要素的类型与特征展开专题分析；另一方面针对上海时尚产业建设要素各环节发展现状、特征表现、现存问题与对策途径进行论述。从中可以看出，五大国际时尚之都的形成和发展均具备各自的途径和特色，它们的时尚产业公共管理机制不断完善成熟，拥有标志性的时尚品牌、设计师、地标、时尚聚集区，同时具备特色的时尚事件和文化教育等要素，它们在全球时尚产业链中具有国际公认的领导地位。

参照之下，上海虽然已经拥有发展时尚产业，成为国际时尚之都的基础，但也还有一定的差距需要加倍努力，而国际五大时尚之都发展中的很多经验教训就值得我们学习借鉴。于是在第七章，报告最终结合时代背景，针对科技创新驱动、数字创新赋能、品牌提质增效、可持续时尚强化、消费牵引推进、人才培养支撑、产业链优化引领七个方面提出关于上海时尚之都建设的发展建议。

时尚反映了一个城市的独特性和价值观，成为城市活力的象征，折射出城市的历史文化底蕴和时代气息。时尚产业作为城市魅力之源，正在改变着传统产业的生产经营模式，革新着人们的观念和生活方式。上海的城市历史遍布着对时尚之都探索的足迹，这种探索孕育了上海的风尚，不断引领着这座城市的进步和发展。

我们看到，即便遭遇新冠肺炎疫情的冲击，上海在时尚之都的建设路径上仍然勇往直前，将威胁化作挑战和驱力，不但加速进行数字渠道的产业链改造升级，还将人民不断提高的时尚消费需求转化为上海打造自主时尚品牌、发展时尚产业的重要机遇。在上海奋起直追建设国际时尚之都的道路上，实时分析上海时尚产业的发展现状，深入研究国际时尚之都崛起的规律，大胆探索上海发展时尚产业的路径，把上海打造成国际时尚之都，是摆在我们面前的一个核心课题。

《上海时尚之都建设路径决策咨询报告》是对国际时尚城市的梳理汇总，同时也是对上海时尚产业现状与发展的有益探讨，从实践角度为上海发展时尚产业、建设国际化时尚都市开拓思路，整合提供了围绕时尚与创意、本土与国际、科技与创新、品牌与产业、社会与人才等多元视角下的路径决策建议，以期推进上海"时尚之都"建设，助力上海早日成为先锋时尚的出品地、潮流文化的荟聚地、时尚创新的策源地、时尚消费的引领地、时尚传播的核心地。

CONTENTS
目录

第一节 什么是时尚

一、时尚的概念与内容

《辞海》对时尚的界定，可作如下解释：所谓"时尚"，是一种外表行为模式的流传现象。属于人类行为的文化模式的范畴。其通常表现为在服饰、语言、文艺、宗教等方面的新奇事物往往迅速被人们采用、模仿和推广。目的是表达人们对美好的爱好和欣赏，或借此发泄个人内心被压抑的情绪。[①]

其实，从广义的角度看，代表着人类新的生活方式、生活态度的任何事物（实体的或非实体的）都是时尚，它的本质是创新。[②] 从经济角度看，在某一特定时期，某种设计风格或款式被人们接受并传播流行，则成为时尚。从含义的范围来看，一种是相对广义的时尚，另一种是相对狭义的时装（式样）。由此可见，时尚与服装服饰有天然的联系。对于当代时尚所包含的内容，根据与人的紧密程度和流行显现度从高到低可划分为核心层、扩展层、延伸层和放射层4个层次，每个层次的内容见表1-1。

表1-1　时尚的层次类型和内容

层次类型	内　容
核心层	人体及修饰。如服装、饰品、化妆等
扩展层	与生活密切相关的物和事。如家用纺织品、家具、手机等电子产品乃至建筑、景观等
延伸层	人积极参与的大众艺术以及与生活娱乐有关的行为及事物。如流行的电视剧和运动项目等
放射层	与人的思维和行为有关的具有流行特征的种种活动

2017年12月，中共上海市委、上海市人民政府印发的《关于加快本市文化创意产业创新发展的若干意见》第13条指出：建设国际时尚之都。加强时尚服装、饰品产业原创设计，工艺改进，品牌定位和商业模式创新，重点布局环东华时尚创意产业集聚区、上海国际时尚中心等公共载体。支持贵金属首饰、宝玉石、陶瓷等工艺美术业规模化和精品化发展，重点布局世界手工艺产业博览园、上海木文化博览园等公共载体。聚焦东方文化特色的护肤、彩妆产品和环保可降解的护理、洗涤产品，大力发展符合东方文化特质的美丽产业，重点布局以"东方美谷"为核心的"一核二片五联动"美丽健康产业集群。打造以海派家具、家纺龙头企业为主体的时尚家居产业集群。大力发展智能可穿戴设备、智能健身运动器材等，培育时尚数码产

---

① 辞海编辑委员会.辞海[M].上海：上海辞书出版社，2010：3557.
② 顾庆良.时尚产业导论[M].上海：上海人民出版社，2010：19.

业集群。培育促进时尚消费，把上海时装周打造成为具有国际影响力的中外时尚设计师集聚平台、时尚品牌国内外发布推广平台和时尚产业"亚洲最大订货季"平台。加强上海时尚之都促进中心等平台建设。推进时尚设计咨询、贸易流通、时尚传播、流行趋势和指数发布等时尚服务业发展。可见，上海时尚之都建设主要是树立"大时尚"产业及消费概念，涵盖服装服饰、家具家居、工艺美术、健康运动、美丽保健五大行业。

之后，上海市政府又不断推出一系列重要政策举措，将时尚所涉及的领域逐步丰富。上海"十四五"规划提出打造"3+6"产业体系，"时尚消费品"首次成为支撑未来上海发展的六大重点产业之一，重点发展时尚服饰、绿色食品、美妆护肤、珠宝首饰、智能家居、时尚数码、运动健身、适老及婴童用品等特色行业，延伸发展创意设计、时尚体验等服务业。《上海市时尚消费品产业高质量发展行动计划（2022—2025年）》中又以需求牵引供给侧结构性改革，瞄准前沿消费升级趋势与产业升级方向，聚焦"时尚八品"——服饰尚品、化妆美品、精致食品、运动优品、智能用品、生活佳品、工艺精品、数字潮品。很显然，在技术创新、信息发展以及全球化的潮流下，时尚所涵盖的范围不断外延，与我们的生活与态度息息相关。

二、时尚的特性

时尚主要具有五大特性：

第一，时尚具有新颖性和奇特性。基于人类追求新奇的心态，新颖和奇特成为时尚之所以吸引人的磁石。当然，绝对的新颖和奇特或许未必总是存在，但相对新颖却是时尚的永恒法则。从这一角度看，时尚是永恒和短暂的混合体。

第二，时尚具有人本性和设计性。从时尚的内容可以看出，时尚是依附于人而存在的；从时尚的产生看，人的行为是时尚的根源；从时尚的功能看，时尚是为体现人的感受和情绪，或因美好而炫耀，或因压抑而发泄。正是因为时尚的人本性，因此现代时尚体现出强烈的设计性，当然这种设计是一种广义的概念，时尚可以被有意识地创造、压制或者推广。[①]

第三，时尚具有城市性和群体性。自从有了城市以后，城市就成为时尚的焦点和榜样，时尚通常按照大城市、中小城市、农村的顺序加以传播。时尚属于一种群体性行为，从众是时尚的基本特征。时尚在某一群体中按照上传或者下传方式传播并呈现常态分布，在不同群体按照具有可能的水平传播或者相互影响。

第四，时尚具有时效性和预期变化性。时尚的新颖和奇特注定了其具有时效性并进而具备时代特色。当时尚传播到一定的规模，按照模仿——界限理论，时尚先驱就会去创造新的时尚，因此时尚是预期会发生变化的，时尚行业也正是利用这样的原理来进行流行预测及发布乃至引领性地创造时尚。

第五，时尚具有文化性和经济性。时尚是一种文化系统，必然具有文化特性，其已经成为后现代社会文化的重要表征，仅就作为文化重要组成的习俗而言，它是时尚的凝固，而时尚则可以看作是流动的习俗。时尚与人的物质创造和享用密切相关，并因为其对于新颖、奇特的追求以及人本性和设计性而推动和加速了物质的创造和消费。

---

① 刘清平. 时尚美学 [M]. 上海：复旦大学出版社，2008：50-58、89-91

第二节　时尚产业五大建设要素

一、时尚事件的概念与内容

时尚事件是指如时装周、时尚评选大赛、时尚展会、时尚展览、时尚产品发布等这类会引发人类新的生活方式、生活态度的转变，且对时尚氛围和传播起到积极促进作用的大型时尚活动。一座城市时尚事件发生的多少，对于城市经济发展、文化建设和时尚产业的指引导向而言有着尤为重要的作用。利用时尚事件聚集人才、产品、品牌、联动时尚产业聚集区和时尚传媒，聚合时尚产业链和价值链，形成和展现时尚话语权，将时尚事件变成时尚之都建设的重要标志是我们的目标。

二、时尚产业集聚区的概念与内容

产业集聚区，亦可称为"产业集群"，指政府统一规划，企业相对集中，实现资源集约利用，提高整体效益的区域，包括经济技术开发区、高新技术产业开发区、工业园区、现代服务业园区、科技创新园区、加工贸易园区、高效农业园区等在内的各类开发区和园区。[①]

英国新古典经济学家马歇尔（Alfred Marshall）最早提出了"产业区"理论。马歇尔在研究早期的工业地域分布时，发现在产业集聚区域中，专用机械和专用人才具有较高的效率，于是将一家大企业附近聚集很多小企业的区域称为"产业区"。韦伯（Alfred Weber）是最早提出"集聚经济"概念的学者。他从区位角度研究产业的集中，认为聚集经济是产业的生产活动、贸易活动以及其他与经济行为有关活动在区域上具有较明显的集中倾向，形成一种地理性集聚的"产业区"状态。"产业综合体"这一概念则是由艾萨德（Walter Isard）提出的。其认为，产业综合体是特定区位内的一组经济活动，它们属于一个系统，当系统的生产、市场以及技术等活动都处于同一空间时，通过系统内经济活动互相联系，能够减少经济上的成本。迈克尔·波特（MichaelPorter）提出"产业集群"是指在某一特定领域中，将一群在地理上邻近、有交互关联性的企业和其他相应机构，依靠彼此的共通性和互补性而相联接的现象。[②]

由产业集聚区或产业集群的相关概念可知，其具备明确的基本特征。首先，产业集群是一种产业组织形式；其次，产业集群的形成基础是专业化分工；第三，产业集群在地域分布上具有地理邻近性和空间集聚性；第四，产业集群具有网络化的组织结构，这一组织结构包含了从投入到产出再到流通各个环节，提高了各个环节的生产效率。

时尚产业集聚区，简单来说，就是以时尚主导产业为支撑而形成的功能区域。它是由多个独立又彼此关联的、具备时尚文化内涵的企业以及相关支撑机构，根据专业分工和协作联系而聚集形成的产业组织。可以说，时尚产业集聚区基本囊括了时尚创意产业链上所有上下游的企业，并且企业地理坐标相邻，存在于一定空间内。

① 什么是产业集聚区 [EB/OL].https://www.yebaike.com/22/879766.html.
② 吕洁.环东华大学时尚创意产业集群发展模式研究 [D].东华大学，2011：8-9.

时尚产业集聚区的发展是从"时尚创意企业在空间上简单集聚"到"企业之间建立业务协作关系，打造时尚创意产业"，再到"形成具有创新能力和竞争优势的产业集聚区"的过程。①

三、时尚品牌和设计师的概念与内容

（一）时尚品牌

品牌一词的英文为"brand"，来源于古挪威文字"brandr"，中文意思为"烙印"，在当时，西方游牧部落在马背上打上不同的烙印，用以区分自己的财产，这是原始的商品命名方式，同时也是现代品牌概念的来源。②由此可知，品牌最初的功能是用于识别和区分。

在现代背景下，品牌的定义又是什么？其在诸多现代营销学和品牌理论的著作中被赋予了不同的定义。1960年，美国营销学会（AMA）对品牌的定义为："品牌是一种名称、术语、标记、符号和设计，或是它们的组合运用，其目的是借以辨认某个或某群销售者的产品和服务，并使之同竞争对手的产品和服务区别开来。"③《辞海》中也显示："品牌是指企业对其提供的货物或服务所定的名称、术语、记号、象征、设计，或其组合。主要是供消费者识别之用。"④两者对于品牌的解释并无本质差异。凯文·莱恩·凯勒（Kevin Lane Keller）在《战略品牌管理》中提出，品牌的定义不仅仅是指市场上实际创造品牌认知、声誉、知名度等，更需要强调品牌内涵的重要性。⑤戴维·阿克（David Aaker）则认为："品牌不仅仅是一个名称或标志，而是一个公司对消费者的承诺，它传递给消费者的不只是功能利益，还包括情感利益、自我利益和社会利益。但一个品牌又不仅仅是承诺的兑现，它更像是一段旅程，一段基于消费者每次与品牌接触的感知和与经验而不断发展的消费者关系。"⑥

可见，在对品牌的界定中，一直强调不变的是其重要的识别功能，品牌是名称、标记、术语等一切可用于展示，并区别于其他竞争者的符号集合。此外，品牌的内涵也不断延伸，同时也代表着一种承诺和美誉，作为一种无形资产为企业创造价值，并最终满足消费者的价值需求。而所谓时尚品牌，即指以时尚产品为主或者以时尚为核心价值的品牌。时尚品牌已成为人类经济社会活动中最活跃而出彩的符号，丰富的时尚产品出现在人类生活的每个地方、每个领域，而品牌更赋予时尚产品深刻的精神内涵、多元的文化渊源和生动的个性特质。⑦

（二）设计师

从本质上说，设计是一种社会性工作，而设计师则是为社会、为大众带来时尚的一种职业。从广义上来说，设计师是对设计事物的人的泛称，通常是在某个特定的专门领域进行创造或提供创意的工作者，其通常是利用绘画或其他各种视觉传达的方式来表现他们的工作或作品，大到建筑的建设，小到家庭房屋的装饰装修，只要具有创新精神，只要设计出来的物品具有审美的意义，他们皆可被称为设计师。

① 顾庆良.时尚产业导论[M].上海：上海人民出版社，2010：227.
② "品牌"名词定义[EB/OL].https://baike.baidu.com/item/品牌/235720?fr=aladdin
③ [美]凯文·莱恩·凯勒.战略品牌管理[M].吴水龙、何云，译.北京：中国人民大学出版社，2014：4.
④ 辞海编辑委员会.辞海[M].上海：上海辞书出版社，2010：2996.
⑤ 同③.
⑥ [美]戴维·阿克.品牌大师：塑造成功品牌的20条法则[M].王宁子，译.北京：中信出版社，2015：IX.
⑦ 顾庆良.时尚产业导论[M].上海：上海人民出版社，2010：150.

从狭义上来说，是指学习过专业知识，具备专业才能，为企业设计产品的专业人才。因为是为企业设计产品的，所以这类设计师必然首先是考虑到企业的利益，这就为设计师设计的物品贴上了"商品"的标签，其次才考虑到设计本身应该具有的美学意义。设计师也分为很多种，设计服装的人称为服装设计师，设计建筑的人称为建筑设计师，另外还有室内设计师、软件设计师、珠宝设计师等。[①]

四、时尚文化和时尚教育的概念与内容

（一）时尚文化

时尚文化是现代社会独有的文化现象，反映了某一特定时期内的政治经济形态，并伴随着社会转型、技术革新、艺术变革等文化的发展逐渐形成。时尚文化作为"反映现代社会政治、经济、科技、艺术等发展变革的一面镜子"，将人类文明的演变推进一一呈现，直接反映了具体的时尚内容与发展结果。时尚文化不仅反射出人类文明的演变推进，更是社会变迁的文化缩影。前沿性、崭新性、活跃性是时尚文化特有的显著特征。与此同时，伴随着现代社会物质文明、社会结构、新兴传播手段的日益盛行，大众传媒逐渐出现一些零星多样的时尚元素，它们经充分反应聚合，最终形成具有广泛传播性和深远影响力的社会大众行为，于是，时尚文化诞生。它的诞生对社会具有一定的作用力和影响力，并常常借助时代先进传媒工具传播与消亡。[②]

（二）时尚教育

时尚教育是围绕城市生活和时尚文化产业背景，以丰富当代城市时尚文化生活，提升城市整体时尚文化品位，实现平台共享，资源对接，进而实现人才输送、产业促动为目的，而展开的研究和专门人才培养。[③]

五、时尚产业链管理的概念与内容

（一）产业链和时尚产业链

产业链作为产业经济学中的一个概念，是各个产业部门之间基于一定的技术经济关联，并依据特定的逻辑关系和时空布局关系客观形成的链条式关联关系形态。产业链主要包含四个维度，分别是价值链、企业链、供需链、空间链，这四个维度共同组成了产业链这个概念。

狭义产业链是指从原材料一直到终端产品制造的各生产部门的完整链条。广义产业链则是在面向生产的狭义产业链基础上尽可能地向上下游拓展延伸。产业链向上游延伸一般使得产业链进入到基础产业环节和技术研发环节，向下游拓展则进入到市场环节。产业链的实质就是不同产业的企业之间的关联，而这种产业关联的实质则是各产业中的企业之间的供给与需求的关联。

时尚产业不是一个行业，而是由许多行业组成的集合体，所以它们的产业链会有所差异。从大的方面涉及服装、香水、化妆品、皮具、工业设计的各个环节，小

① 朱亚男.个体对时尚影响的消减过程[D].北京服装学院，2015：23.
② 李雯.校园时尚文化视域下高校大学生思想政治教育研究[D].北京化工大学，2016：6.
③ 张国栋.当代城市时尚文化教育交流平台功能性研究——以武汉时尚艺术季平台打造为例[J].文艺生活·中旬刊，2019（6）：273，276.

的方面则包括从原料选择、开发设计、生产制作到销售整个过程。以服装行业为例，服装产业链包含纤维、纱线等原料供应行业，承担编织、染色等生产工序的纺织行业，服装产品策划或生产再出售零售商的服装行业及销售给最终消费者的服装零售业四大类。

概括而言，时尚产业链是以时尚产业相关企业为链核，以时尚产品为联系，以技术和资本为纽带，以相关及辅助产业为支撑，上下连接与延伸，前后衔接所形成的具有价值增值功能的关系链。

（二）时尚产业链管理

产业链管理是一种集成化的管理思想和方法，是从某个特定产业的角度来强调对其中的人、财、物以及信息、技术等要素的管理，涉及物流、信息、组织、技术等相关方面，以寻求整个产业的最优效益和提升产业的综合竞争力。

综上，时尚产业链管理，是为达到时尚产业的最优效益，对构成时尚产业内所有具有连续追加价值关系的经济活动的集合，包括物流、信息、组织、技术等方面进行的管理，即产业链中的人、财、物以及信息、技术等要素的管理。

第三节　国际五大时尚之都的概况

一、概念和标准

时尚之都即时尚中心城市，是在时尚领域具有相当影响力，策源时尚流行、引领时尚潮流、荟萃时尚品牌、集聚时尚企业、推动时尚传播的城市。什么样的城市才能算是国际时尚之都，从来就没有公认的定论。目前，巴黎、伦敦、米兰、纽约和东京是我们经常称为"国际时尚之都"的五个城市，以下我们也将以这五大时尚之都作为典型案例加以分析。

考察上述城市可以发现，对于国际时尚潮流的引领性和影响力、城市时尚风格和文化的独到性和吸引力、时尚产业的特性和实力是能否成为国际时尚之都的重要指标。而其所在国家和城市的政治、经济和文化实力则是基本保证。也正因如此，有些欧洲学者不承认东京是国际时尚之都，因为其对于国际范围内的时尚潮流的引导力不够。甚至在20世纪90年代也还有人认为纽约不能算是国际时尚之都，因为纽约设计的艺术性和个性不足。但在时代变化的潮流下，每座城市都表达出其独到的时尚语境，加之时尚的涵盖面越来越广，这五大国际时尚之都都发挥着各自的时尚魅力。

追溯"国际五大时尚之都"称谓的由来可以发现，事实上它们是从"国际五大时装之都"演变过来的，这一方面说明了时装在时尚中的重要性，另一方面，在称谓中从时装到时尚的变化表明，其衡量角度已经从时装转向范围更加宽广的时尚。不仅包括时尚产业的物质产品，也包括文化范畴的生活方式，进而成为城市经济、文化等综合实力的考量。这不但说明时尚产业的重要性，也提醒我们不能忽视时尚对于城市文化的贡献以及时尚产业除产业经济本身之外的作用和意义。

值得注意的是，关于时尚之都建设的意义和作用已经远远超出时尚产业的范畴。

五大时尚之都所在国家和城市对于时尚之都建设的投入有着丰厚的回报，简而言之，它不但给所在城市、国家和社会带来更多的财富，积淀更厚的特色文化，其时尚产品和时尚文化已经有形或者无形中成为那些国家和城市在全球化口号中在世界范围中获取经济、文化乃至政治利益的温柔利器。

二、国际五大时尚之都的发展背景

（一）巴黎

1. 巴黎的人文地理背景

巴黎是法国的首都和最大城市，也是法国的政治、经济、文化和商业中心，是世界上最繁华的都市之一。巴黎地处法国北部，塞纳河西岸，距河口（英吉利海峡）375公里。塞纳河蜿蜒穿过城市，形成两座河心岛（西堤岛和圣路易岛）。巴黎属温和的海洋性气候，夏无酷暑，冬无严寒，气候宜人。巴黎有小巴黎、大巴黎之分。小巴黎指大环城公路以内的巴黎城市内，面积105.4平方公里，人口约224万（2019年）。大巴黎包括城区周围的七个省，面积达12 000平方公里，人口约1 100万，几乎占法国人口的六分之一。因此巴黎不仅是法国最大的城市，也是世界人口最多的大都市之一。巴黎是全球最繁忙的交通枢纽之一，有两座国际机场：位于巴黎东北方的夏尔·戴高乐国际机场（Aeroport international Charles de Gaulle）以及南方的奥利机场（Aeroport de Paris-Orly）。

2. 巴黎的政治经济背景

巴黎一直以来都是法国的政治中心和权力机构的所在地。法国总统府（爱丽舍宫）、国民议会和参议院等也都设在这里。

巴黎是法国的经济和金融中心。其纺织、电器、汽车、飞机等工业都非常发达，时装和化妆品工业更是举世闻名。巴黎设有许多世界性的大银行、大公司和大交易所，它们以巴黎为基地，积极开展国际性业务，构成了一个国际性营业网。

巴黎还是一座"世界会议城"，它以明丽的风景、丰富的名胜古迹、多姿多彩的文化活动以及现代化的服务设施，迎来了众多的国际会议。联合国教科文组织、经济与合作发展组织等国际组织的总部均设在巴黎。

3. 巴黎的时尚文化背景

巴黎是法国的文化中心。那里有众多世界闻名的大学、图书馆、博物馆、展览馆、剧场及剧院。巴黎还是艺术之都，是文学家、艺术家诞生的摇篮，先后涌现出莫里哀、雨果、巴尔扎克、大仲马等大文豪，以及立体派、野兽派、新艺术运动等许多近现代的艺术及设计流派。巴黎众多的国立美术馆、博物馆荟萃了各个时期的艺术珍品。政府对于文化艺术事业的大力支持，使得每一个巴黎人从小就受到浓厚的文化艺术熏陶。

时至今日，巴黎不但是世界级城市，更代表一种鲜明的文化标志。公元前4200年就已吸引人群聚居的巴黎，是世界上最古老的城市之一。不同于其它大城市，巴黎逃过了无数次的天灾人祸，在不断往前迈进的发展过程中，保留了历史的印记。长久以来，巴黎恪守严格的城市规划，不管是建筑物高度、街道宽度等都极重视整体的美感。同样，巴黎也保存了许多古老的手工艺工坊及特有的高级定制文化，这让巴黎时尚成为了时尚的引领地。这个城市的建筑物形态各异，街市繁华，市内到处是琳琅满目的商店和美不胜收的园林，因此在各国名城之中，它享有世界"花都"之誉。

巴黎得天独厚的自然条件、深厚独特的历史文化底蕴，加上巴黎的时尚产业和时尚人群，让巴黎在其政治、经济、文化的作用下，顺理成章地成为国际时尚之都的先驱，也具备了足以举办与时尚相关的大型活动的先天条件。

（二）伦敦

1. 伦敦的人文地理背景

伦敦是英国的首都、第一大城市及第一大港。行政区域可划分为伦敦城和32个市区，伦敦城外的12个市区称为内伦敦，其它20个市区称为外伦敦。伦敦城、内伦敦、外伦敦构成大伦敦市。整个大伦敦市面积1 577.3平方公里，人口约890万（2017年）。大伦敦市又可分为伦敦城、西伦敦、东伦敦、南区和港口。伦敦城是金融和贸易中心，西伦敦是英国王宫、首相官邸、议会和政府各部所在地，东伦敦是工业区和工人住宅区，南区是工商业和住宅混合区，港口是指伦敦塔桥至泰晤士河河口之间的地区。伦敦受北大西洋暖流和西风影响，属温带海洋性气候，四季温差小，夏季凉爽，冬季温暖，空气湿润，多雨雾，秋冬尤甚。

伦敦的市内交通便利，地铁是市内主要交通工具。1863年1月10日，世界上第一条地下铁路——伦敦地下铁路开始通车。伦敦地铁的技术和管理设备先进，所有调度和信号系统均为自动控制。1897年，伦敦开始有公共汽车服务，是世界上最早有公共汽车的城市之一。

伦敦是重要的国际航空交通站之一。有超过八座机场在名称中都使用了"伦敦机场"，但大多数的运输量都是通过其中的五座主要机场完成的。伦敦希思罗国际机场（London Heathrow International Airport）是全世界最繁忙的国际机场之一，处理各种国内、欧洲以及跨洲的乘客及航班。此外，盖威克机场（London Gatwick Airport）、斯坦斯特德机场（London Stansted Airport）、卢顿机场（London Luton Airport）、伦敦城市机场（London City Airport）则主要提供廉价短程航班或小型公务机服务。

欧洲之星（Eurostar）列车可从伦敦的圣潘可拉斯车站（St Pancras）通往法国的里尔和巴黎，以及比利时的布鲁塞尔。伦敦港是全英国最繁忙的港口，水路交通及码头等相关设施主要集中在泰晤士河沿岸，并与70多个国家的港口建立了联系。

伦敦是一个非常多元化的大都市，其居民来自世界各地，具有多元的种族、宗教和文化。英国在历史上很早就开始接收移民。近代以来，英国接收了大量移民，其中相当大一部分来自南亚、加勒比海地区和非洲。

2. 伦敦的政治经济背景

伦敦是英国的政治中心，是英国王室、政府、议会以及各政党总部的所在地。威斯敏斯特宫（Palace of Westminster，又称议会大厅）是英国议会上、下两院的活动场所。议会广场南边的威斯敏斯特大教堂（Westminster Abbey），自1065年建成后一直是英国国王加冕及王室成员举行婚礼的地方。内有20多个英国国王，著名政治家，军事家以及牛顿、达尔文、狄更斯、哈代等科学家，文学家和艺术家的墓地。此外，威斯敏斯特大教堂还是许多国际组织总部的所在地，其中包括国际海事组织（International Maritime Organization）、国际合作社联盟（International Co-operative Alliance）、国际笔会（International PEN）、国际妇女同盟（International Alliance of Women）、社会党国际（Socialist International）等。

伦敦不仅是英国的金融和商业中心，也是世界上最大的金融和贸易中心之一。另外，伦敦股票交易所是世界4大股票交易所之一。此外，伦敦城还有众多的商品交易所，从事黄金、白银、有色金属、橡胶、羊毛、咖啡、棉花、可可、油料、食糖、木材、茶叶和古玩等贵重或大宗的世界性商品买卖。

3. 伦敦的时尚文化背景

伦敦在世界上具有极大的影响力。从19世纪初到20世纪初，伦敦因其在政治、经济、文化、科技等领域的卓越成就，而成为全世界最大的都市。

伦敦曾经是全球的纺织业中心，现在则是与纽约并列的国际金融中心。英国金融业40%以上的产值（增加值）是在伦敦创造的，金融业在伦敦经济总量中的占比接近20%。伦敦拥有最前卫、最时尚的设计艺术学院，发掘培养出了一批批的新锐设计师，源源不断地为伦敦时尚产业输送新鲜血液。伦敦也是全球重要的传媒中心，包括英国广播公司（British Broadcasting Corporation，BBC）和路透社（Reuters）在内的多家电视及广播媒体都在伦敦设立总部，另还有英国独立电视台（Independent Television，ITV）、第四频道（Channel 4）和第五频道（Five）等。伦敦城的舰队街是英国报业的集中地，著名的报刊有《泰晤士报》（*Times*）、《金融时报》（*Financial Times*）、《每日电讯报》（*The Daily Telegraph*）、《卫报》（*The Guardian*）、《观察家报》（*The Observer*）等。

伦敦是全球三个广告产业中心之一，世界三分之二以上的国际广告公司将它们的欧洲总部放在了伦敦。伦敦也是全球三大最繁忙的电影制作中心之一，英国电影产业中三分之二以上的全职工作人员在伦敦，并包揽了全国73%的电影后期制作工作。

伦敦作为国际设计之都的声誉也为人所称道，它拥有世界一流的教育和设计机构，这些机构中近四分之三在全球都设有分部。它也吸引了全球的教育与设计机构。此外，伦敦拥有成熟而发达的零售业，吸引了全球60%的顶尖零售商，伦敦也是世界公认的购物天堂。

以上这些因素无疑都促成了伦敦这座千年都城发展成为世界知名的时尚之都。

（三）米兰

1. 米兰的人文地理背景

米兰是意大利的第二大城市，地处亚平宁半岛最北端的波河平原中部，位于阿尔卑斯山南麓，历史上曾短时间成为西罗马帝国首都。行政区划上米兰分为三级，米兰大都会区、米兰省、米兰市。米兰大都会区包含8个省和272个城市，其中米兰市面积181.67平方公里，人口约137万（2019年）。米兰的气候四季鲜明，夏季干燥，冬季多雨。

米兰的城市交通极为方便。米兰市拥有287公里的有轨电车运营轨道，有轨电车已成为了城市的标志之一。米兰现有四条地铁线路运营，其中米兰地铁2号线是欧洲最长的地铁线路。米兰拥有三个大型机场，马尔彭萨国际机场（Aeroporto di Milano-Malpensa）是欧洲最主要的机场之一，另外两个机场为米兰利纳特机场（Milan Linate Airport）和米兰贝尔加莫国际机场，（哪个）又名阿尔塞廖国际机场（Orio al Serio International Airport），此外还有8个火车站。这些成为了米兰举办大型国际展会和各类时尚活动必不可少的基础保障。

2. 米兰的政治经济背景

米兰是伦巴第大区和米兰省的首府，是意大利北部政治、经济和文化中心，以工商业、贸易业和金融业著名，因此有意大利的"经济首都"之称。米兰也是名副其实的金融中心，集中了全国90%的金融交易，意大利多家银行将总部设立在米兰，并且其坐拥意大利最大的证券交易所。米兰、都灵、热那亚3个城市形成了意大利工业最发达的工业三角洲。

米兰还是欧盟和世界主要的金融和商业中心，也是世界上最富裕的城市之一，它在时尚业、商业、银行业、设计业、贸易和工业的影响力使之成为国际都会。

米兰的工业门类齐全，有汽车、飞机、摩托车、电器、铁路器材、金属制造、纺织服装、化工、医药和食品等。米兰的商业、金融业也十分发达，是意大利最重要的金融中心。米兰有意大利最大的批发市场和证券交易所。除此之外，米兰的会展业也十分发达，是这个城市的重要经济来源。米兰博览会是世界上最领先的博览会之一。

3. 米兰的时尚文化背景

米兰在世界艺术领域的历史地位是首屈一指的。历史上，米兰曾是意大利开创新风的文化艺术中心。米兰拥有丰富的教育资源，包括米兰大学（University of Milan）、米兰理工大学（Polytechnic University of Milan）、博科尼大学（Bocconi University）等世界著名学府，以及马兰欧尼学院（Istituto Marangoni）、多莫斯学院（Domus Academy）、欧洲设计学院（IED）、米兰新美术学院（NABA）等世界著名的设计学院，为意大利乃至世界培养和输送了大量优秀的艺术设计人才。

意大利是老牌的纺织服装生产大国和强国，米兰纺织服装产品以其完美而精巧的设计和技术高超的后期处理享誉世界，特别是意大利的顶级男女时装名牌产品及皮服、皮鞋、皮包等皮革制品在世界纺织业中占有重要地位。意大利乃至全球知名的时装公司和品牌，如范思哲（Versace）、古奇（Gucci）、阿玛尼（Armani）、普拉达（Prada）、莫斯奇诺（Moschino）和米索尼（Missoni）的总部都设在米兰。这些顶级品牌齐聚米兰时装周，使其有更高的威望和影响力。男装一直是意大利时装的强项，米兰的男装一直以来以面料、质感、印花等细节著称。米兰的时装品牌更多的是通过精湛的工艺和完美的细节去凝结成高度的品牌认知。

米兰不仅继承了意大利独特的历史文化传统，还不断创新，是意大利风格的代表，成为时尚产业城市发展的典范。在米兰时尚产业迅速发展的近几十年间，米兰市以其开放包容的态度、迅速发展的经济、强大的工业背景、高度国际化的设施与服务保证了时尚业的发展，在世界时尚产业中长期占有很大的份额。

（四）纽约

1. 纽约的人文地理背景

纽约位于美国大西洋海岸的东北部，是美国第一大城市及第一大港口，纽约都市圈为世界上最大的城市圈之一。纽约市总面积1 214.4平方公里，人口约851万（2017年）。纽约市属于北温带，四季分明，雨水充沛，气候宜人。

纽约有着便利而又强大的陆海空交通运输系统，与美国各地和全世界形成紧密的联系，奠定了其全球重要航运交通枢纽及欧美交通中心的地位。纽约市区有3座机场：位于纽约市皇后区的肯尼迪国际机场（John F. Kennedy International Airport）、拉瓜迪亚机场（LaGuardia Airport）以及位于新泽西州境内的纽华克自由国际机场（Newark Liberty International Airport）。纽约港是北美最繁忙的港口，也是世界上天然深水港之一。它不仅为纽约市带来大批的财富及物产，还有来自世界各地的移民，他们及其后代都成为了纽约市发展的主力。纽约市内公共交通十分发达，以公交、地铁及渡轮为主。纽约的地铁全长1 000多公里。

纽约是一个典型的移民城市，拥有来自全球180多个国家和地区的移民，庞大的人口数量为纽约的时尚产业提供了大量的人才、劳动力和基本消费群，多元的移民文化成为纽约时尚的特色内涵和创新动力，也成为时尚之都的强大支持系统之一。

2. 纽约的政治经济背景

纽约不仅是美国的经济中心城市，更是世界的经济中心之一，和伦敦、东京并称全世界的三个最重要的金融中心，此外还是全美的银行业、零售业、世界贸易业、运输业、旅游业、地产业、新媒体、传统媒体、广告业、法律服务、会计业、保险业、戏剧、时尚和艺术产业的中心。纽约有发达的商业，曼哈顿中城区是著名的商业和时尚消费区。纽约的服装、印刷、化妆品等行业均居美国首位，机器制造、军火生产、石油加工和食品加工也在美国占有重要地位。纽约市拥有众多的博物馆和艺术画廊，文化娱乐产业发达。纽约本身的经济实力也产生了旺盛的时尚需求。

纽约从最初的地区贸易中心，到服装制造城市，再到举办大量高水平时尚活动的公认都市，这之间每一步的发展都离不开相关协会的努力。美国是世界上设置纺织品服装行业专业协会组织最多的国家之一，其专业协会涉及纺织服装行业的各个方面，这些协会经常作为组织方，为纽约大部分的时尚事件的举办提供指导和帮助。

3. 纽约的时尚文化背景

纽约是美国文化的旗帜。纽约因贸易而生，为移民所建，发展形成了独特的商业文化和移民文化的交融，又衍生出纽约式的娱乐文化和艺术，构成纽约奇特的城市文化背景。纽约的城市文化是纽约时尚的人文基础，而纽约的时尚本身又是纽约城市文化的重要组成。

时尚界对纽约时尚的评价一贯以"美式风格"概括，即美式时装一向以"休闲、舒适、实用"为特点。作为美式风格代表的纽约，无论是"9.11"还是"金融海啸"，都撼动不了其作为世界时装之都的地位，也构成纽约时尚的特点。

纽约的时尚体系主要由服装产业和城市文化产业两大部分构成，服装产业主要包括服装制造商、批发商、零售商、百货公司、服装设计公司等；城市文化产业则包括媒体、出版业、教育机构和其他文化机构，如展会、美术馆、博物馆、剧院和音乐厅等。大都会艺术博物馆（The Metropolitan Museum of Art）是全美规模最大的博物馆，每年定期举办时尚盛事及时尚展览。

纽约开放的社会氛围为不同文化的各自发展提供了空间和机会，不同文化之间也有了一定的"兼容"和"汲取"，最终形成了现在的纽约文化。正是这种多元、宽容，甚至有点玩世不恭的城市文化造就了纽约的生命力，也造就了纽约时装的创新力。

（五）东京

1. 东京的人文地理背景

东京是日本的首都，位于日本关东平原中部，是面向东京湾的国际大都市，日本三大都市圈之一东京都市圈的中心城市。正式的行政区划定义上，东京仅限于东京都，辖区包含东京都区部、多摩地方与伊豆群岛、小笠原群岛等。东京都区部总面积621.97平方公里，人口约946万（2017年）；东京都市圈总人口达3 700万（2016年），是全球人口最多的城市。东京属于亚热带季风气候，四季分明，降雨充沛。

第二次世界大战之后，东京不仅成为世界商业金融、流行文化与时尚重镇，也成为世界经济发展度与富裕程度最高的都市之一。东京的交通极其便利，时速达200公里/小时的新干线，从东京延伸到九州，并向东北方向延伸，连接着东京与日本各地。东京都市圈拥有东京羽田国际机场（Tokyo International Airport）和东京成田国际机场（Narita International Airport）两个机场，其均为日本国家中心机场。此外，电车、地铁、巴士、出租车等构成了东京四通八达、极为便利的交通网。

2. 东京的政治经济背景

东京不仅是日本的首都，也是日本的经济中心。日本的主要公司都集中在东京。东京与横滨、千叶地区共同构成了闻名日本的京滨叶工业区。主要工业有钢铁、造船、机器制造、化工、电子、皮革、电机、纤维、石油、出版印刷和精密仪器等。东京金融业和商业发达，对内对外商务活动频繁，素有"东京心脏"之称的银座，是当地最繁华的商业区。

作为一个政策导向型的国家，日本时尚产业的发展与日本的产业政策有着密不可分的关系，政策的变动也成为影响东京时尚产业发展的重要因素之一。日本企业除了政府政策的扶持之外，政府还不遗余力地推动协会来对企业进行支持。因此，各行业形成的协会对东京各大时尚活动发挥了灵活而有效的作用。

3. 东京的时尚文化背景

近代以来，日本的文化已经成为本土文化与西方文化有机结合的混合体。借助日本经济的影响力，日本文化在世界范围内得到大力推广，动漫和日剧曾风靡亚洲乃至世界。

日本政府相当重视设计产业，重视教育。早在1994年，日本的设计人员和每年设计专业毕业的人数均居世界第一位。20世纪五六十年代时，全日本已有1 000多所各种类型的服装学院。其中，日本最著名的文化服装学院至今已有100多年的历史，先后培养了高田贤三（Kenzo Takada）、三宅一生（Issey Miyake）、山本耀司（Yohji Yamamoto）等国际著名服装设计师，成为世界上最具影响力的服装学校之一。

日本的服装设计人才发展道路充分体现了设计就是生产力，利用设计创新带来了高附加值和产业升级。同时，日本的设计很好地将弘扬本国民族文化与吸收西方文化有机结合起来，既迎合了东方人的审美，又吸引了西方人的眼球，这种东西方文化交融的独特背景为东京举办各大时尚活动提供了很好的基础支撑。

（六）总结

纵观世界五大时尚之都的崛起，虽然各有其独特的发展背景，但不难发现五大时尚之都有相似的时尚产业发展五大条件：地理环境、人文因素、经济水平、产业基础、政策扶持。

1. 地理环境

发展时尚产业的先决条件之一就是四季分明的气候，这是保证城市享受和展示春夏秋冬四季格调鲜明的时装、装扮和时尚生活的前提。五大时尚之都无一例外。此外，伦敦、巴黎和米兰三座城市构成欧洲的时尚金三角，在贸易、信息、物流上具有很强的地理优势，使之成为时装发布、国际会展的集中点。

2. 人文因素

国际时尚之都均具有相当的城市规模和人口，为时尚产业提供足够的发展空间和消费群体，并由此逐渐衍生出成熟的时尚消费群体、时尚的都市生活、具有特色的着装传统和独特的时尚风格。此外，快捷便利的交通和信息系统保证时尚产业的发展有顺畅的物流和信息传播交流渠道，这是时尚产业发展和流行信息传播的基本要求。

3. 经济水平

时尚之都的形成与城市的经济发展阶段密切相关。时尚之都首先出现在经济发达的国家和地区。时尚产业是经济水平发展到一定阶段的产物。经济水平一方面从一定程度上决定了消费者的文化水平、受教育程度，另一方面也决定了社会的开放程度。而时尚产业发展需要开放、兼容并蓄的氛围，以吸收各种时尚元素，并进行提炼和创新，同时吸引来自全世界的人才和资金。更重要的是经济水平决定了购买能力。从消费需求层面来看，人们的消费按其内容和水平可以分为三类：生存型消费、发展型消费和享乐型消费。三类消费形式中，发展型消费和享乐型消费为较高层次的消费，消费者更加注重消费的过程和消费所带来的心理、精神层面的体验。而时尚产业正是针对消费者这一诉求应运而生的。

4. 产业基础

国际时尚之都均拥有雄厚的时尚产业力量，能控制和拥有完整的时尚产业链是国际时尚之都形成和发展的基本条件。没有相关产业的支持，城市充其量只是时尚产业的销售地，而不能对国际时尚产生影响。

从国际纺织产业发展历程中可以看到，纺织产业业态的发展基本经历了以下过程：大规模低端加工制造——高科技产品的研究开发——高端产品的生产制造——高附加值产品（包含科技、文化、时尚等因素）的设计开发和品牌经营。由此可见，国际纺织业态的总体发展趋势是由低端到高端，由低附加值到高附加值，由实体生产制造到虚拟经营运作。英、法、美等纺织大国，其文化、时尚内涵在纺织产业中的权重日益提升，纺织产品的品牌价值和文化内涵受到重视，生产制造被转移到成本更为低廉的地区，而与此相关的研发、设计、标准、营销等高端环节被牢牢控制，并由此衍生出相关的时尚产业。当年的纺织制造大国，均在这一过程中产生出世界性的服装时尚中心，如英国的伦敦、法国的巴黎、美国的纽约等服装时尚中心地位的确立，进一步强化了这些国家纺织及服装产业在国际上的领军地位。

从产业链构成的角度来看，尽管国际时尚之都的时尚产业均已完成从生产型到服务型经济的转移，批量生产已经外包至相对生产成本较低的国家和地区，但是其中大部分依然坚持保留制造业，其中以纽约为代表，由于充分认识到制造业对时尚产业的重要性，纽约保留了曼哈顿的服装成衣中心区，服装制造业保证了对纽约市一定的经济贡献，但同时时尚之都没有停止对技术创新的追求，并寻求时尚产业的新增长点。

5. 政策扶持

在时尚产业的形成与发展过程中，政府、行业协会、企业组织等众多外部推动性的因素不容忽视。国际五大时尚之都的发展离不开政府的政策支持、协会组织的有效管理和企业组织的自律。政府、行业协会和企业组织的协同作用可以使时尚产业向预期目标推进，并在时尚产业不同的发展阶段，提供一系列导向性的政策和具体的措施。同时强有力的协会组织可以促进产业内部的有序竞争、健康发展，协调时尚产业和相关产业的关系。协会组织在促进中小企业与政府和社会沟通中发挥着极大的作用。其既可以代表产业争取政府的相关政策、措施，争取社会资源的支持乃至促成相关法律的制定，又可以充当政府产业政策和举措的执行者或者监督者。[①]

三、上海发展时尚产业的背景

上海早在20世纪二三十年代就有"远东明珠"和"东方巴黎"的美誉，与当时的纽约、伦敦和巴黎齐名。上海时尚产业的发展与其深远的历史背景和社会文化背景密不可分。

① 刘天. 上海时尚产业发展模式研究 [D]. 东华大学，2012：36-37.

（一）地理因素

上海地处太平洋西岸，亚洲大陆东沿，长江三角洲前缘，东临东海，南临杭州湾，西接江苏、浙江两省，北接长江入海口，长江与东海在此连接，上海正处我国南北弧形海岸线中部。上海市面积6 340.5平方公里，常住人口约2 428万（2019年）。上海属北亚热带季风性气候，气候温和湿润，日照充分，雨量充沛，四季分明，春秋较短，冬夏较长。

目前，上海拥有2座国际机场：上海浦东国际机场和上海虹桥国际机场；三座火车站：上海火车站、上海火车南站和虹桥火车站；磁浮列车示范线是世界上第一条正式投入商业运营的高速磁悬浮铁路；高速公路网中有7条国家级高速公路和14条市级高速公路；13座大桥和14条车行越江隧道连接浦东和浦西；16条地铁线路，运营里程705公里（2020年）；洋山深水港通过东海大桥与上海交通运输网络连接。上海的交通网络点线面俱全，将上海与全国各地以及全世界连接，强大的交通网络为上海时尚产业的发展带来了人流、物流和信息流，为时尚产业的发展奠定了坚实基础。

（二）人文因素

上海有着深厚的文化底蕴，以海纳百川，中西交融的海派文化著称。海派文化是在中国江南传统文化（吴文化）的基础上，与开埠后传入的对上海影响深远的欧美文化等融合而逐步形成的，它既古老又现代，既传统又时尚，形成了开放而又自成一体的风格。这种文化背景下，不同价值观、消费观互相碰撞，各种思潮都可以在这里找到自身发展的土壤。这种时尚文化传承至今更在与海外交流的过程中所带来的优秀物质文明和精神文明，其中包括不同宗教、民族、国家的不同习俗、生活方式和价值观交融，导致上海具有很强的吸纳外来文化和紧跟时尚的意识。多彩的文化和对多元文化的包容正是海派文化的精髓。海派文化中很重要的一个特点即为服饰文化。

上海是国家历史文化名城，共有40处全国重点文物保护单位（2019年）。上海拥有丰富的创意资源，上海的出版业、动漫艺术业、电影业都在迅速发展，上海苏州河沿岸的厂房、码头的建筑物为时尚创意提供了可延伸的空间，上海的现代化公共文化设施提升了上海市的文化底蕴，同时促进了上海与外界文化的交流，为上海时尚产业的发展营造了时尚氛围。上海拥有雄厚的现代化大型公共文化设施，与外界有十分频繁的文化交流。中国改革开放以来上海举办过多次大型文化活动。上海建造了多所全国一流的文化设施，包括上海大剧院、上海博物馆、上海图书馆、上海影城等。每年上海还举办艺术节、电影节等文化活动。因此在上海不仅可以领略中华民族的文化，还可以欣赏到各种海外文化，这些都为上海时尚产业的发展营造现代、前卫的时尚氛围。

（三）经济因素

上海是中国的经济中心和金融中心。2018年上海市全年实现生产总值（GDP）32 679.87亿元。电子信息产品制造业、汽车制造业、石油化工及精细化工制造业、精品钢材制造业、成套设备制造业和生物医药制造业是上海六个重点工业行业。同时节能环保、信息技术、生物技术、高端装备、新能源、新能源汽车、新材料等新兴产业也蓬勃发展。

上海证券交易所、上海期货交易所、中国金融交易所、上海钻石交易所、上海黄金交易所、上海金融衍生品交易所、上海银行间债券市场、中国外汇交易中心、中国资金拆借市场、国家黄金储备运营中心、国家外汇储备运营中心等中国主要金融机构均设在上海。

上海口岸成为全球最重要的贸易港口之一，上海口岸进出口量位居世界城市之首。港口集装箱吞吐量连续8年保持世界第一。约有三成左右的"中国制造"经由上海输送到世界各地，也有约三成左右的各国商品经由上海进入中国市场。

（四）产业因素

上海拥有良好时尚产业发展的基础：上海高度密集的人才要素，资本要素以及信息、科技、文化等知识要素；基于上海的都市地位而具有较强的辐射能力和较高的附加值；基于传统的工业贸易中心地位而在为先进制造业和贸易便利提供高质量服务，以及满足市场需求、居民消费多元化和消费升级需求方面而形成的经验上的优势。

纺织业在上海仍然占有重要的地位，上海是中国最大的纺织品进出口贸易口岸。从上海海关进出的纺织品，占全国口岸纺织品进出的39%，至今，上海仍然是全国最大的纺织品进出口岸。世界一线品牌进入中国，上海是首选的进入渠道。一方面上海的商业网络极其完备和发达，另一方面上海人均消费水平连续保持全国第一。同时，国内品牌也将上海视为全国市场的制高点。

（五）政策因素

上海市政府对于发展时尚产业、创意文化产业、上海城市软实力相当重视。自2005年起，上海政府相继出台了《上海加速发展现代服务业实施纲要》、《关于上海加速发展现代服务业若干政策意见》、《上海市加快创意产业发展的指导意见》、《上海市创意产业集聚区认定管理办法（试行）》、《上海加速发展现代服务业实施纲要》、《关于上海加速发展现代服务业若干政策意见》、《上海市加快创意产业发展的指导意见》、《上海市创意产业集聚区认定管理办法（试行）》、《上海产业发展重点支持目录》、《关于加快本市文化创意产业创新发展的若干意见》、《促进上海创意与设计产业发展的实施办法》、《全力打响"上海文化"品牌深化建设社会主义国际文化大都市三年行动计划（2021—2023年）》及《上海市时尚消费品产业高质量发展行动计划（2022—2025年）》等一系列针对性的产业扶持政策。而在《上海市城市总体规划（2017—2035年）》中，更是明确提出建设国际文化大都市，打造全球设计和时尚产业中心的发展目标。

第一节　五大时尚之都时尚事件分析

一、巴黎时尚事件分析

巴黎是欧洲大陆上最大的城市之一，也是世界上最繁华的都市之一，其城市历史已经有 2000 多年，建都也有 1400 多年。巴黎作为与伦敦、米兰、纽约和东京齐名的世界五大时尚之都之一，不仅有着悠久的历史，还有着深厚的文化沉淀、时尚底蕴。同时，巴黎又是法国的经济和金融中心，其纺织、电器、汽车、飞机等工业都非常发达，时装和化妆品工业更是举世闻名。巴黎还是一座"世界会议城"，它以明媚的风光、丰富的名胜古迹、多姿多彩的文化活动以及现代化的服务设施迎来了众多国际性的展览展会。

巴黎的时尚事件围绕服装服饰、日化用品、工艺美术、珠宝首饰、家具家居、时尚数码等行业展开，主要类型有时装发布秀、时尚评选、时尚展会、时尚展览、设计周等。在这些时尚事件中，尤以纺织服饰为主的发布秀、博览会、展销会最多。服装业是巴黎最具代表性的时尚产业，而其发展又引领着化妆品、香水、皮具、首饰等相关产业的稳步前进，进而带动工艺美术、家具家居、时尚数码等相关时尚行业的发展。

（一）时装发布秀

巴黎的时装发布秀主要集中在每年两次定期举办的巴黎高级定制时装周和巴黎

图2-1　马丁·马吉拉（Maison Margiela）2018
秋冬巴黎高级定制时装发布

图2-2　克莉丝汀·迪奥（Christian Dior）2022春
夏巴黎高级成衣时装发布

（图片来源：WGSN 数据库）

高级成衣时装周。时装周是一场动态展示活动，是以时装设计师、时尚品牌的最新产品发布会为核心的展示盛会，聚合了与时尚相关的众多产业（图2-1、图2-2）。巴黎时装周起源于1910年，品牌创立从成长到成熟，是一个长期的品牌战略管理过程，它凝聚了主办方大量的心血和智慧。法国时装周以发布会最多、到场记者最多排到世界各大时装周之首，长期以来影响着世界时装的走向，成为国际流行趋势的风向标。

其中，高级定制（Haute Couture）是指专门给特定客户量身定做、试穿过一到两次的服装生产模式。通常是选用高品质的昂贵面料，极度注重做工，高度要求细节，纯手工的一种服装生产经营模式。在20世纪60年代经历反传统动荡的背景下，巴黎高级定制业开始逐步转变和让位于高级成衣业。当时大量的高级时装公司关闭，设计师和相关人员开始转入成衣产业，这极大地提高了成衣的设计和生产的品质，高级成衣业也继而发展起来，依靠高级时装的品牌效应占领高端市场。

巴黎时装周能成为全世界时装设计师最好的舞台，最大的优势便体现在其兼容并蓄的特色之中。它可以接受法国以外其他各国设计师在这里大放光彩。三宅一生（IsseyMiyake）、山本耀司（Yohji Yamamoto）、高田贤三（Kenzo）和川久保玲（Comme des Garcons）的西行；维维安·韦斯特伍德（Vivienne Westwood）、约翰·加利亚诺（John Galliano）、亚历山大·麦昆（Alexander McQueen）、候塞因·卡拉扬（Hussein Chalayan）的东渡；还有安特卫普六君子（The Antwerp Six）的崛起，是巴黎给了他们这样的舞台，展示了他们的才华和梦想。

但国际化的优势同时也造成了巴黎时装周在发展本土时尚品牌上的劣势，外来品牌削弱了作为法国本土时尚品牌的竞争力，巴黎时装周的本土特色弱化。在一年两次的巴黎高级定制和高级成衣时装周中，巴黎的品牌越来越倾向于聘请国外设计师。这种趋势导致巴黎品牌逐渐失去了自己的身份标签。此外，大量国外投资商购买法国品牌也是导致法国品牌身份消亡的因素之一，如酩悦·轩尼诗——路易威登集团（LVMH）强强联合后就迅速兼并收购了诸多法国时尚品牌。在此基础上，时尚创意总监与时尚商业机构的冲突也影响了设计师本身的创作。奢侈品牌机构的想法是尽可能高效地利用资金占有越来越多有利可图的市场，让他们将创意想法迅速提炼集合成新鲜且便于商业化的时装系列成品，这也增加了设计师的紧迫感与焦虑情绪，影响到他们的设计与创意。

伴随其他时尚之都逐步改变时装周商业模式的同时，巴黎时装周依然保持传统的商业模式。例如伦敦时装周跟巴黎时装周已是截然不同的阵营模式。博柏利（Burberry）、汤姆福特（Tom Ford）和迈宝瑞（Mulberry）已宣布使用消费者主导型时装秀来缩小T台和实际商品交付之间的时间差。[①]而面对越来越多时尚品牌和设计师加入现看现买时装秀模式的现象，法国时装协会组织执行委员会成员和理事会成员包括爱马仕（Hermès）、迪奥（Dior）、巴黎世家（Balenciaga）、高田贤三（Kenzo）和浪凡（Lanvin）一致投票表示将继续维持现状，不走消费者主导的时装秀道路。[②]科技改变了一切，时尚产业也不能例外，同样消费者也在不断变化。在社交媒体的发展与冲击下，时装周正逐渐褪去其传统价值，巴黎时装周的坚持也会影响其平台的扩展与延伸。

表2-1是对巴黎地区时装发布秀事件优势与劣势、威胁与机会的总结，同时也反映了其特征表现。

---

① 不必了！巴黎不屑做"现看现买"当季时装秀[EB/OL].http://news.ladymax.cn/201602/25-29989.html

② 十字路口的巴黎时装周[EB/OL].http://www.ladymax.cn/column/201603/03-30045.html

表 2-1　巴黎地区：时装发布秀分析

优势	劣势
• 历史悠久，近百年的发展史使巴黎时装发布秀被誉为全世界时尚骄子最好的舞台，时尚地位坚如磐石。 • 关注度高，各大时尚设计师、时尚名人均汇聚于此。 • 规格高，全世界的奢侈品、时尚巨头企业尽数参加，为世界各大时装周之首。 • 具备时尚引领性，汇集各类时尚信息，集合顶尖专业人才，引领时尚潮流。	• 与时尚相关行业结合度不够，集中于奢侈品行业，脱离大众。 • 过于国际化，外来品牌削弱了法国本土时尚品牌竞争力，巴黎时装发布秀的地域特色弱化。 • 时尚创意与商业机构的冲突。 • 模式陈旧。
机会	**威胁**
• 可以举办有助于本土设计师、品牌展示的独立时装发布秀项目。 • 更新模式，增加更适宜大众欣赏、消费的时装发布秀，并提高与其它时尚行业的黏性。	• 其他时装发布秀对于新兴时尚品牌和法国本土时尚品牌的分流。 • 时装发布秀过于独立，与其他时尚行业的契合度不够，影响时装发布秀平台的扩展与延伸。

（二）时尚评选

　　巴黎悠久的历史和深厚的时尚文化底蕴，使得其在全球时尚行业具备权威话语权，而在巴黎举办的时尚评选活动同样饱受世界注目。在巴黎的时尚评选活动中，最具影响力的是世界精英模特大赛（Elite）和 LVMH 青年设计师大奖赛。世界精英模特大赛（Elite）是知名度最高、覆盖范围最广的全球性模特赛事之一，专门在全球范围内选拔、推出优秀职业女模特，至今已发掘了像辛迪·克劳弗（Cindy Crawford）、纳奥米·坎贝尔（Naomi Campbell）等超级模特。世界精英模特大赛自 1995 年开始引入中国，是国内与世界顶级模特大赛直接连接的模特赛事之一。众多中国模特精英，如孙菲菲、奚梦瑶等，均通过世界精英模特大赛（Elite）中国选拔赛后一举成名走向世界舞台。LVMH 青年设计师大奖赛则是由 LVMH 集团专为发掘和支持新锐时尚设计师而设的奖项，问鼎者能取得来自 LVMH 集团旗下知名品牌的专家指导（图 2-3、图 2-4）。

　　巴黎在时尚行业的龙头地位，汇聚了顶级资源，时尚评选活动中杰出的设计师与模特能够与时尚行业快速融合发展，对于个人和企业都是良好的机遇。但是巴黎的时尚评选活动内容过于单一，涉及的时尚行业较少。除上述两项赛事，其它时尚评选活动大多默默无闻。在时尚领域，巴黎拥有良好的先天条件和发展基础，如何利用已有的优势，通过时尚评选活动吸引世界目光，增强跨界合作，共同发展时尚产业，是一个值得思考的问题。

　　表 2-2 是对巴黎地区时尚评选事件优势与劣势、威胁与机会的总结，同时也反映了其特征表现。

图2-3 莫莉·戈达德（Molly Goddard）2017LVMH青年设计师大奖赛作品发布

图2-4 塞西莉·班森（Cecilie Bahnsen）2017LVMH青年设计师大奖赛作品发布

（图片来源：WGSN数据库）

表2-2 巴黎地区：时尚评选分析

优势	劣势
• 诞生于时尚之都，评选活动较为权威，具有一定的公信力。 • 在世界范围内具有较大的知名度、影响力和可信度。 • 有众多的纺织服饰企业支持。	• 评选门类比较单一，其他行业的评选较少。 • 目前"世界精英模特大赛（Elite）"较为火爆，其他时尚评选默默无闻。
机会	威胁
• 可依托纺织服饰行业举办相关比赛，增加评选形式。 • 扩大时尚评选范围。	• 其他国家和地区同类时尚评选活动迅速崛起。 • 其他权威评选活动对参评对象的分流。

（三）时尚展会

巴黎的会展业具有悠久的历史和传统，1855年、1867年、1878年、1889年、1900年、1925年和1937年的世博会都在法国巴黎举行。巴黎的时尚类专业展览会覆盖了时尚行业的各个细分市场。每年巴黎要举办440个展览会，吸引200余万专业观众，这使巴黎毫无争议地成为欧洲商务首选地。[①]

巴黎时尚展会中典型展有第一视觉面料展（Première Vision Paris）、巴黎时装贸易展（Who's Next）、巴黎国际内衣展（Salon International De La Lingerie&Interfiliere）、巴黎童装展（PlaytimeParis）、巴黎国际时尚珠宝及首饰展（Bijorhca Paris）等。除了服装服饰业外，巴黎的工艺美术、家居设计、化妆品、香水等各行业均设有展会，如巴黎国际当代艺术博览会（FoireInternationale d'art Contemporain）、巴黎家居装饰博览会（Maison&Objet Paris）、巴黎国际美发美容展（MCB by BeautéSélection）等（图2-5、图2-6）。

巴黎时尚展会的特色优势主要体现在以下三点：首先，为了便于国外买家采购，巴黎时尚展会形成了两个展出盛季，即1～2月和9～10月。不同行业的时尚展会在同一档期展出，对推动业内交流和国际合作起到了巨大的作用，且各展会之间也逐渐形成时尚产业链完整的行业架构，例如配合巴黎时装贸易展同期举办的有面料展会以及时装配饰类订货会，为参展买家提供从面料到服装、再到服饰配件的"一站式"采购模式，也为全球参展商，设计师和专业观众提供一个贸易加信息、加时尚的综合服务平台。其次，巴黎时尚展会表现出集约化、品牌化的特征。例如，第一视觉面料展该将原先命名不同的6个子展会，即纱线和纤维制品展会（Expofil）、全球高级服装面料展（Première Vision）、皮革和皮草专业展会（LeCuir à Paris）、创意纺织和图案设计展（Indigo）、时尚配件和装饰品展（Modamont）、时尚制造行业专业展（Zoom）进行了整合，引领着世界最新面料的流行趋势。此外，法国政府非常重视会展业的发展，除了在整体促销方面协助会展企业之外，各级政府部门都在优化交通设施和场馆建设方面作了很大的投资，从而协助展会的发展。法国文化部还设立基金，专门赞助那些周转有困难的画廊，保障时尚产业健康持续发展。

相对地，展会本身的国际化程度及时尚市场成熟度也会影响巴黎展会扩张。2016年2月，原定于2016年4月29日开幕的第四届巴黎摄影展洛杉矶展会宣布取消，同时取消的还有首届巴黎国际当代艺术博览会洛杉矶展会。据两场展的主办方励展博览集团（Reed Exhibitions）透露其原因是由于展会销售状况不佳。[②]并且，巴黎时尚展会涵盖的境外参展商比例不高，且较集中为欧洲地区。

与此同时，新兴市场的开拓和新技术的运用也是巴黎各类时尚展会持续发展的机会。在科学技术的快速发展下，会展设备现代化已经成为会展业发展的一个不争的事实。并且设备现代化也是展会标准现代化、展览内容国际化、展览形式多样化发展的共同要求。更值得关注的是，大量信息技术、网络技术的应用也成为世界展览业发展的未来趋势。

不可否认，巴黎的各类展会也面临着一定威胁。欧洲时尚之都除法国巴黎之外，还有伦敦和米兰，容易产生同质类展会形式，例如对于巴黎国际当代艺术博览会来

[①] 张静.巴黎时尚品牌展会走向新兴市场[J].进出口经理人，2010（08）：80.
[②] 2016年两大巴黎艺博会洛杉矶展会因销售情况不佳被迫取消[EB/OL].http://www.artspy.cn/html/news/13/13024.html

图2-5　2019年巴黎家居装饰博览会现场　　　　图2-6　巴黎第一视觉面料展2024春夏展现场

（图片来源：WGSN数据库）

说，其他地区的同类型展会均在同一档期召开，竞争激烈。

　　表2-3是对巴黎地区时尚展会事件优势与劣势、威胁与机会的总结，同时也反映了其特征表现。

表2-3　巴黎地区：时尚展会分析

优势	劣势
• 展会数量多、覆盖面广、产业链完整度高。 • 行业地位逐渐显现，展会向集约化、品牌化发展。 • 政府的大力支持。	• 扩张受阻。 • 境外参展商比例不高，且较集中为欧洲地区。
机会	威胁
• 开拓新的增量市场。 • 新技术的运用。	• 同质类展会的竞争激烈。 • 恐怖袭击。

（四）时装展览

　　巴黎城市艺术气息浓郁，文化底蕴深厚。巴黎市区有很多文化中心、艺术中心、体育中心、娱乐中心、阅览中心、资料中心和信息中心，其总数多达300多个。巴黎还拥有众多博物馆、歌舞厅、剧院和公共图书馆。早在1859年，巴黎就通过了不建高楼的相关法规，法规规定巴黎市楼房高度不得超过20米。巴黎虽然没有高楼大厦，但巴黎的楼房几乎都加以修饰，窗檐、屋脊也嵌以雕塑，图案更是百花齐放，铸铁的书报亭上浇铸着花纹图案，路边与桥上的灯柱造型也极具艺术性。这样一个时尚艺术气息浓厚的城市为展览提供了极大的自由空间。同时，法国时装誉世界，这里云集着世界最顶级的时装品牌，使得法国时尚产业具有显著竞争力。这里的时尚展览便也形成以服饰、现当代艺术为特色的优势。

　　即便优势突出，也存在以下劣势：第一，展陈形式恪守常规，创新不足。例如

26 ／上海时尚之都建设路径决策咨询报告

巴黎装饰艺术博物馆曾举办展览"时尚先锋，回眸三百年（Fashion Forward，3 Siècles de Mode）"，展览按照时代划分，展出了从1715年至今的300件女装、男装和童装藏品。在部分观众眼里，这种编年式的策展形式过于陈旧，不适用于全球化的当代时尚展。此外，主办方多以展示为主要目的，对展品的商业价值开发不够深，展览普遍商业附加值不高。可借助时装周、博览会平台，扩大宣传范围，并与时尚产业进一步结合，开发展览周边的时尚文创产品，最大可能的增加时尚展览的商业价值。

表2-4是对巴黎地区时尚展览事件优势与劣势、威胁与机会的总结，同时也反映了其特征表现。

表2-4 巴黎地区：时尚展览分析

优势	劣势
城市艺术气息浓郁，底蕴深厚。 以服饰、现当代艺术为特色。	展陈形式恪守常规，创新不足。 主办方多以展示为主要目的，对展品的商业价值开发不够，商业附加值普遍不高。

机会	威胁
借助时装周、博览会平台，扩大宣传范围。与时尚产业进一步结合，开发展览周边产品，增加时尚展览的商业价值。	数量虽多但涉及领域不够多元化，易被挤压或替代。

（五）设计周

巴黎设计周（Paris Design Week）于每年9月举办，旨在为法国本地和来自世界各地的参观者展示最新的设计，分享年度最新的设计理念，引领大众了解最新的设计趋势。

巴黎设计周的涵盖面之广，已经成为欧洲颇具规模和人气的时尚事件。活动涉及室内装饰、家具、时尚、美食、艺术品、珠宝首饰等多个领域，覆盖全城超过200个场所，其中既包括卢浮宫卡鲁塞尔厅、蓬皮杜国家艺术文化中心等举世闻名的艺术场馆，也有其他遍及大街小巷的画廊、设计工作室、展厅、概念店铺、专业院校、文化机构，甚至酒店、餐厅、咖啡厅等。主办方逐渐明确将束之于殿堂、博物馆内的传统艺术，加入时尚元素和当代大众艺术的成分，使两者相互融合，让传统艺术、当代艺术携手时尚潮流走进街头，融入市民生活。因此越来越多的设计师、艺术家以及时尚爱好者开始关注并参与门槛低、包容度高、商业性强、气氛轻松活跃的巴黎设计周活动之中（图2-7、图2-8）。

尽管如此，巴黎设计周也面临着一些压力和劣势。比如在设计周包含的鸡尾酒会和沙龙中，许多参与活动的艺术家来自美国、韩国、摩洛哥等法国以外的国家和地区，而法国本土的设计师、艺术家却较少参与其中。由此可见规模逐渐扩大的巴黎设计周，令法国本土的设计师、艺术家竞争压力加大，竞争环境逐渐趋于复杂。另外，媒体参与度低也是设计周的劣势之一。原因在于大大小小的展览分布于巴黎市内的不同展馆，而媒体却只能报道传播量较大的展览，导致一些小而精、新而奇的小展览无人问津，使得设计周在媒体面前的质量大大降低。

不过也有许多机会在等待巴黎设计周。比如在2017年巴黎设计周艺术作品的征集中，来自亚洲地区的设计师、艺术家及参展人数开始增多。现代美术博物馆还专

图2-7　2015年巴黎设计周展览现场　　　图2-8　2015年巴黎设计周展览现场

(图片来源：WGSN数据库)

为来自中国的设计师开辟出用来搭建装置艺术的专题展厅。值得一提的是，设计周上传递的设计咨询和设计理念正在被越来越多的人所关注，高校的参与为设计周提供了源源不断的设计人才。与此同时，它们也通过设计周对在校学生进行专业和时尚教育，这种新的教育方式让教育与时尚事件相融合成为可能。

但机会与威胁往往是相伴而行。国际性、规模化的巴黎设计周让许多外来的设计思潮涌入法国，在交流碰撞的同时，法国本土的设计行业因此遭受到一定的冲击，对于本土而言，面对如此强大的冲击不得不说是一种威胁，更是一种压力。此外，过度商业化是巴黎设计周所要应对的另一种威胁。设计在一定程度上是一门艺术，而艺术往往是脱离商业单独存在的。设计周发展至今，为了维持规模和支付相关费用，不得不邀请赞助商参与其中，所带来的就是展览商业化、软性广告植入等问题。

表2-5是对巴黎地区设计周事件优势与劣势、威胁与机会的总结，同时也反映了其特征表现。

表2-5　巴黎地区：巴黎设计周分析

优势	劣势
• 时尚与艺术相结合。	• 本土设计师、艺术家竞争压力大。
• 规模大、场馆多，具有较高的大众参与度。	• 媒体参与度低，虽为世界性展会，但影响力仅在欧美地区。
• 发布最新设计趋势。	

机会	威胁
• 亚洲地区参展人数开始增多。	• 本土设计受到外来冲击。
• 越来越多的人开始关注设计周，高校内的时尚教育与时尚事件开始相融合。	• 过度商业化会导致设计周失去最初的定位。

巴黎经过了自路易王朝起数百年的努力，成为了国际时尚之都，并在全球范围内具有极高的声誉。巴黎的时尚事件在城市发展中起到极其重要的作用，不仅给城市带来了很高的经济效益，更是产出了不可估量的社会效益。巴黎汇聚了来自全世界的时尚资源，尤其是以服装服饰为主的大型时尚事件更是奠定了巴黎在世界时尚界不可替代的地位，为国际时尚行业输送时尚理念、时尚人才以及时尚产品，促进了时尚成果交流，提升了巴黎的城市影响力和时尚辐射力。

二、伦敦时尚事件分析

伦敦既保留了大英帝国时期的传统，又有落寞振兴之后的前卫。20世纪90年代以后，伦敦通过大力推动创意产业的发展，为其成为国际时尚之都增添了新的活力，其时尚产业尤其是男装业和其他相关时尚创意都受到全球的关注。伦敦之所以成为国际时尚之都，与其城市底蕴深厚的文化传统及踔厉奋发的创新决心有密切的关联。

伦敦的时尚事件涉及服装服饰、工艺美术、珠宝首饰、家具家居等行业，主要类型有时装周、时尚展会、时尚展览等。在这些时尚事件中，尤以纺织服装为主的展览、展会最多。服装业是伦敦最具代表性的时尚产业，而其发展又引领着化妆品、香水、皮具等相关产业的稳步前进，如英国伦敦国际美容、美发、美甲及SPA展览会，进而带动工艺美术、家具家居等相关行业的发展，从而使伦敦国际玩具展览会（The Toy Fair）、伦敦家居博览会（The Ideal Home Show）、伦敦国际珠宝展（International Jewellery London）等时尚展览开始举办。

（一）时装发布秀

伦敦的时装发布秀主要包括伦敦时装周（London Fashion Week）、伦敦时尚周末（London Fashion Weekend）、伦敦毕业生时装周（Graduate Fashion Week）和伦敦男装周（London Fashion Week Men's）等。

伦敦时装周每年举办两次，2月举办当年秋冬时装周，9月举办次年春夏时装周。在英国政府、英国皇室、英国时装协会和中央圣马丁艺术学院的共同扶持下，伦敦时装周的初衷在于给伦敦的设计师们一个展示自己的舞台，并对当季的服饰流行趋势具有指导作用。相对于纽约的商业化、米兰的突出工艺和巴黎的前瞻性，伦敦时装周在四大时装周中可以称为"最疯狂"的时装周。这里集合了从初出茅庐的新锐设计师到资历颇深的时装设计大师，他们很多成功的设计灵感都来自伦敦狂野的街头文化，这种"创意"与"另类"成为了伦敦别具一格的时尚城市标签（图2-9）。

多年以来，伦敦时装周的重要意义还在于它是很多尚未扬名海内外的年轻设计师的助力板，如今很多著名设计师都曾得益于最初在伦敦时装周的精彩表现。伦敦时装周除了由英国时装协会所制定的时装秀官方名单（On-schedule）之外还有一个重要组成部分——非官方名单（Off-schedule）。非官方名单主要由Fashions Finest和Fashion Scout平台代理的设计师组成。两者都是为挖掘时尚新生力量所开展的平台，注重对时尚设计新秀和先锋时尚品牌的培养和孵化。所以在非官方名单中，多为刚进入行业不久的新锐设计师。刚出道的新手设计师想要进入时装秀官方名单是有一定难度的，而伦敦又是一个创造新锐设计师的摇篮，每年有大量的新人设计师在这里毕业，需要展示自己的作品。以上两大时尚机构就很好地弥补了这一空缺，为新设计师提供了专业的展示平台和专业的媒体公关等一系列完善的服务。

伦敦一直充当着巴黎、米兰和纽约三个时装周的人才孵化器，不仅给年轻设计师提供平台以让他们扎稳脚跟，同时发达的时装教育和广告创意产业也带动了年轻

图2-9 博柏利（Burberry）2023春夏伦敦高级成衣时装发布　　图2-10 伦敦毕业生时装周2018春夏发布（University of East London）

（图片来源：WGSN数据库）

设计师的时装设计热情。此外，近年来迅速扩张的伦敦毕业生时装周，也吸引了全世界设计院校的优秀毕业生前来参加，为伦敦时装发布秀提供了更多丰富的内容（图2-10）。包括日本文化学园大学（Bunka Fashion Graduate University）、墨尔本皇家理工大学（Royal Melbourne Institute of Technology，简称RMIT）、纽约普瑞特艺术学院（Pratt Institute）等多所院校已加入毕业时装周旗下的国际时装展示大赛（International Catwalk Competition，简称ICC）。通过联合业内领袖与大学院校，毕业生时装周的举办推动了企业的人才发掘，并为学生们提供发展建议。美国和中国在这方面有较大的扩展空间，且这两个国家目前都有毕业生展示活动，但未能达到伦敦毕业生时装周的规模与声誉。

　　伦敦虽然作为五大时尚之都之一，但却是影响力最弱的。原因可能在于伦敦的时装发布秀不够商业化，吸引不了更多的买手和时尚媒体，也吸引不了大牌办秀。同时，多数英国老品牌又十分保守，固守着他们信仰的"英式"传统，难以在时尚领域取得话语权。时间档期的不利安排也让伦敦时装发布秀面临较大的发展威胁，伦敦在每一季纽约和米兰两个时装周之间夹缝生存（通常自纽约结束到米兰开幕，中间间隔五六天），很多媒体和买手会直接从纽约跳过伦敦直奔米兰，这让伦敦时装周错失了很多推广与宣传的机会。

表2-6是对伦敦地区时装发布秀事件优势与劣势、威胁与机会的总结，同时也反映了其特征表现。

表2-6　伦敦地区：时装发布秀分析

优势	劣势
• 以"创意""另类"为标签，区别于其他三个时尚城市。 • 提供新锐设计师展示作品的最初平台，是设计师成长的摇篮。 • 英国时装教育和广告创意产业发达。	• 不够商业化，对大品牌办秀、买手、时尚媒体的吸引力不足。 • 多数英国老品牌十分保守，办秀思路固守传统。

机会	威胁
• 作为人才孵化器，培养的设计师成名后可能反哺伦敦时装周，提高伦敦发布秀系列活动的影响力。 • 积极寻找转型的出路，为毕业生提供展示的平台，可以通过人才输出的方式成为连接设计师与外界品牌、买手以及渠道商的平台。	• 在时间档期上有局限，处在每一季纽约和米兰两个时装周之间，降低了很多推广与宣传的可能。 • 年轻设计师成名后立马转向巴黎，留不住具有影响力的设计师。

（二）时尚评选

伦敦的时尚评选活动以发掘新锐设计师为主。其中，伦敦时装周"新锐设计师赞助计划"（New Generation Designer）评选范围涵盖男女装、珠宝首饰等时尚设计领域。此外，在伦敦肯辛顿宫（Kensington Palace）的H&M设计大奖赛，每年都有来自全球最知名时尚设计学院的学生和毕业生们带来世界各地的天才创意（图2-11、图2-12）。

伦敦时尚评选活动的优势在于他们善于扶持年轻设计师，提供全方位多维度的服务，比如直接对接伦敦时装周，获奖设计师可以获得参与欧洲主流时尚活动及登上时装周官方邀请名单的机会以及得到资金扶持进行品牌创立等。劣势在于，伦敦在五大时尚之都中的地位可能一直停滞不前，因为扶持新锐设计师是有风险的，新锐设计师作品的不成熟导致了其参与的时尚活动拉低了英国的时尚水平，从而让伦敦在总体时尚评分上落后于其他时尚城市。

但这恰恰又是新锐设计师给予伦敦一个翻身的机会，伦敦在时装界以"独特"出名，而新人初出牛犊不怕虎的魄力让他们的设计有了无限延展的空间，顶着伦敦"最疯狂"时装周的名头，新锐设计师在舞台上的天马行空不知道哪天就会一石激起千层浪，那伦敦就有机会转型成孵化新锐设计师的时尚之都，将吸引更多有潜力、有能力的设计师前来，并在伦敦出道，从而提升伦敦在时尚界的地位。为新锐设计师设置时尚评选当然也是有风险的，一些有能力的设计师成长速度快，但很难把他们留在企业中，且有些设计师在创业之后很难保证品牌生命周期的延续。

表2-7是对伦敦地区时尚评选事件优势与劣势、威胁与机会的总结，同时也反映了其特征表现。

图2-11 伦敦时装周新锐设计师赞助计划2023秋冬王予涵（Yuhan Wang）作品发布

图2-12 伦敦时装周新锐设计师赞助计划2023秋冬ASAI作品发布

（图片来源：WGSN数据库）

表2-7 伦敦地区：时尚评选分析

优势	劣势
• 大众喜欢参与时尚评选活动，能够为伦敦吸引更多的关注。 • 直接对接伦敦时装周，获奖设计师可参与欧洲主流时尚活动及登上时装周官方邀请名单的机会，有资金扶持品牌创立。	• 时尚评选围绕服装设计展开，类型相对比较单一。 • 扶持新锐设计师可能会拉低伦敦整体时尚水平。

机会	威胁
• 给予伦敦时尚一个转型的机会，从时尚之都变成唯一的时尚孵化地。	• 伦敦很难留住成熟的设计师。 • 扶持的新品牌生命周期无法保证。

（三）时尚展会

伦敦的时尚展会覆盖面较为广泛，涉及服装服饰、珠宝、美容美发、家居等多行业领域。主要包括伦敦国际服装服饰展览会（Pure London）、伦敦国际美容、美发展览会（Professional Beauty London）、伦敦国际珠宝展（International Jewellery London）、伦敦理想家居展览会（The Ideal Home Show）、伦敦国际玩具展览会（London Toy Fair）、伦敦艺术博览会（London Art Fair）等（图2-13、图2-14）。

在英国举办时尚展会的优势在于，展会规模大，并且多为国际性展会，如伦敦国际服装服饰展览会是欧洲著名的时装展览会，由英国Emap Fashion和德国Lgedo联合组织，已成为欧洲服装界的一大盛事。该展览每次吸引超过30 000名专业买家，其中包括英国和爱尔兰所有的独立零售店、百货公司、连锁店的买家。而英国以外的买家主要来自德国、意大利、西班牙以及北欧地区各国。

伦敦时尚展会的劣势在于同一个展会涉及面太广，没有适当的细分，导致了展会数量少。如伦敦理想家居展，它的目标是把所有与拥有"理想家园"相关的东西结合起来，比如现代住宅的最新发明以及展示最新的住宅设计。多年来，该展会的常规特色是理想房屋的展示。从厨房和浴室到卧室和地下室，从精致的食物、花园和最新的高科技小玩意到时尚美丽的礼物，消费者可以在这个展览上找到所有的东西。以上这些展品类型虽然多样，但每个类别却没有进行适当的细分，使得厂商与消费者间的对接精准性不足。此外，每个展会的持续时间都过短，也导致有许多媒体、观众来不及去参观，由此报道评论的减少也让展会的关注热度自然迅速下降了。

伦敦时尚展会的发展机会要从自身出发，改变传统的展会模式，增加商业形式的展会来提高人气和知名度。有机会自然也会有威胁，其他新兴时尚都市以展会形式吸引大众和媒体，再加上英国脱欧事件对于伦敦经济地位的冲击也将影响伦敦的国际展会地位。

表2-8是对伦敦地区时尚展会事件优势与劣势、威胁与机会的总结，同时也反映了其特征表现。

表2-8　伦敦地区：时尚展会分析

优势	劣势
• 规模大，事件类型覆盖范围广。 • 展会国际性程度高。	• 展会数量少，时间短，形式缺少创新。 • 同一展会涉及领域过广，没有适度地细分行业。 • 媒体报道少，展会组织者不明确。

机会	威胁
• 可细分展会种类。 • 改变传统展会模式，增加商业形式的展会，以增加事件影响力。	• 新兴时尚城市对伦敦产生威胁。 • 脱欧对于伦敦经济地位的冲击也将影响其国际展会的发展。

（四）时装展览

伦敦大型博物馆和小型展览馆较多，国际观众较多，展览精致，为时尚和艺术发展提供了绝佳机会。伦敦的时尚展览多在博物馆举行，比如维多利亚与艾伯特博物馆（Victoria & Albert Museum）是全球最大的艺术与设计博物馆，创立于1852

图2-13　2022年伦敦国际玩具展览会（London Toy Fair）　　图2-14　2016年伦敦国际珠宝展（International Jewellery London）

（图片来源：WGSN数据库）

年（图2-15）。比如其中从2017年5月至2018年2月举办的"巴黎世家：塑造时尚展（Balenciaga: Shaping Fashion）"，探讨了极富影响力的服装设计师克里斯托伯尔·巴伦西亚加（Cristobal Balenciaga）创造的作品。该展览不仅展出了创始人克里斯托伯尔一生的重要设计，更展出了之后深受其影响的设计师的一系列作品，展览全面诠释了一百年来克里斯托伯尔对整个时尚界的深刻影响。

再比如国家肖像馆（National Portrait Gallery）是英国的一个肖像艺术画廊。2016年的"Vogue 100:A Century of Style"展览在此举办，展品挖掘了时尚杂志的艺术作品的宽度和深度，向世人提供了一个观看文化变迁的独特视角。参观者可以欣赏到著名时装摄影师彼得·林德伯格（Peter Lindbergh）在20世纪90年代为超模拍摄的杂志封面照片，也可以欣赏到英国女摄影师科琳·德（Corinne Day）在1993年为模特凯特·摩丝（Kate Moss）在她的个人住所拍的大片（图2-16）。

伦敦地区时尚展览的劣势在于博物馆的名气大于展览本身的名气，许多慕名而来的参观者都不是专业领域的，对于展览也难以作出深入有效的评价，所以许多展览的大众宣传度有限而趋于小众化。但这些展览完全可以利用展馆名气推动时尚事业的普及，与时尚产业进一步结合，如开发展览周边的时尚文创产品，增加时尚展览的商业价值。但是英国人的古板、保守阻碍了他们的发展。巴黎、米兰等大城市早已加快步伐，在国际上大力宣传自己的展览，想方设法举办更多的展览以吸引全世界的目光，相较之下，伦敦纵然有历史悠久的博物馆，其时尚展览的国际地位却受到了很大的威胁。

表2-9是对伦敦地区时尚展览事件优势与劣势、威胁与机会的总结，同时也反映了其特征表现。

表2-9　伦敦地区：时尚展览分析

优势	劣势
• 国际化大都市，艺术底蕴深厚，观众审美水平较高。	• 宣传较少，主要依靠博物馆或美术馆本身的名气吸引观众。
• 大型博物馆、小型展览馆较多，国际观众多。	

机会	威胁
• 借助伦敦博物馆事业的发展，推动时尚类展览的普及。 • 与时尚产业进一步结合，开发展览周边的时尚文创产品。	• 展览过多且比较专业，比较小众化。 • 受其他欧洲城市如巴黎、米兰的冲击比较大。

（五）设计周

作为英国的首都和最大城市，伦敦创意产业的繁荣和城市的发展密切相关。尽管如此，伦敦设计周（London Design Festival）从创办到壮大并不是一件容易的事情。

伦敦是英国设计、创意和创新的主要中心，有许多世界知名艺术与设计教育机构，是全英国三分之一设计产业的大本营。伦敦设计周是设计师的大聚会，也是向大众传播设计的平台，创办于2003年，以伦敦现有的设计活动为基础，由上百场活动和展览组成，主要集中于伦敦的各个标志性景点、广场和场馆，包括相关主题论坛以及许多著名艺术家、设计师的讲座等。这些活动和展览由来自世界各地的设计机构举办，整个设计周所有的展品都是免费供公众参观的。

伦敦设计周的举办与伦敦建筑相结合，形成了设计、文化、商业一体。伦敦设计周与每年一度的探知著名建筑内部的"伦敦建筑开放日（Open House London）"、引领前卫风格的"伦敦时装周"等的结合，使其早已不是一个单纯的设计活动，而是一场文化盛事，一个推动全球创意产业相互激荡和交流的节日，它跨越了汽车、家居、装置、时装、数码、建筑等30多个不同的设计和艺术的领域，最大程度地展现了"设计"这一名词的包容力，以及设计对经济和社会文化生活的重要性（图2-17、图2-18）。

但与伦敦地区时尚展览和时尚展会相似的是，伦敦设计周涉及的内容和领域过多，除了服装服饰设计外，该设计周还囊括了多个设计和艺术领域，但这些领域并没有细分，且场馆布局较为分散，不利于参观交流，也难以集中营造设计周的活动氛围。

今后伦敦地区的设计周可以充分地细化和发挥各个领域的特长，为本土设计师提供较高端的国际交流平台，也为设计师提供丰富的创业机会。此外，伦敦设计周

图2-15 维多利亚与艾伯特博物馆时装展览现场

图2-16 Vogue 100: A Century of Style 展览海报

（图片来源：WGSN数据库）

图2-17　2018伦敦设计周英国照明品牌与洛杉矶气球艺术家　图2-18　2018伦敦设计周中家具品牌Matter of Stuff作品
CDH x Geronimo合作的装置艺术作品

（图片来源：WGSN数据库）

与其他城市的设计周相比，由于各种展览和活动同时举行而弱化了设计成分，但其他城市的设计周已经规划全面且目标明确，这对伦敦设计周造成的竞争威胁较大。

表2-10是对伦敦地区伦敦设计周事件优势与劣势、威胁与机会的总结，同时也反映了其特征表现。

表2-10　伦敦地区：伦敦设计周分析

优势	劣势
• 涉及领域广，场所众多，展现了整个伦敦的风貌。 • 风格前卫，参加人数多，受众非常广。 • 将设计、文化与商业甚至建筑相结合，非常国际化。	• 场馆较分散，散落在伦敦的各个角落，不便于参观交流，难以集中营造设计周的活动氛围。
机会	威胁
• 囊括了多个设计和艺术领域，可充分地细化和发挥各个领域的特长。 • 为本土设计师提供创业机会，也为设计师提供较高端的国际交流平台。	• 其他展览和活动的加入，弱化了设计的成分。 • 展示区域分散，涵盖面广且不能抓住设计主题。

众所周知，爆发于英国的第一次工业革命使伦敦成为世界著名的经济金融中心，英国也成为了资本主义世界里经济最发达的国家。同时，伦敦的独特地位还在于其集政治、文化、艺术中心于一体，由此伦敦成为各层次时尚引领者的云集之地，他们中包括皇室成员、贵族妇女、政界名流、经济巨擘、文化名人、影视艺人等。即使英国普通人士也形成了独特的时尚创造力和影响力，如早期出现的青年亚文化群体——曾昙花一现的"泰迪男孩""摩登派""机车手"等。这样一批稳定而多样化的顾客群体，为时装业的蓬勃发展提供了市场基础，带动了伦敦时装在全球的流行，使得伦敦时装市场得到了延伸和扩展，最终促使伦敦发展成为世界时装中心。

三、米兰时尚事件分析

米兰以其梦幻的格调、精湛的手工艺和优质的成衣闻名于世界。米兰与巴黎、纽约、伦敦和东京一样，是公认的世界上最重要的国际时尚都市之一。对于意大利来说，米兰还是本土时尚产业的核心及制造业龙头，几乎所有的意大利时尚企业都在米兰设有公司，这个城市引导着整个意大利的时尚体系。

经过多年的发展，米兰时尚已经形成了一套完整的构架：设计有风格，生产不断创新，销售网络完善，这三大环节相辅相成、互相促进、同步发展，构成产业链的大、中、小型企业之间相互作用，分工明确、协调发展，形成了成熟完整的产业链。因此虽然近年来该行业在国际市场竞争加剧、产业结构调整及国内消费不振的多重压力下，出现产销下降、就业人数不断下降等不利局面，但出口仍然稳中有升，高端市场的国际竞争优势依然十分明显。

米兰的时尚事件与米兰的时尚产业不可分割，主要以服装业、纺织业、制鞋业为基础。意大利在世界纺织服装市场上所占份额是最多的，因此，米兰的时尚产业也都依托于此，比如米兰国际婚纱礼服展，米兰国际服装、面料展览会等。除了服饰鞋业较为发达以外，近年来米兰的时尚事件还涵盖了生活用品、家具装置、酒店用品、时尚数码消费品等较为新兴的产业。

（一）时装发布秀

众所周知米兰的时装发布秀主要以每年春天与秋天举办的两次时装周为主。米兰时装周同伦敦、巴黎、纽约时装周一样，备受世人瞩目。意大利米兰时装周虽然出现的时间最晚，但其以精妙绝伦的工艺享誉世界，被人们称为时尚界的"晴雨表"，也是世界顶级品牌和大牌设计师的超级聚会平台。

米兰时装周尽管历史并不悠久，但其国际地位不容小觑。意大利是老牌的纺织品、服装生产大国和强国，米兰纺织服装业产品以其完美而精巧的设计和技术高超的后期处理享誉世界，特别是意大利的男女时装产品及皮衣、皮鞋、皮包等皮革制品在世界纺织业中占有重要地位。

米兰时装周同其他时装周一样，每年举办两次，2月至3月期间举办当年秋冬发布会，9月至10月举办次年春夏发布会，一个月之内相继举办高达300余场的高端时装发布秀，代表了时装行业的最高、最精致的水准。米兰时装周也是传统大牌最钟爱的选择，包括普拉达（Prada）、古驰（Gucci）、范思哲（Versace）、乔治·阿玛尼（Giorgio Armani）、芬迪（Fendi）等（图2-19、图2-20）。比起纽约时装周的年轻、伦敦时装周的文艺，米兰是聚集了最多大牌的时装周，这些顶级品牌齐聚米兰时装周，使其有更高的威望和影响力。

米兰时装周在追求品质的同时也产生了一些不可避免的缺陷。它不似纽约时装周那般开放与包容，而更倾向于年代久远的老奢侈品牌，对于新兴的设计师品牌来说，门槛较高，显得较为苛刻。每年想要参加米兰时装周的品牌必须通过由乔治·阿玛尼、华伦天奴·格拉瓦尼（Valentino Garavani）等这样的设计大师组成的评审团严格的资格审评后，才能站在米兰时装周的舞台上。

目前来看，整个欧洲经济不景气，消费市场萎靡。而米兰新兴设计师品牌生产成本高，供应链成本也随之增长，导致产品缺乏价格优势。而且米兰时装周在巴黎时装周之前，两者又极为类似，因而很多时尚买手在米兰时装周期间大多是持观望和比较的态度，更倾向于在巴黎时装周结束后再做决定，或是更偏向于选择在巴黎时装周订货，这一点对于米兰时装周展会来说造成了不小的冲击。

好在米兰强大的产业链和发达的购物渠道为设计师及时尚买手等提供了非常优质的设计环境及采购平台，这不仅为较为成熟的品牌提供了展示及强化自主品牌灵魂的机会，也为新生代的时装品牌提供了孕育的基础。但是仍不能忽视新媒体和新技术对于传统时装周的冲击，如时下非常流行的社交网站，随时随地都可以在世界各地发布有关时尚的信息，借助名人效应及品牌自身影响力，新媒体无疑是成本低且传播速度最快的商业途径之一。而有时间和空间条件限制的时装发布秀就亟需改革传统的办秀形式，或许可以尝试利用最新的科技成果最大化地发挥出其在场的优势。

表2-11是对米兰地区时装发布秀事件优势与劣势、威胁与机会的总结，同时也反映了其特征表现。

表2-11　米兰地区：时装发布秀分析

优势	劣势
• 意大利成熟的纺织产业链。 • 以手工著称的服饰皮革。 • 受老牌奢侈品牌青睐。	• 对于年轻品牌接受度低。 • 产业链成本过高，活力不足。

机会	威胁
• 利用强大的纺织产业发展新的品牌。 • 结合自身的高品质优势开拓新产品线。 • 结合时下科技成果，颠覆传统看秀方式。	• 与巴黎时装周有同质性，且时间优势不及巴黎。 • 受网络媒体平台以及高科技展现方式影响，危及传统发布秀形式。

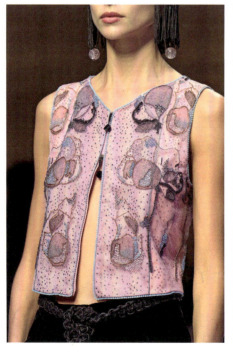 

图2-19　乔治·阿玛尼（Giorgio Armani）2023秋冬米兰高级成衣时装发布　　图2-20　古驰（Gucci）2023秋冬米兰高级成衣时装发布

（图片来源：WGSN数据库）

（二）时尚评选

米兰的时尚评选活动开始的时间较晚，主要以与同期举办的展览或展会相结合的方式进行。如2017年在米兰时装周期间举办的2017年第一届绿色时尚设计大赛（Green Carpet Talent competition），它由意大利时装国家商会（CNMI）与生态经济可持续发展的相关部门联合举办，旨在推出新晋设计师的持续创意作品，强调了意大利工艺与制造技术，并以突出展示生态环境为评选原则。该大奖评选将与米兰时装周上的各大品牌如芬迪、阿玛尼、古驰、普拉达及新兴的设计师合作，旨在发掘品牌远见的创造力和未来的时尚趋势。所有的设计师都遵循可持续发展的生态模式（可持续卓越的绿色挑战原则）来实现他们的创作，最终评选出的五个入围品牌将继续为争夺最后的绿地毯时尚大奖（Green Carpet Fashion Awards）展开角逐。但是，目前国际上不乏此类评选活动，且经验值和影响力都在米兰之上。因此，如何做出具有自身特色的活动仍需继续探索。

米兰的时尚评选都具有一定的公益性，其试图利用自身的影响力来改变社会的价值观、改变人们的生活方式，如女性设计师国际社会奖（Arc Vision Prize），这是米兰时尚界为鼓励及提高女性设计师在国际上的影响力及创造力而举办的全社会奖项。该奖项始于2013年，每年4月开设颁奖仪式，并与FUORI家具展、米兰三年展和各种建筑设计展进行合作评选。该奖项自设立以来，针对参赛者做出的重大设计贡献和可持续性的社会发展理念等，每年都会重点奖励一位女性建筑设计师及其共同参与研究的设计工作者们。并且该奖项还重点关注女性文化传播的影响力，更倾向于奖励那些拥有特殊项目类型和在特殊工作条件及岗位上的女性优秀设计工作者们，以树立女性设计师们在社会中的地位，以及承认其为国家乃至全世界做出的杰出贡献。相对来说，这种公益性较强的时尚评选活动容易被人们所接受，起到正面的推动作用，相信在未来会有更多这样的活动出现，也会得到更高的社会评价。

表2-12是对米兰地区时尚评选事件优势与劣势、威胁与机会的总结，同时也反映了其特征表现。

表2-12　米兰地区：时尚评选分析

优势	劣势
• 米兰良好的艺术氛围。	• 时间短、经验少、影响力不足。
• 与米兰的展览、展会结合，利于活动联合开展。	• 过于依赖展会，缺乏自身特色。

机会	威胁
• 更多与社会性公益组织合作。	• 易受本地区其他较为成熟的活动冲击。
• 利用发达的网络平台宣传，并与之结合，扩大影响力。	• 受国际上同类型活动的影响。

（三）时尚展会

米兰的时尚展会无论是在数量还是质量上都是世界首屈一指的。这首先得益于米兰极好的地理位置和发达的交通条件。米兰是意大利北部政治、经济和文化中心，以工商业、贸易和金融著名，因此有意大利的"经济首都"之称。许多国际知名的时尚品牌总部都设立在这里，并且米兰的工业门类齐全，有汽车、飞机、摩托车、电器、铁路器材、金属制造、纺织服饰、化工等，其商业和金融业也非常发达，是开展时尚展会的经济基础。

2015年米兰世博会之后，米兰作为一个有经验的展会城市，其国际知名度和美誉度均得到了显著提高。同时，米兰利用世博会这一契机，规划了占地200公顷的世博城，建成了包括12万平方米的国家展馆、可容纳12 000名观众的剧院、6 000个座位的会堂、主题展馆和公园，及配套的交通、酒店、商业设施，这将进一步释放米兰会展业的发展潜力。

然而米兰展会模式过于老化，相对于现在互联网时代，米兰的展会还停留在商家对商家的B2B传统模式，而不是商家直接面对消费者的B2C模式，并且，互联网购物、物流都很不发达，这些因素制约了整个行业的长远发展。同时，其他新兴的市场经济体所不断更新的产品发布场面及其中的科技感所带来的视觉冲击，对于米兰传统市场也是一种威胁。

除此之外，整个欧洲经济市场不景气，年轻人失业率较高。2021年，德国《南德意志报》报道，欧盟统计局最近公布的报告显示，意大利年轻人失业率达到29.8%。[①]这些因素使得米兰的创新能力和消费能力被大大地削弱，大部分消费依靠游客和外来经济支撑，不利于商业展会的可持续发展。

一些时尚展商趋向于开拓消费能力强的国家和城市作为新的试点，比如米兰WHITE时装展销会（White Milano），该展会伴随米兰男女装时装周举办的新款服装展销盛事，其不仅是众多时尚品牌与公司走向成功的起点，更是全球各大主流百货公司及多品牌买手店的重要参考导览（图2-21、图2-22）。归功于与意大利对外贸易委员会的密切合作，米兰WHITE时装展销会在2016年底在各国参与并主导了一系列时装周活动，其中包括十月份的迪拜、上海和首尔时装周，以及十一月份在柏林与意大利驻德领馆联手举办的活动。

表2-13是对米兰地区时尚展会事件优势与劣势、威胁与机会的总结，同时也反映了其特征表现。

表2-13　米兰地区：时尚展会分析

优势	劣势
• 发达的交通。 • 较完善的展览场所。 • 成熟的产业链。	• 展览模式太过传统。 • 参展行业较为固定，灵活度不足。
机会	威胁
• 在保持自身特色基础上寻求新发展。 • 与高科技展览模式相结合。	• 高科技展会的冲击。 • 经济市场不景气，失业率高，米兰创新和消费能力被削弱。

---

① 环球时报.欧洲哪国青年最难找工作？欧盟最新报告：西班牙年轻人失业率最高，意大利排名第二[EB/OL].https://m.gmw.cn/baijia/2021-11/16/1302680614.html.

图 2-21　2023 秋冬米兰 WHITE 时装展销会现场　　　　图 2-22　2023 秋冬米兰 WHITE 时装展销会中高级羊绒品牌 Avant Toi
　　　　　　　　　　　　　　　　　　　　　　　　　　　　　 展陈现场

（图片来源：WGSN 数据库）

（四）时尚展览

　　不得不说米兰的艺术历史文化和精美的城市建筑是举办时尚展览的最佳选择。米兰随处可见的艺术珍宝和米兰人追求生活艺术的浪漫情怀使其充满独有的艺术氛围，这些城市特色在米兰的时尚展览活动中得到了集中体现。

　　其中最大型的展览要数由非营利的同名文化基金会主办的米兰三年展（Triennale di Milano），该展成立于 1923 年，与佛罗伦萨国际当代艺术双年展、威尼斯双年展并称意大利三大艺术展。其创始成员包括意大利文化遗产和环境部、伦巴第大区和米兰市政。由于展览的规模和影响力，米兰已建设了专门的三年展设计博物馆和三年展艺术剧院，专门举办展览和其他有关建筑、设计、装饰艺术、时尚、新媒体和城市设计的活动。

　　如果说米兰对于传统手工业的执着与巴黎不约而同，那么对生活用品的务实而非追求奢靡的需求则与巴黎是截然不同的。因此米兰的家居饰品等生活用品展在国际上独具一格，也深受国际市场的肯定。如由文图拉项目公司（Ventura Projects）负责的文图拉兰布雷特展（Ventura Lambrate），该展是每年 4 月的米兰家具展览会上举办的活动，展示了当代设计前沿的最新发展，内容主要包括临时展示、特别项目和创意酒店概念等，是米兰设计周中最重要的展览（图 2-23、图 2-24）。

　　然而米兰作为意大利后起的新兴城市，文化底蕴并没有罗马、佛罗伦萨等古老城市深厚，但米兰可以多加利用本地的教育新生力量，与增强合作和交流来赋予时尚展览更多的创新活力。此外，在展览策划方面，米兰没有大型博物馆，小型博物馆承载量不够，其中展品也过于注重传统手工业，使得展览的层次不足，吸引力也随之降低，这也很大程度上局限了米兰的时尚展览业的发展。

　　表 2-14 是对米兰地区时尚展览事件优势与劣势、威胁与机会的总结，同时也反映了其特征表现。

图2-23 2014米兰文图拉兰布雷特展现场　　　　图2-24 2014米兰文图拉兰布雷特展现场

（图片来源：WGSN 数据库）

表2-14 米兰地区：时尚展览分析

优势	劣势
• 文化底蕴深厚。 • 手工业发达，并以此为特色。	• 展出模式和展品种类过于传统和单一。
机会	威胁
• 多与学校合作，增加创新能力。 • 展览主题可与社会发展主题结合深化。	• 易受其他时尚城市的冲击。 • 艺术基础相较于罗马、佛罗伦萨等城市不足，受周边城市影响。

（五）设计周

米兰的设计周是以艺术文化与商业经济相结合的方式呈现，其活动在注重设计的同时也考虑到设计产品的商业前瞻性。主要包括米兰设计周（Milan Design Week）、米兰建筑周（Milano Arch Week）等。

米兰设计周于每年4月期间举办，汇集了全球顶级的设计理念与顶级的设计成果，并伴随着全球家具业的"奥林匹克"盛会——米兰国际家具展（Salone Internationaledel Mobile diMilano）共同举办（图2-25、图2-26）。其组成内容除了米兰家具展外，整个米兰市中心，包括布雷拉区、朗布拉特区、中央区和托尔托纳区等都是设计周的重要组成部分，拥有超过1 000场大小展览及活动。这里每年汇集了全球顶级的设计理念与设计成果，参加者既可享受现代顶级设计的盛宴，又可同时充分领略意大利人文、艺术、建筑等方面的杰出成就。

米兰的设计周活动与传统的纺织业有所区分，更注重工业类的设计。这些活动也为一些本土的特色品牌和全新的设计品牌达到了广告宣传的效果。在设计周期间各种形式的活动展览较多，所展出的作品不仅新奇、创新能力强，同时又极具市场价值。设计周期间整个米兰市都弥漫着浓郁的时尚设计气氛，许多场馆、建筑、包括米兰的众多设计学院都为设计周提供场所，但因此也导致了设计周展示区域过于分散的问题。

米兰的设计周一直以来都是引导着世界潮流的风向标，在行业内有口皆碑，既有设计感又有品质，深受各国喜爱。在越来越多其他时尚城市崛起的大环境下，把米兰的贸易优势和设计周更加深入的结合，加强与政府及行业协会的合作，将吸引更多世界各地的行业相关人士都纷纷涌来，感受米兰的文化，学习米兰的设计。

表2-15是对米兰地区米兰设计周事件优势与劣势、威胁与机会的总结，同时也反映了其特征表现。

表2-15 米兰地区：米兰设计周分析

优势	劣势
• 硬件设施强，产品具有吸引力。 • 观赏者体验感较好。	• 展示区域过于分散。 • 设计品类较多，缺少主题性。
机会	威胁
• 米兰的贸易发达，与设计周有效结合，将更利于促进经济发展。 • 多与政府、行业协会加强合作。	• 易受其他时尚城市的冲击和威胁。

任何一座城市的时尚事件一定与这座城市的生活氛围息息相关。米兰的时尚气质由历史沉淀而来，有保持在基因里的厚重与奢华。米兰的时尚事件是米兰这座城市文化精神的凝结，它不仅带动了服饰行业的发展，还促进了一种生活方式的改变。纵观米兰的这些时尚活动，不难发现活动所产生的意义与价值已经渐渐地上升到另外一个层次，如生活艺术展或是现当代艺术展的举办提升了人们对生活质量的追求以及拓宽了对艺术的理解。在古罗马，追求生活品质历来只是贵族的权利，发展到近代，艺术已经更具大众性和普遍性，这些展览提升了全民审美，也提高了生活品

图2-25 2019米兰国际家具展品牌Abet Laminati 展览现场　　图2-26 2019米兰国际家具展品牌Editions Milano展览现场

（图片来源：WGSN数据库）

质。这些与米兰这座城市相辅相成，使米兰成为名副其实的"艺术之城""时尚之城"。值得一提的还有独立出版社和艺术家书籍沙龙以及近两年的VOGUE摄影节等社会公益性展览，更多地促成对人们思考方式的启发与改变，让人们从不同的角度思考这个社会，关注并关心社会的发展与成长。

四、纽约时尚事件分析

纽约是美国最大的城市，也是美国人口最多的城市。它是一座对全球的经济、商业、金融、政治、媒体、时尚、娱乐和教育等方面具有极大影响力的国际大都会。同时，纽约还是联合国总部的所在地，因此纽约也被认为是世界外交的中心。纽约服装业进入机器生产时代的历史并不长，它在如此短的时间内一跃成为国际时尚之都，很大程度上取决于举办大型时尚事件给其带来的城市影响力和吸引力，同时时尚事件的举办也推动着纽约商业和金融等方面的发展。

通过对纽约近年来极具代表性时尚事件的梳理，将所采集到的时尚事件按照行业分，涵盖服装服饰、日化用品、工艺美术品、珠宝首饰、家具家居用品、时尚数码用品。形式包括时装发布秀、时尚评选、时尚展会、时尚展览、设计周和时尚庆典，其中以时尚展会、时尚展览和时装发布秀事件最为突出。

（一）时装发布秀

纽约时装发布秀包含大大小小、形式各异的时装走秀，主要以每年定期两次的纽约时装周和著名设计院校的学生作品发布秀为主。前者主要是品牌和设计师发布日常成衣，后者更看重服装的设计创新。

纽约时装周作为纽约最典型、且在全球范围内具有影响力的大型时尚事件，早已具有其区别于巴黎、伦敦、米兰和东京时装周的独特之处。纽约时装周起源于1943年，至今已有80年的历史，它的成功举办为纽约吸引了大量专业的参与者时（图2-27、图2-28）。纽约时装周从创办伊始，所传达的时尚就是充满商业味道的。纽约的金融业发达，纽约时装周相较于其它几大时装周其商业意味也最为浓厚。即便纽约时装周对全球时尚的影响力暂不如巴黎、伦敦、米兰，但纽约城市文化的更新速度以及外来文化的丰富，使得其时装周的举办门槛较低、包容度高、商业性强，气氛轻松活跃，因而也吸引了许多新锐人才，让全球各地的年轻设计师有了更多展示自己的机会。

当然，在时尚遍地开花的今天，纽约时装周也出现了许多劣势。首先，外来品牌削弱了本土的时尚品牌竞争力，偏离了宣传本土设计师的初衷。其次，从2015年起，很多品牌开始不再选择纽约时装周来展示其产品，甚至重新考量发布会地点。比如作为纽约时装周的支柱品牌普罗恩萨·施罗（Proenza Schouler）宣布重新调整时装秀日程，从2018年春夏大秀开始，退出纽约时装周，每年将只在1月和7月分别举办春夏和秋冬系列时装秀以节省成本，并选择在巴黎发布以助力品牌提高全球知名度与品牌形象，缩短新产品运送到门店的时间。据统计，同样决定退出纽约2017年秋冬时装周的品牌还包括王薇薇（Vera Wang）、雨果博斯（Hugo Boss）、唐娜卡兰（DKNY）、德里克·兰姆（Derek Lam）、黛安冯芙斯滕伯格（Diane Von Furstenburg）和凯特·丝蓓（Kate Spade）。此外，开幕式（Opening Ceremony）也宣布选择退出2017年的纽约秋冬时装周，选择与纽约芭蕾舞团合作，在纽约林肯中心以芭蕾舞剧的形式展现新系列产品。[①]随着时尚产业的快速发展与革

---

① 人民网.时装周剧烈解崩：巴黎时装周罕见压缩日程，不断有品牌退出纽约时装周[EB/OL]. https://www.sohu.com/a/125430529_114731

图2-27　蔻驰（Coach）2023春夏纽约高级成衣　图2-28　汤姆福特（Tom Ford）2023春夏纽约高
时装发布　　　　　　　　　　　　　　　　级成衣时装发布

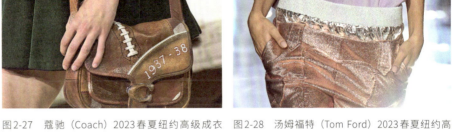

（图片来源：WGSN数据库）

新，有分析师认为，纽约时装周的体系过于守旧，多达300多个参与品牌的庞杂环境竞争过于激烈，设计师对其已慢慢失去信心与耐性，纷纷出逃。

不过纽约的时装发布秀也适逢许多新机会。比如，2015年才正式确立的纽约男装周，其以办秀、品牌预览、静态展等形式进行全方位展示，被定位为扶持新晋设计师并且关注"服装与市场周"的产业活动。在这些年轻而富有野心的新兴男装设计师中或许就藏着纽约时装界还未发掘的宝藏。另外，随着智能科技的发展，若实现科技与时装周结合的模式，也可能会带来一些新看点。

值得一提的是，相对于设计缺乏亮点的纽约时装周成衣发布，地处纽约的许多时尚院校则集合顶尖专业人才，每次发布的作品都颇具看点，更能引起时界的关注。例如，每年3月举办的FUSION时装秀汇集了来自纽约时装学院和帕森斯设计学院的学生作品，其时尚教育与时尚事件紧密结合的举办模式取得了良好的效果。

有机会就有威胁，在全球化和信息化节奏中，纽约时装周所面临的威胁日益明显。首先体现在纽约时装周发布秀参与品牌的良莠不齐，这与在和其它城市时装周竞争的同时难以保留特色。甚至，在纽约时装周周围开展的非正式品牌发布更加重了对时装周的不良影响，甚至导致了发布秀难以符合大众心目中的发布秀标准。

表2-16是对纽约地区时装发布秀事件优势与劣势、威胁与机会的总结，同时也反映了其特征表现。

表2-16　纽约地区：时装发布秀分析

优势	劣势
• 结合商业的时尚特色。 • 包容性强。 • 具有一定的举办经验。 • 具备社交媒体关注的亮点。	• 本土设计师和品牌面临竞争。 • 时装周价值缩水，品牌纷纷退出。

机会	威胁
• 男装周潜力大。 • 院校发布的关注度高，时尚教育和时尚事件相结合。	• 发布秀参与品牌良莠不齐。 • 纽约时装周"周边秀"导致不良影响。

（二）时尚评选

纽约最盛大的时尚评选——美国时装设计师协会大奖（CFDA Fashion Awards）一年一度举行，共设置有年度女装设计师奖、年度男装设计师奖、年度最佳饰品设计师奖、施华洛世奇基金最具潜力女装设计师奖等多个奖项（图2-29、图2-30）。评审团包括了各大设计师、各个媒体以及成衣业的零售商等。其在时尚界的地位犹如电影界的奥斯卡，故又被称为"时尚界的奥斯卡大奖"。美国时装设计师协会大奖虽与纽约时装周同为美国时装设计师协会所主办，但不同于纽约时装周的商业性质而继承了美国时装设计师协会的非盈利性。

一年一度的美国时装设计师协会大奖，除了将选出业内最好的设计人才，还提供专业帮助和各项基金，并通过专业的商业服务网络和一支高素质设计人员为优秀人才提供战略指导等。其中的基金设立包括CFDA/Vogue时尚基金、杰弗里·比尼（Geoffrey Beeny）设计学术奖、里兹·克莱本（Liz Claiborne）奖学金和CFDA/Teen Vogue奖学金等。此外，为了追求更好的制作水平，CFDA仍然不断尝试在场地和形式上的改变，它的专业性与知名度让其他评选很难超越。

纽约的其它时尚评选都被美国时装设计师协会大奖挡住了光芒，似乎纽约就只关心服装，这反而成为纽约整个时尚评选环境的劣势。其实除服装外的其它时尚产业已在新时代慢慢崛起，也需要成长和知名度，其他艺术家和设计师也需要更多的

图2-29　2014美国时装设计师协会大奖施华洛世奇年度配饰设计师奖获得者艾琳·诺伊沃斯（Irene Neuwirth）作品

图2-30　2014美国时装设计师协会大奖施华洛世奇年度配饰设计师奖获得者艾琳·诺伊沃斯（Irene Neuwirth）作品

（图片来源：WGSN数据库）

支持来展示才华。另外，时尚也不能总是高高在上，美国时装设计师协会大奖的私密性使之与消费者之间隔了一道高墙，必然会造成双方的隔阂。

还好日渐发达的信息技术给了纽约时尚评选的未来更多的机会，不仅可以在评选形式和传播途径上有所创新，还可以创造更多与消费者的互动机会，降低大众的参与门槛。但随着大众参与度和媒体曝光度的提高，这些走上红毯的获奖作品很有可能引起较大争议。且就服装行业本身来说，新锐设计师如雨后春笋般层出不穷，也着实加大了评选的难度。

表2-17是对纽约地区时尚评选事件优势与劣势、威胁与机会的总结，同时也反映了其特征表现。

表2-17　纽约地区：时尚评选分析

优势	劣势
• 来自知名品牌和时尚院校的人才储备。 • 专业的行业协会和众多时尚品牌支持。 • 筹集奖学金和慈善基金。 • 名人众多，有较大的影响力和较广的传播范围。	• 除了大量服装服饰类的设计评选，其他种类的时尚评选知名度很低。 • 与消费者关联小，不接地气。
机会	威胁
• 信息技术日渐发达，创造新的评选形式和传播途径。 • 创造更多互动，降低大众的参与门槛。	• 评选范围扩大，评选难度增加。 • 评选结果的争议性。

（三）时尚展会

纽约在全球时尚产业中具有三个中心地位，即设计师及时尚企业中心，批发贸易和批发商店的总部中心，时尚媒体、营销和零售中心。得天独厚的地理优势为城市扩张和服装产业的升级提供了十分便利的条件，吸引了众多来自不同国家和地区的参展商。因此时尚展会在纽约是数量最多、人流量最大、参与国家最多的时尚事件。

在时尚展会中，尤以纺织服饰为主的博览会为主，如作为目前北美地区最大的纺织品采购展之一的美国纽约国际服装采购展览会（Apparel Sourcing USA），聚集了国际最具影响力的奢侈品品牌、设计师品牌精品及百货商店。该展览会一年两届，致力于推动各国纺织品服装贸易发展、积累优质客户资源。展会邀请来自各个国家和地区的百货商店、批发商、大型连锁商店和海外采购专业人员，为来自世界各地的纺织供应商及专业买家提供了优秀的交流平台，为参展商和贸易观众提供了更多增值服务。在该展会现场可以看到各类高质量并且价格合理的新流行趋势纺织面料产品。此外，还有针对服装面料辅料的专业贸易展会——美国纽约服装面料及辅料博览会（Texworld USA）和美国纽约面料、辅料及成衣接单展（Material World），针对童装的美国纽约儿童时装展览会（Playtime New York）及聚焦内衣、睡衣和泳衣领域的美国纽约内衣展览会（Intima America）等超大型纺织服装服饰展会（图2-31、图2-32）。

而在化妆品、香水、珠宝等日化用品及配饰产业，展会数量虽少却规模庞大。如纽约JA珠宝展（JA NEW YORK）、美国国际美容化妆品展览会（International Beauty Show）、纽约奢华科技展等。纽约JA珠宝展在曼哈顿著名的贾维茨中心举办，已经有百余年的历史，是美国规模最大的珠宝展之一，于每年3月、7月、10月举办。历年参加JA珠宝展的平均有超过1 900家参展商和逾15 000名买家及专业

图2-31　2014美国纽约服装面料及辅料博览会现场　　　图2-32　2023美国纽约儿童时装展览会现场

(图片来源：WGSN 数据库)

人士出席，称得上是强手如林、异彩纷呈。在这里不仅可以考察到最新潮的国际珠宝流行趋势，还可以体验到短兵相接、刻不容缓的市场竞争氛围。

多年的办展历史为美国吸引了优质的参展商和买家，也为纽约创造了可观的收入，展览的组织者主要是美国服装设计师协会、美国服装及鞋业协会、纺织贸促会等，同时也有来自法兰克福展览有限公司（Messe Frankfurt）等企业的支持。

总的来说，运动休闲服饰和成衣是纽约的主要时尚品类，而其他品类由于特色不明显，在纽约与各时尚之都的竞争中缺乏优势。纽约现有的各展会规模辐射范围大而展品种类丰富，但各展之间存在展品种类交叉重复的现象可能导致彼此的不良竞争。此外，大多数展览的国外媒体报道和评论较少，国际知名度较低。随着全球经济的发展，更多的国家具备了举办展会的能力，这使纽约时尚展会的竞争对手增多。如何在保证现有服装面料展会处于行业龙头的状态下，借助多年举办展会的经验，补充举办各类时尚展会，将是纽约面临的挑战。也许借助智能设备与展会的融合，应对未来的物联网社会，是纽约时尚展会的机遇。

表2-18是对纽约地区时尚展会事件优势与劣势、威胁与机会的总结，同时也反映了其特征表现。

表2-18　纽约地区：时尚展会分析

优势	劣势
• 纽约是设计师及时尚企业中心，批发贸易和批发商店的总部中心，时尚媒体、营销和零售中心。 • 相当专业的买家群和观众资源。 • 政府和行业协会支持。	• 除运动休闲服饰和成衣，其他时尚产品种类相较其他时尚之都来说稍显劣势，特色不明显。 • 部分展会国际知名度较低。
机会	威胁
• 吸引世界各地参展商前来参展。 • 新的智能化体验模式。	• 竞争对手增多。 • 各展会内容范围有部分交叉，将因此而产生竞争，特色不明显。 • 展会形式和展览内容上都不断要求创新。

（四）时尚展览

纽约的时尚展览多在美术馆和博物馆举办，比如惠特尼美国艺术博物馆、大都会博物馆和古根海姆博物馆。

惠特尼美国艺术博物馆举办的惠特尼双年展（Whitney Biennial）一直致力于展现美国的当代艺术，旨在反映当代世界艺术的前沿探索与当前面貌，成为全球文化互鉴融合的一大平台（图2-33）。

大都会艺术博物馆每年5月初都会如期举办一场展览，展览的主题均和时尚相关。2016年的主题是"手作×机器科技时代的时尚（Manus x Machina: Fashion in an Age of Technology）"，旨在探索服装行业随新科技诞生而产生的变革，以及设计师在制作高定服饰或前卫成衣时，对传统手工艺与现代工业生产手段的复合运用（图2-34）。2015年大都会艺术博物馆举办的"中国：镜花水月"展览（China: Through the Looking Glass）在中国影响巨大，这是一次对中国服饰和时尚美学如何影响西方时尚的探索，取得了巨大的成功，有高达800 000人的参观流量，这次特展被列入大都会历来展览中最成功前五位。该展览改变了过往纯粹从历史角度出发的展陈方式，转而关注西方社会对于亚洲服饰的反应，展会利用多媒体视觉艺术、电影和歌曲等的配合，将服装赋予生动的视觉与听觉的持续体验，成为一大亮点。

这些时尚展览的观众中很大一部分来自于纽约周边艺术院校的专业学生和学者，他们的鉴赏丰富了展览的教育意义，并将专业的审美视角传递给更多的观众。此外，纽约时尚展览的发展优势还在于举办方对于多元文化的包容态度吸引着世界各地的设计师、艺术家慕名前来办展。

但与其它时尚事件相比，纽约时尚展览的商业价值还有较大的上升空间，当前其发挥的价值更多在于教育和文化传播方面。同时，其中的一些展览难以契合大众的审美而受众范围较小。也许未来纽约计划举办时尚展览的举办方可以考虑向Met Gala学习，将展览与时装周、博览会、颁奖典礼等形式结合。策展人若能给予展览新的体验形式，让观众在观展中寻得乐趣，便能提高观众参与度，增强展览普及度。

表2-19是对纽约地区时尚展览事件优势与劣势、威胁与机会的总结，同时也反映了其特征表现。

图2-33　2017惠特尼双年展展览现场

图2-34　2016年大都会艺术博物馆"手作×机器科技时代的时尚"展览

（图片来源：WGSN数据库）

表2-19　纽约地区：时尚展览分析

优势	劣势
• 艺术学院众多，观众审美水平较高。 • 交通发达，人口与游客众多。 • 有大都会博物馆、古根海姆博物馆等知名博物馆，展览举办有传播、教育、商业等积极意义。 • 涉及面广，有无尽的思想就有无尽主题。	• 与人们生活联系不紧密、普及度较低。 • 与巴黎相比，纽约历史文化底蕴不足。
机会	**威胁**
• 与时装周、博览会、颁奖典礼等平台结合，扩大影响力和宣传范围。 • 与时尚产业进一步结合，开发展览周边产品，增加商业价值。	• 恪守常规，展览形式和策划创新不足。 • 过于小众无法迎合大众审美。 • 难以体现地方特色。

（五）设计周

　　纽约市的官方设计周和全球设计的庆祝活动每年五月举行，涵盖了设计、商业、文化、教育、娱乐等各个学科，包括展览、装置、贸易展览、会谈、产品发布会和开放式工作室等多种多样的项目。虽然它的影响力暂时不如伦敦、米兰，但其也让全球各地的年轻设计师有了更多展示自己的机会，轻松活跃的氛围就像一场全城游园会，《纽约时报》甚至用了"环城设计"（Design around Town）这个词来形容盛况（图2-35、图2-36）。

　　虽然纽约设计周的历史和影响力还略逊色于世界上其他著名设计周，意识到这一点的它也正在加快国际化的脚步。其中最为盛大的美国纽约现代家具展览会（ICFF）每年在贾维茨会展中心（Jacob K、Javits Convention Center）举办，在那里可以看到各国的优秀设计展品，虽然其中的一些先前已在其它国际设计周上展示。这个展览会亦积极邀请国际设计师参与，如日本设计师手塚新理、挪威艺术家Sidsel Hanum，为设计师们提供了绝佳的宣传机会，也吸引了更多的潜在客户，促进了设计师之间的合作。

图2-35　2012纽约设计周品牌Biodidactic展览现场　　　　图2-36　2012纽约设计周品牌Jack Craig展览现场

（图片来源：WGSN数据库）

有别于"高大上"到不接地气的时尚事件，纽约设计周非常注重当地社区的参与互动。他们在纽约下东区的Astor Place设立了一个互动设计厅，展出大众可以参与的交互设计产品。同时，纽约设计周上会策划一系列讲座，邀请知名设计师探讨设计与社区和生活的联系。自举办以来，纽约设计周短短的两周为纽约吸引了数万名参观者，为多家设计公司和设计院校提供帮助，让设计师、买手、制造商、出版社和市民们振奋不已。但设计领域甚广，我们可以看到纽约设计周上的品类并未包含一切设计，比如平面设计。未来还需要更多的努力来完善活动内容板块，并增强本土特色，与世界其它设计周竞争或合作。

表2-20是对纽约地区纽约设计周事件优势与劣势、威胁与机会的总结，同时也反映了其特征表现。

表2-20 纽约地区：纽约设计周分析

优势	劣势
• 主办机构由政府部门组成，有强大的后台和号召力。	• 目前其影响力略逊色于世界上其它著名设计周。
• 注重互动，注重设计与社区生活的联系。	• 设计周活动内容板块有待完善。
机会	威胁
• 与时装周、博览会、展览等活动结合，扩大影响力和宣传范围。	• 地方特色不明显，易被其他地区同类活动替代。

（六）时尚庆典

服装艺术博物馆（The Museum of Costume Art）于1946年和大都会艺术博物馆（The Metropolitan Museum of Art）合并，创办了大都会博物馆服装研究院。从1985年开始，每年5月初，博物馆将围绕特定主题举办展览，并举办纽约大都会艺术博物馆慈善舞会（Met Gal，也称为Met Ball，全称为The Metropolitan Museum of Art's Costume Institute Gala），其逐渐成为时尚界最隆重的晚会，参与晚宴的明星名流依据相应主题盛装出席。

大都会博物馆服装研究院年度庆典不仅是纽约最知名的时尚庆典，也是全球的盛事。在庆典的背后，是以慈善的形式讴歌时尚行业回馈社会的传统。自1995年起至今，Vogue美国版主编Anna Wintour作为纽约大都会艺术博物馆慈善晚会的主办人，负责监督慈善收益以及宾客的邀请工作，经过不懈努力，将原本纽约本土的慈善活动变成了全球性的名流盛会，吸引来自时尚、电影、政治、商业等领域的众多嘉宾。每年的这天，名媛、好莱坞巨星、体育界的佼佼者、时装界的巨头都聚集在此，拿出自己最隆重的装备加入到这场华丽的盛会，红毯部分被誉为"时尚界奥斯卡"。依赖于现代化数字平台的更新，庆典实现了多平台的全天直播，使得红毯产生的大量图像和内容具有了强大的影响力。

事实上，这最受人瞩目的红毯已经变成一个大型的市场营销活动，成为各界时尚名流展现品味，时尚品牌提高知名度、吸引消费者的曝光平台。但活动报道大部分的关注点主要聚焦明星着装以及他们的花边新闻。但是盛典策划者大都会博物馆服装研究院精心策划的展览内容才是这场慈善晚会的精神文化内核。每年的展览主题不同，但总是将时尚作为一种现存艺术来解读历史，并呈现它对后期艺术所产生的深远影响，可相较于光鲜亮丽、星光熠熠的红毯，更加具有文化意义的会后展览总显得关注度不高。

需要注意的是，大众关注度的上升所带来的不仅仅只有益处，庆典筹办或是出席人员言行中可能出现的任何一点差错都有可能被放大，而扩大为更加广泛的争议，损伤庆典的大众形象。

表2-21是对纽约地区时尚庆典事件优势与劣势、威胁与机会的总结，同时也反映了其特征表现。

表2-21　纽约地区：时尚庆典分析

优势	劣势
• 利用名人效应和关注度宣传。 • 与现代化数字平台结合，扩大影响力和宣传范围。	• 媒体的报导与宣传的重点偏离了活动的精神文化内核。

机会	威胁
• 追随智能科技的发展，实现科技与庆典结合的模式。 • 发掘慈善晚会的文化精神内核，更好地发挥其积极的文化影响。	• 随着慈善晚会关注度与话题度的上升，慈善晚会大众形象的维护难度升高。

五、东京时尚事件分析

作为五大时尚之都之中唯一的亚洲城市，东京时尚不仅蕴含着东方气质，其多元细化的时尚产品结构也展现着现代时尚的新概念。在东京这座城市发生的时尚事件囊括了生活时尚产品的各个方面。其最大的特点就是时尚电子产品，大规模及专业的数码电子产品展会构成了东京时尚活动最具特色和重要的组成部分。近年来东京时尚事件涉及到以下五个方面：时装周、时尚评选、时尚展览、时尚展会、设计周。其中涉及鞋、包、服饰、纺织品面料、珠宝首饰、电子数码、时尚生活家居品等多个方面。其多样化的时尚活动更体现着当今时尚产业的方向——时尚不仅仅拘泥于服装服饰品一隅，而应该渗透于生活的各个方面。这也是东京能成功举办与时尚相关的各行各业的时尚活动的包容性所在，表现出独到的特色和优势。

（一）时装发布秀

东京的时尚文化受到西方文化强烈的影响。西方开放的思想自明治维新时期开始慢慢影响日本人的生活。2005年举办的东京时装周也奠定了东京作为国际化时尚都市的地位，同时也成为各大时装发布秀的活动聚集地。东京时装周为新人设计师进军时尚界架起了桥梁，为日本设计师提供了争取亚洲市场的机会。设计师、制造者和销售者三者携手，形成东京时尚新格局，让东京更加时尚（图2-37、图2-38）。

东京时装周最大的特点和优势在于设计师大多保留着自己独特的设计风格很多优秀日本设计师，如三宅一生、山本耀司、川久保玲，他们在时尚圈的地位使得日本时装在全球范围内依然保存着时尚话语权。另外，活动的举办带动了周边地区的时尚发展，比如涩谷时尚节的举办，各式各样的时尚市集活动增加了民众和时尚人士的参与度，带动了周边时尚。除了东京时装周，同时期还有银座时装周，让时尚遍地开花，为营造城市各地区时尚提供便利条件。大胆且充满创意的潮客街拍也成

图2-37　Lever Couture2023春夏东京高
级成衣时装发布

图2-38　Fetico 2023秋冬东京高级成衣时装发布

（图片来源：WGSN数据库）

为东京时装周时期媒体所关注的重点。

　　当然，东京时装周也暴露出了一些问题，概括起来大致为以下几个方面。一是会期过长，随着东京时装周规模的扩大，会期越来越长。二是难以吸引国际买手，东京时装周在米兰、巴黎时装周之后进行，而很多大型买手在光顾米兰和巴黎的时装周之后，已经没有了足够的预算，另外还要加上路途遥远等增加成本的因素。三是数量和质量的关系问题，东京时装周的规模逐渐扩大之后，如何保证每场秀的质量就成为一个无法回避的问题。四是对时装周的重新定位问题，20世纪80年代以来，许多日本纺织服装企业将生产转移到了其他国家，日本国内出现了"产业空洞化"现象，中低档服装主要依靠进口。而与此同时，国际奢侈品牌大举进入日本高端市场。[1]本土纺织服装产业的弱化可能会对日本时装周活动中的本土品牌发展产生深远的影响。

　　表2-22是对东京地区时装发布秀事件优势与劣势、威胁与机会的总结，同时也反映了其特征表现。

表2-22　东京地区：时装发布秀分析

优势	劣势
• 优秀设计师和独特的设计风格。	• 成立时间短。
• 带动周边时尚发展。	• 因举办日程而难以吸引国际买手。
• 民众参与度较高。	• 出现了产业空洞化现象。
机会	威胁
• 输出亚洲时尚的平台。	• 传统四大时装周的地位和影响力。
	• 全球各地时装周的崛起。

① 周卫中. 东京时装周20岁，走向成熟[N].中国服饰报，2005-03-25（B39）.

（二）时尚评选

近年来随着时尚在世界的普及化，设计新秀层出不穷。每一个进入设计领域的独立设计师都满怀雄心壮志，期盼能开拓出一片天地。作为国际时尚之都之一的东京，人们对时尚的喜新厌旧，迫切需要新鲜和与众不同的时装品牌出现。在此背景下，东京举办了许多服饰设计大赛，目的就是想给新锐设计师们一个崭露头角的机会和平台，让更多设计师发挥创造力，以打破原本沉闷的老牌时装屋，带来更多活力。

例如由日本文化服装学院下属的《装苑》杂志主办的时装设计赛事"装苑赏"是一个以新人设计师为对象的设计奖，虽然面向日本本土，却扬名国际。从1957年开始，为纪念时尚杂志《装苑》创刊20周年而设立"装苑赏"，是日本最有代表性、历史最永久、知名度最高的服装比赛之一。日本不少顶级设计大师都脱颖于此。例如，小筱顺子、三宅一生、高田贤三、山本耀司等国际大师。参赛者多为学生或参加服装行业工作不超过2年的时尚新人，从历届的获奖作品来看，虽然各个时期的设计都紧随时尚潮流，但其中却散发着浓郁的日本风格，日本文化背景和日本式的设计手法在作品中充分展现。

而另一个时尚评选活动东京新人设计师时装大奖，也是同样为新一代设计师所准备的平台，东京新人设计师时装大奖是全世界规模最大的服饰设计大赛，于每年10月举行。东京新人设计师时装大奖于1984年由Onward公司创办，至今已有很多获奖者成为了知名设计师。该大赛的目的是发掘和支援肩负下一代重任的新创造家。评选活动具有一定的国际影响度，每年都有很多来自世界各国的应征作品参选。此外，东京新人大奖还获得了东京都政府的支持，对促进日本时尚产业的发展起到了重要作用。

但相比较于其它时尚之都举办的时尚比赛，东京时尚评选则国际影响度较低，且多以服装比赛的形式为主，跨界合作较少，形式单一，逐渐落后于其它国外时尚评选的发展脚步。想要改变日本时尚产业低迷的状态并不是多举办一两个时尚大赛就能解决的，它是一个漫长的综合性过程。

表2-23是对东京地区时尚评选事件优势与劣势、威胁与机会的总结，同时也反映了其特征表现。

表2-23　东京地区：时尚评选分析

优势	劣势
• 集合新锐设计师。	• 创立规则不统一。
• 为学生创造机会。	• 跨界合作较少。
• 政府大力支持。	• 涉及范围较小。
	• 活动组织单一。
机会	**威胁**
• 知名度被企业认可。	• 国际知名度不高。
• 消费者也可以一起参与。	• 竞争对手更具权威性。
• 改善经济低迷的状况。	• 发展较慢。

（三）时尚展会

日本是世界展会大国，也是举办大型展会强国。日本展会业的迅速发展产生了强大的产业带动效应，推动信息流、技术流、商品流和人才流向展览城市和地区积聚，有力推动着国内经济发展和社会进步。

日本展会涉及范围广，内容丰富多样，贴近群众日常生活，展会类型包括食品医药类、健康美容类、纺织服装类、机械电子类、五金建材类和礼品工艺品类6大类，涵盖服装纺织、礼品家具、珠宝美容、电子科技、汽车业等40多个行业。从参展规模、参观人数、专业水平、业界影响看，主要国际性展会包括日本东京国际时尚产业展览会（Fashion World Tokyo）、日本东京国际礼品杂货博览会（GIFTEX）、日本 IT 消费类电子展（C-PEX）等。

日本展会总体专业实力强。在展览业运营管理方面，日本培养了一批专业展览人才，对提高展会专业化水平提供了充足的人才保障，并且展会最终的实际效果良好，受到各大参展商和参观群众的好评。对于展会最终的效果评价，主办方一般会采取完整先进的展会分析评价系统对数据进行分析评估，将相关信息和最新动向以报告和建议方式反馈给参展商和观众，以提高办展、参展针对性，提升展会实效。比如东京国际珠宝展和日本 IT 消费类电子展，每年都会提交总结报告，对展会各方面展览情况和数据进行分析总结，及时将行业发展信息反馈给大众，同时也为以后行业更好的发展积累了经验。

东京许多展会国际化程度高、专业度强。一般而言，国际化程度越高的展会，就会有越多的海外参展商加盟，信息流、技术流和产品流就更加密集，成交机会就越大。例如，日本东京国际时尚产业展览会是日本最专业的时尚服装服饰综合展览会，展出各类服装、包、鞋、首饰、纺织品等，2016年参展企业已达到1 600家，展会规模与实际成交量每年递增，成为促进参展商与买家成功交易的平台。

虽然日本的展会规模越做越大，呈现蒸蒸日上的趋势，但仍存在许多不足，相对于巴黎、米兰这些国际时尚之都举办的服装类大型展会，日本的展会明显趋于弱势，媒体报道和大众关注度较低，这与日本纺织服装业的衰落有着直接的关系。再者，展会主办方大多以展示爱好和本土群众生活需求为主要目的，商业附加值不高，对展品的商业价值开发不够，很难吸引国内外专业买手和媒体的关注，使得日本的展会很难走向国际化发展道路。

但日本展会可以通过与周边国家的合作，探索新的合作机制，以利于推动双方展览业继续向专业化、市场化、产业化、国际化方向发展。例如，中日双方通过举办服装展会、论坛等形式搭建沟通交流的平台，可成为推动展会发展的重要途径。日本展会的发展应在展会形式内容上多下功夫，策划人员可充分发挥创新意识，使展会以全新的形式呈现给大众，应及时了解全球展会发展动态，拓展新的展会领域，引起更多人的关注。

表2-24是对东京地区时尚展会事件优势与劣势、威胁与机会的总结，同时也反映了其特征表现。

表2-24　东京地区：时尚展会分析

优势	劣势
• 专业化实力强，产业辐射度广。 • 国际化程度高。 • 设施齐全，整体展会质量、效果都良好。 • 行业信息反馈及时。	• 媒体报道较少，宣传力度不够。 • 商业附加值不高。主办方多以展示爱好为主要目的，对展品的商业价值开发不够深。
机会	威胁
• 借助时装周、博览会平台，扩大宣传范围。 • 与周边国家进行合作，实现共同发展。 • 拓展展会新形式、新领域。	• 部分展览过于小众。 • 受经济危机影响，展览面积预算等均缩减。

（四）时尚展览

日本的博物馆、美术馆数量众多，每年举办的各种艺术展更是不胜枚举。日本著名的博物馆主要集中在东京、大阪和名古屋等，包括日本最著名的八大博物馆：东京国立博物馆、国立西洋美术馆、国立科学博物馆、江户东京博物馆、京都国立博物馆、国立民族学博物馆、横滨玩偶之家、雕刻森林美术馆。

日本的美术馆教育普及活动以多种多样的形式给予大众以相当大的影响，其最大特征是在鉴赏静态陈列作品的同时，让观者参与作品制作，展开静与动的双方互动。展览一般都会开展除陈列作品外的活动，如讲座、公开制作、开放的工作室、演讲会、移动美术馆等多种形式。

展览馆除了开展一些与文物相关的文化展览外，还会围绕日常生活主题策展。2017年在东京国立近代美术馆举办的"日用之器-幸福之在形"（Crafts Gallery for Kids x · Adults: Furnishing–Forms to be Happy）展览中，展出工艺作品100件，展示作品有家具、陶瓷食器、工艺品等，这些展览最大的优势是贴近生活，有利于增加群众的参与度，让一般对工艺美术、历史文物知之甚少的普罗大众走进博物馆。

传统日本的博物馆、美术馆的策展人专业背景均为艺术史和博物馆学，其工作重心也主要倾向于历史研究。同时博物馆大多展览的都是历史文物，这些研究性和专业性较强的展览对于一般受众是有一定门槛的，这导致了其影响力和受关注度较低。近20年来，当代艺术策展人的专业背景五花八门，有艺术史、博物馆学、艺术批评、艺术管理，也有专门的艺术展览策划学，他们的工作内容主要是策划组织各种具有探索性的当代艺术展，策展者多样的专业背景为展览的形式提供了新想法新创意，如新媒体在展览中的应用就有效提高了参观者的参与度和知识普及度。如展览"开放空间2016：媒体意识"（Open Space2016: Media Consious），从当今的媒体环境出发，向广大观众展现媒体艺术领域的优秀作品、尖端技术的艺术作品和具有批判性的作品，以及各研究机构目前正在进行的媒体项目，重点介绍了媒体艺术的本质，其本质是一种通过有意识的媒体而发现新价值观的手段。这个展览如同一份"媒体艺术初学者指南"，解释说明了媒体艺术的概念，旨在帮助参观者获得更好的理解体验，同时以一种有趣和容易获取的方式呈现媒体艺术。

但是，日本展览业的未来发展可能将受制于亚洲乃至全球同类型展览的崛起以及商业化效应。当代日本的展览活动大多直接与商业价值挂钩，完全以商业化模式运作，虽然展览不能进行艺术品销售，但也可以通过美术馆商店出售的艺术衍生品或纪念品来盈利，无论是市场推广、资金募集、展览策划，都存在着许多美术馆工作内容与商业之间的灰色地带。活动中的商业属性所存在的利益导向，可能会影响观众对于展览的观感与评判，也将会激起不同的展览间的竞争气氛。

表2-25是对东京地区时尚展览事件优势与劣势、威胁与机会的总结，同时也反映了其特征表现。

表2-25　东京地区：时尚展览分析

优势	劣势
• 提供大众审美和普及教育的机会。 • 展览内容围绕日常生活，吸引受众。 • 展览表达的内涵是将设计融入文化，提升日本本土文化的国际影响力。	• 时尚展览关注度较低。 • 国际影响力不足，对其规模性宣传不到位，仅限于小范围活动。 • 展品的商业化还未发展成体系。
机会	威胁
• 提供大批艺术家和行业内人士的交流机会。 • 多种专业的当代策展人的参与。 • 展览延伸产品的开发。	• 亚洲同类型展览的崛起以及商业化效应带来的竞争。 • 自身的发展以及行业的带动都有所局限。

（五）设计周

东京设计周（Tokyo Design Week）是日本最大的以设计为主题的展会，每年会有大量的设计、艺术、文化和建筑领域的从业者参与其中，涉及领域范围广，展出作品的形式，包括建筑、家居、产品、平面、时尚、面料、多媒体艺术、纯艺术（绘画、雕塑、装置等）共8个种类，汇集了众多的设计元素。东京设计周每年都会有一批新兴设计师崭露头角，为东京设计注入了新鲜活力与提供了无限的奇思妙想，他们是东京设计周上的一股新兴力量（图2-39、图2-40）。

随着设计周规模的扩大，参加者的水平参差不齐，设计周上的展品更是良莠不齐，很多所谓"新潮"的时尚设计规模越做越大，实则内容空洞，缺乏创意和思想

图2-39　2013东京设计周品牌Kei-Ko Tokyo展览现场　　　图2-40　2013东京设计周品牌Fujimura Design Studio展览现场

（图片来源：WGSN数据库）

内涵，这也是许多设计周出现的共同问题。同时许多企业通过设计周的平台展示其最新产品技术，不免有推销产品的商业化气息，过度注重商业宣传而弱化了产品自身的设计目的与其带来的社会意义。

表2-26是对东京地区东京设计周事件优势与劣势、威胁与机会的总结，同时也反映了其特征表现。

表2-26　东京地区：东京设计周分析

优势	劣势
• 涉及领域广，场所众多。 • 汇集了众多的设计元素。 • 参加人数多，受众广。 • 涌现许多新一代设计师，具有创新性。	• 商业氛围过于浓厚，弱化了时尚设计本身。 • 设计人才资源紧缺，创意产业竞争力低下。
机会	威胁
• 本土设计师和设计作品通过设计周获得关注和发展机会。	• 设计师思维僵化，产品缺乏创意。 • 展示区域分散，涵盖面广，易使设计偏离主题，没有重点。

（六）电子产品发布会

多年来，日本被誉为"工匠"国家，崇尚"匠心"精神的"日本制造"一度成为其优质的代名词，并在电子制造业中体现得尤为明显。随着日本消费电子产业的不断快速发展以及智能手机、平板电脑、可穿戴设备等新产品的涌现，吸引了众多年轻人的目光，这使消费电子产业的受众群体越来越年轻化。同时在新技术的推动下，消费电子产品的深度与广度持续扩展，数码相机、手机、游戏机、平板电脑等电子产品不断更新，因此这些产品无论是外观上还是产品功能上都讲究时尚、更新换代快。

在众多年轻人的追捧下消费电子市场需求量进一步上升，日本电子行业发展迅猛，电子业也成为日本增长最显著的产业之一。产品的开发者逐渐关注"人与产品"之间的关系，关注用户体验。在日本，新产品的诞生，开发者通常会以发布会的形式与消费者对话，如索尼互动娱乐日本亚洲（SIEJA）所举办Play Station发布会，每年都会推出索尼最新软件技术、新版游戏机，以及全新的用户体验，2016年9月索尼就为旗下虚拟现实技术（VR）产品PSVR打造沉浸式观影体验内容，该项目名为"Anywhere VR"。

在互联网高速发展的时代，电子产品的发布集合了"线上线下"多位一体的宣传模式，具有跨时空、多媒体、交互式、高效性和技术性等特点，提高了消费者的体验性。发布会还集结了电子产品的发烧友，此类人群的产品反馈更具有代表性，同时也构成"产品-消费者-产品"之间良性互动，优化产品，给予设计者最具建设性的意见。东京也受此类电子发布会的眷顾，形成了以东京为代表的数码时尚潮流。作为世界五大时尚之都之一的城市，在此发生的时尚活动或多或少带有电子化的色彩，这也促进了日本时尚电子业的发展。

但是，面对贸易全球化的时代，日本的消费电子产业也面临着巨大的威胁，除却周边国家——韩国的挑战之外，美国的电子产品如苹果产品也给日本本土电子产业带来了巨大的冲击。当今的电子产业是拼软件、拼速度的时代，如果日本还以硬

图2-41　2017年Play Station休息体验室　　　　　　　　图2-42　2017年Play Station休息体验室

（图片来源：WGSN数据库）

件设施为重心，对于提升用户体验的软件视而不见，日本整个消费电子产业将会继续衰退，各类电子产品全球份额都会不断下滑。

日本的电子产业还是具有重新回到国际化制造水平的机遇的，因为企业本身产品质量有保障，企业应及时转型调整产业结构从而适应新的环境，重新发展新兴业务，为企业寻找新的突破口与机遇。近年智能可穿戴设备正是全球都关注的热点话题，需求和技术驱动可穿戴设备迅速发展，未来的市场属于可穿戴设备，可穿戴市场的增长十分具有潜力。

表2-27是对东京地区电子产品发布会事件优势与劣势、威胁与机会的总结，同时也反映了其特征表现。

表2-27　东京地区：电子产品发布会分析

优势	劣势
• 地处发达国家，时尚之都，经济环境较好，人群消费能力高，有追求时尚产品的消费需求。 • 有较完整的供给链和消费链。 • 电子业为日本支柱产业。	• 来自苹果、三星等公司的巨大竞争压力。 • 整个消费电子产业逐年衰退，各类电子产品全球份额下降。
机会	威胁
• 企业转型，调整产业，重新发展新兴业务。 • 可穿戴技术和物联网领域的发展。	• 企业大多受制于传统企业文化，作风保守。 • 大多企业市场环境变化的应对能力不高。

五大时尚之都中的东京走了一条不寻常的路——时尚发源于服装，却成就于电子产品。当人们提及日本的时尚，最先想到的会是手机、电脑、PSP游戏机和数码相机，这股时尚之风影响着国际时尚潮流和时尚产业发展。时至今日，日本时尚已经有了区别于其他四大时尚之都的鲜明特色，它不仅在时装领域有自身的特色，并且扎根电子产业，并形成了特色。

东京巨大的创新设计能力，使东京时尚产业领先于世界，并孕育了多件国际性的时尚事件，将其自身的时尚文化融入到整个活动之中，形成一个结合体——经济与文化一体的时尚活动发射地。众多的时尚活动和发达的时尚传媒为东京时尚产业的发展做出了巨大的贡献。与此同时，随着经济全球化、文化多样化和信息化的浪潮，日本时装上表现的一派柔媚亮丽或小巧精致的风格，有机地结合了东方元素，融入到品牌之中，并借助时尚活动的平台，许多名牌已经进入西方主要销售市场，将日本的时尚文化带入了全球，在全世界传播并影响着世界。

第二节　上海时尚之都建设：上海时尚事件分析

一、上海时尚事件的发展现状

近年来，上海通过举办上海时装周、中国国际服装服饰博览会（CHIC展）、设计上海等活动已开始营造时尚氛围，但其中还存在内容局限、专业定位不清、产业链整合不足等问题，从而阻滞了上海时尚之都建设的步伐。由此，研究如何优化时尚领域的供给对接，更好地满足广大人民群众的需要，促进经济社会持续健康发展是上海时尚之都建设的首要任务。

其中有关大型时尚事件的营造是转型升级时尚产业链的重要环节，也是现代服务业的重要组成部分。纵观世界五大时尚之都的时尚事件，其既有文化价值，也有商业价值，同时也是产业链及价值链整合的一种高端表现，对于上海时尚之都建设极具借鉴意义。

在上海这座城市，有关时尚的活动几乎是全年无休，频频上演。在当今的时尚界，巴黎、米兰、伦敦和纽约是全球公认的时尚之都，除此之外，能够以时尚影响力跻身国际前列的都会在欧洲与亚洲也不断成长起来了，上海就是其中之一。但成为时尚之都，并非每年两季各举办一次时装周这么简单，也无法靠自封获得全球认可。近年来，上海举办了很多大型的时尚活动，是我国时尚展览的高密集举办地。

（一）时装发布秀

上海的时装发布秀除了上海国际时装周以外，上海高级定制周、环东华时尚周也推动着上海本土设计力量的蓬勃壮大。

1. 上海时装周

从2001年起，上海时装周于每年4月和10月举行春夏、秋冬两次发布会，历经20多年（图2-43~图2-45）。目前，上海时装周已逐步成长为继纽约、巴黎等四大国际时装周之后最具活力的时尚盛会，规模和影响力逐年递增，已通过时装周这一平台培育出王汁、吉承、李鸿雁、华娟等一批代表中国原创力量并在国际舞台上声名鹊起的本土设计师。另外，上海一直对时尚进行挖掘，以多样的形式向全世界证明自己的时尚魅力。

2017年，上海时装周除了正常的发布秀，还举办了首届"上海时尚周末"活动，让更多的人参与到时尚活动中来，让时尚更具亲和力、导向力。上海时尚周末引入全球首创"浸入式时尚嘉年华"，向公众全面开放，对时尚感兴趣的观众可以像艺人或博主一样，体验走红毯，坐头排看秀。亲临现场的观众不仅能在第一时间欣赏新锐设计师的先锋作品，还有机会以限时折扣"即看即买"，将心仪服饰收入囊中。这种创意设计与浸入式体验消费相结合的B2C平台，在展示时装设计的同时，赋予观众体验、揣摩和掌握时尚脉搏的力量，挑战每个人的时尚理念乃至时尚消费方式。

上海时装周以发展时尚创意产业，打造中国上海创建"智慧之城"为己任，以时装发布为核心，促进珠宝配饰、化妆品、汽车等大时尚范畴内的产品发布跨界合作，充分挖掘设计作品的多元价值，成为推动上海创意产业发展的一面旗帜。加上上海从传统纺织业重镇不断朝文创科技产业转型，也为上海时装周奠定了良好的基础。

在每年上海时装周举办期间，除了各大品牌设计师的作品发布，还与相关展会、陈列室（Showroom）合作举办商贸展会，推进了上海时尚产业链的完善，打造了亚洲最大订货季。各大主题活动同样作为时装周的重要组成部分，出现在每年上海时装周的官方日程中，包括酒会派对、影像剧场等。

上海时装周不仅是为设计师打造的一个"保护原创"的平台，同时也搭建了一个能为上海时尚产业在各方面赋能的平台，通过各种努力，上海时装周的辐射能力不断增强。上海时装周的目标是发掘优秀的设计师，帮助他们建立一个稳定的输出平台。另一方面，上海时装周"立足本土兼备国际视野"的发布格局和"原创设计与商业落地并重"的特色定位，在中国率先搭建出了"陈列室（Showroom）"式的设计师与买手之间的新型时尚商业运营体系的雏形，以上海这座城市辐射出影响力。

图2-43　筱李（XIAOLI）2022春夏上海时装周发布　图2-44　短句（Short Sentence）2022春夏上海时装周发布

（图片来源：WGSN数据库）

图2-45 "月兔计划——Cabbeen卡宾x中国航天文化"2022春夏上海时装周发布

（照片提供：田占国）

2. 上海高级定制周

上海高级定制周每年春秋两季各一周，分别是4月举办春季高级定制周，10月举办秋季高级定制周。高级定制的服装通常都由手工完成，费工费时，且款式具有独一性。上海高级定制周创办于2014年，逐渐成为振兴和重塑都市手工业的一个有效的推动载体。

上海国际时尚联合会为上海高级定制周的主办方，其拥有众多资源和优势。多年来，上海国际时尚联合会站在城市发展的高度，充分利用了其在艺术家、设计师、工艺师、品牌商、国内外买手、国内外媒体等方面的丰富资源，不断深耕中国文化，推崇工匠精神，同时聚焦新的时尚消费趋势，使得"上海高级定制周"正在成为振兴、重塑都市高级精品手工业的有效推广与商贸平台。

此外，上海高级定制周的成功举办有助于扶持中国高级定制的设计力量，提升定制品牌的群体影响力。随着中国高定队伍的不断发展与壮大，上海高级定制周得到了业内的广泛认可，获得了国内外媒体的共同关注，全世界都在期待着含有中国文化印记的设计定制作品。因此，"中国定制"的代名词不仅会在欧美发达的时尚圣地，也会随着"一带一路"倡议的工程在定制消费大国生根发展，上海高级定制周定能以其厚积薄发之势在上海时尚金字塔顶端熠熠生辉。

3. 环东华时尚周

自1995年起，由上海市人民政府主办的"上海国际服装文化节"正式推出，其中"国际时尚论坛"由东华大学负责承办并一直延续至今。2002年起，在已成功举办多年国际时尚论坛活动的基础上，东华大学首次举办"东华时尚周"，2012年起正式更名为"环东华时尚周"，以配合上海市长宁区推进建设"环东华时尚创意产业集聚区"。

经过二十多年的发展，环东华时尚周已从最初东华大学师生设计作品展示发布为主，拓展为包括论坛、博览、秀演、市集四大板块，其中服装秀演除了上海和国内相关院校服装设计专业学生的优秀作品展示，每年还会邀请海外院校（包括伦敦时装学院、爱丁堡大学、芬兰阿尔托大学等）进行展示交流。同时，每年还邀请中国服装设计师协会评选出的"金顶奖"（中国服装设计最高奖项）、"十佳服装设计师"获得者进行作品发布，在原创性、艺术性和专业性方面体现了国内服装设计的一流水准（图2-46～图2-48）。

　　同时，环东华时尚周的国际化影响力也与日剧增，除了海外院校参与时尚期间的秀演，每年还会有10余个国家和地区的院校、企业、机构等参与到时尚周的论坛、展览等其它活动中。例如2017年恰逢芬兰独立100周年，中芬建交67年。在2017环东华时尚周上举行的"芬兰阿尔托大学优秀学生作品秀"和"中芬机遇、挑战100可持续时尚工作营"被纳入芬兰独立100周年在华庆典官方活动。芬兰驻沪总领事、副总领事等领馆主要负责人悉数到场参加了相关活动。2018年，环东华时尚周中以"科技、时尚、创意"为主题的"中法时尚创意大赛"，是法国驻华大使馆、法国商务投资署共同推出的中法时尚之约的一部分，法国驻华大使、法国驻沪总领事等出席了相关活动。

图2-46　2017年环东华时尚周上金顶奖获得者陈闻"闻所未闻"专场发布

（照片提供：田占国）

图2-47　2017环东华时尚周现场　　　　　　　　　　图2-48　2017环东华时尚周海报

（图片提供：韩哲宇）

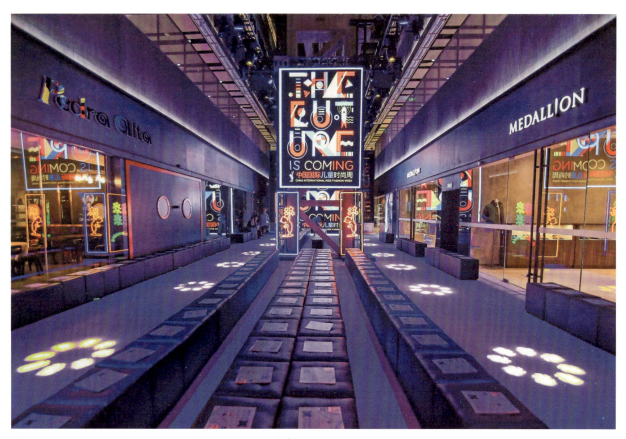

图2-49 中国国际儿童时装周

（图片提供：韩哲宇）

4. 中国国际儿童时装周

中国国际儿童时尚周创立于2018年，由中国服装协会和上海时尚之都促进中心联合举办，活动地点位于上海，活动内容由专场发布、专享大赛、专项展览、专题论坛、专业评选等主要业务单元组成（图2-49）。中国国际儿童时尚周汇聚具有跨国资源整合以及持续创新发展能力的品牌，整合以童装为主体的儿童产业生态资源，展示时尚设计、发布时尚科技、推动时尚商贸、引领时尚消费、完善时尚服务、增强时尚体验、传播时尚文化，构建中国儿童时尚生态圈，引领全球儿童时尚产业发展趋势，提升中国全球时尚话语权，推动中国童装产业转型升级。

中国国际儿童时尚周以儿童时尚为切入点，以开放的育儿理念为指引，将"生活方式"概念引入儿童用品领域，在展现新时代儿童风貌的同时，结合儿童教育、文化产品等相关领域的前沿思潮，打造儿童产业生态，引领未来儿童生活方式新潮流。

（二）时尚评选

上海是中国时尚产业发源地、中国时尚品牌培育诞生地、中国科技创新先锋城市，时尚早已融入上海城市的基因当中。近年来，上海时尚产业发展迅猛，呈现全面开花的局面，时尚评选活动也各式各样，以展现上海时尚的风采。

1. "中华杯"国际服装设计大赛

"中华杯"国际服装设计大赛（简称"中华杯"）是中国最知名的服装设计赛事之一。1995年上海市人民政府开始主办"上海国际服装文化节"，"中华杯"国际服装设计大赛作为其中的一项活动先后选拔了一大批优秀设计师，也因此被誉为"服装设计师的摇篮"。吴海燕、武学凯、张继成、赵玉峰、张伶俐、祁刚、唐炜、计文波、殷洪生、王鲁生、曾凤飞……这些中国服装界、时尚界耳熟能详的名字，都曾在这里留下了精彩的一笔。大赛组委会与法国、意大利、英国、美国等国家的专业学院都保持着良好的合作关系，每年大赛金奖选手可推荐去国外进行专业升造。

从2018年开始，"中华杯"专注于大学生服装设计领域，因此赛事也更名为"中华杯"大学生毕业季服装设计大赛，其宗旨是为大学毕业生做一个影响他们一生的大赛，为毕业生搭建一个展现毕业设计作品的新舞台，做一个充满活力、有生命力、可持续的大赛，成为中国最具影响力的学生设计大赛之一，并作为上海时装周、上海国际服装文化节体系下的一项重要活动。

2. 时尚先锋大赏、时尚100+榜单发布

为响应上海市全力打响上海服务、上海制造、上海购物、上海文化四大品牌的号召，从2017年开始，上海时尚之都促进中心推出"时尚先锋大赏"系列评选活动（图2-50）。其将视野拓展到广义的城市时尚现象，而不仅限于传统时尚圈，勾画出上海这个世界大都会21世纪的"大时尚"风貌，挖掘出时尚产业中最具风格的上海特色元素，评选出上海时尚产业中各界的领军者，以表彰其在过去一年中为上海"大时尚"形象做出的杰出贡献。同时致力于为时尚人士搭建一个相互沟通、交流、展示的平台，激发时尚的灵感碰撞，汇聚跨界的精彩融合，助力上海时尚产业攀向新高度，推进上海时尚之都的建设。

评选分为时尚事件类、时尚生活类、时尚地标类、时尚产品类4大类10个奖项。参评的品类涉及服装服饰、美丽健康、运动健康、应用美术、智能可穿戴甚至包括住宅空间、城市综合体等，多品类多行业的参评充分体现了"大时尚"的概念，将日常生活的衣、食、住、行囊括其中，让时尚更加具有融合性、多元化。

2019年上海又启动了"时尚100+"活动，旨在为本土品牌打造一个集中展示的平台，挖掘符合上海城市特色的时尚要素，树立时尚行业标杆，进一步为推进上海时尚之都建设，打响"上海服务、上海制造、上海购物、上海文化"四大品牌建设作出贡献。活动采取推荐选送、自主报名、网络热度排行相结合的选送方式，征集涉及服装服饰、美丽健康、运动健康、应用美术、智能可穿戴等若干时尚行业，以"初评筛选＋网络票选＋专家认定"相结合的方式进行甄选，产生时尚酒店、时尚空间、时尚街市、时尚活动、时尚人物、时尚服饰、时尚饮食、时尚科技、时尚家居、时尚美妆、时尚医美、时尚国潮的榜单发布（图2-51）。

图 2-50　2019时尚先锋大赏颁奖典礼现场　　　　　图 2-51　2019时尚100+颁奖典礼

（照片提供：上海时尚之都促进中心）

图2-52　2020上格奖年鉴

（照片提供：上海时尚之都促进中心）

3."上格奖"全球时尚科创大赛

为响应上海建设具有全球影响力的科创中心和建设国际时尚之都，由联合国教科文组织"创意城市"（上海）推进办公室、中国纺织工业联合会、上海市经济和信息化委员会及上海市文化创意产业推进领导小组办公室指导，上海时尚之都促进中心于2017年推出"上格奖"全球时尚科创大赛（Upstyle Award），每年举办一届。

"上格奖"是全球范围内第一个将时尚与科技相结合的专业赛事，以"汇聚全球智慧，推动时尚设计，引领前卫智造，共享科技成果"为主旨，在全球范围内征集、遴选与科技创新相关的时尚创意作品参展，参赛作品覆盖智能家居、时尚个护、智能出行、运动健身、科技办公等多个类别。"上格奖"为热爱创新研究的个人及机构搭建专属的展示平台，扶持优秀设计与创意，促进产品市场转化，推动时尚产业的科技创新发展（图2-52）。

"上格奖"全球时尚科创大赛还设立了上格时尚科创俱乐部，汇聚高端时尚科技资源，为优秀参赛者和参赛作品提供各类交流活动、展览展示活动、投资孵化对接服务等，同时配套的上格电商平台、上格自媒体平台为提高参赛作品销量和品牌知名度助力。

（三）时尚展会

在上海的时尚展览、展会中，尤以服装服饰为主的展览、发布会最多。如有以珠宝首饰为主的上海国际珠宝首饰展览会、乐印琥珀文化臻品展和上海玉龙奖珠宝玉器评选活动，以服装面料为主的中国国际服装服饰博览会（CHIC展）、中国国际纺织纱线展览会等大型展会。以海派文化为切入点的海派旗袍推广日、当代中国风格时尚设计大展"中国梦：花好月圆"、上海摩登-海派服饰时尚展都承担着使海派旗袍文化不断走向时尚化、礼仪化、国际化的美丽使命。

1. 中国国际服装服饰博览会

中国国际服装服饰博览会，也称为CHIC展，是由中国服装协会、中国国际贸易中心股份有限公司和中国国际贸易促进委员会纺织行业分会共同主办。自1993年创立之初，中国国际服装服饰博览会就把"引导中国服装行业进步、推进中国服装品牌发展"作为办展宗旨。中国国际服装服饰博览会的核心理念是：打造服装品牌推广、市场开拓、财富创造的国际化一流商贸平台；塑造最具时尚体验感、最具前沿与潮流引领、最具创意和跨界启发的时尚平台；发展成为全球服装品牌共享与配置其所需相关资源的具有国际影响力的交流平台（图2-53、图2-54）。

　　商贸洽谈、渠道拓展、资源整合、国际合作、市场检验、潮流发布、跨界合作、资本对接……这是中国国际服装服饰博览会这个亚洲最具规模与影响力的服装服饰专业品牌展览会在过去27年里发挥的重要作用。伴随着中国服装产业的发展和壮大，中国国际服装服饰博览会已成长为亚洲地区最具规模与影响力的服装专业展会。

图2-53、图2-54　2017中国国际服装服饰博览会现场

（照片提供：田占国）

中国国际服装服饰博览会于2015年从北京移师上海，并落户上海的国家会展中心，当时正是进一步深化服务于中国服装产业升级转型的关键时期。经过几年的发展，中国国际服装服饰博览会已经成为拥有9个专业品类展区、3个展中展的实力展会，并把视野拓宽到一切与服装服饰相关的领域，依据行业和市场的变化不断创新、与中国服装品牌共同成长，是业界公认的中国服装品牌和市场发展的推动者和见证者。其也将持续给中国服装行业带来新的价值。

2. MODE 上海服装服饰展

MODE上海服装服饰展作为上海时装周官方唯一配套的展会，于2015年正式推出。MODE上海服装服饰展致力于推进时尚行业产业链的完善，同时满足国内时尚零售市场个性化需求，力图以高匹配度和有效性的服务，多维度整合优势资源，以全方位的媒体传播渠道，为来自世界各地的买手及行业人士搭建一个促进商贸对接与合作的商业平台，营造一个全新的展会氛围与体验。

除了传统的服装服饰以外，MODE上海服装服饰展也注重跨界的合作。如2017年秋冬上海时装周的主题为"诗意科技"，邀请了超过600个国内外服装服饰品牌开启展会模式，将"诗意"与"科技"元素进行融合，与时装周的各个会场交相辉映，对应着上海时装周的平台效应，一方面聚拢了参与时装周的行业资源，并在时装秀结束第一时间将此延展到MODE上海服装服饰展，多元化不同风格的陈列室（Showroom）加入丰富了展会内核，形成良好的陈列室（Showroom）集合平台空间，分享行业资源。

3. 上海国际时尚消费品博览会

自2017年起，由上海市轻工业协会主办的上海国际时尚消费品博览会每年一次在上海举行。该博览会是为推进上海建设国际设计之都、时尚之都、品牌之都战略而创立，着力向社会各界展示上海、全国各地乃至国际上消费品领域的最新成果，诠释"个性化定制、柔性化生产、智能化演绎、生动化体验"的新特色和新趋势。

上海国际时尚消费品博览会潜移默化地宣传了企业和品牌，引领了消费，所产生的场外传播力是久远的。根据第一财经日报的数据统计，上海目前已成为国际消费品品牌进入中国境内市场的首选地之一，国际知名高端时尚品牌中，已有90%进驻上海；上海通过"上海时装周"等一系列重大活动，带动时尚产业集聚；消费需求升级还带动进口消费品快速增长。

4. "设计上海"上海国际设计创意博览会

"设计上海"上海国际设计创意博览会于2014年正式推出。作为上海首个真正国际化的原创家居设计盛会，也是中国迄今为止规模最大的国际原创设计博览会。首届博览会邀请了150个世界知名设计品牌聚集上海，其中90%的品牌为首次登陆中国，成为国际优秀设计品牌在中国的首次集体亮相。

目前，该展会已经成为亚洲最大的设计展之一，展会在当代设计、精典设计、限量设计展区的基础上，新增厨卫设计和办公设计展区，试图覆盖设计、家居、生活、办公的方方面面。除此之外，展会聚焦多件特别策划的设计装置，举行众多设计论坛和精彩设计活动。

5. 上海双年展

上海双年展始创于1996年，是中国历史最悠久、最具影响力的国际当代艺术双年展，并受到了国际艺术界的广泛肯定，被公认为亚洲最重要的双年展之一。它不仅在学术层面上向世界展示当代艺术的最新成果，而且也在当代艺术与大众间构建起了一座沟通交流的平台。

上海双年展始终以上海城市为母体，依托上海独特的城市历史和文化记忆，来思考当代都市文化建设中的诸种问题，充分调动中国文化资源和技术媒体发展的最新成果，以鲜活的视觉艺术方式在全球境遇和本土资源之间、严肃人文关怀和大众时尚之间、都市视觉建构和城市内涵发掘之间，建立起一座交往和展示的桥梁。目前上海双年展逐步形成了其特有的发展格局与文化定位，在如林的国际双年展中确立起了鲜明的风格和模式，为上海的都市文化与精神文明建设开辟了一个全球性的宣传、展示窗口，产生了巨大的社会效应。

6. 摩登上海时尚家居展

摩登上海时尚家居展是由中国家具协会与上海博华国际展览有限公司（UBM sinoexpo）于2016年创办的主题展会，与第22届中国国际家具展览会同期举办。该展基于中国国际家具展览会20余年积攒的办展经验、国际化参展企业及观众资源，意欲从家具领域向大家居领域横向拓展，是基于对中国乃至全球家居行业发展趋势的判断以及自身优势做出的业务创新及拓展。

摩登上海时尚家居展是一个体现设计与生活方式理念、引领家饰美学趋势的国际贸易展。通过国内外中高端家居饰品、室内软装、互动设计等全方位的产品展示，诠释独特和时尚的理念和品味，使展商接触到来自全球的优质买家，又能满足专业观众不同的采购需求，为设计师、装饰公司、线上线下买手店等提供全方位产品和解决方案，力求在上海这一时尚大都市掀起一股引领生活方式的新潮流。

7. 上海艺术博览会

上海艺术博览会于1997年创办，每年举办一届。现已成长为亚洲规模最大、国际化程度最高的艺术博览会之一。二十多年来，众多世界著名大师的原作纷纷通过上海艺术博览会这个庞大的平台在国内甚至亚洲首次亮相，如：梵高、毕加索等人的名作，同时也创造了傲人的成交历史。该展会成功打造了集国际化、市场化、精品化于一身的国际艺术盛事，并在世界与上海、大众和艺术间架起了极具亲和力的桥梁，为国内艺博会创下经典范式。

8. 上海时尚童装展

作为国内首个时尚童装及配饰展会，上海时尚童装展由博闻公司（UBM plc）于2014年正式推出，展会汇集全球0-16岁时尚童装、配饰，与国际时尚潮流同步。

展会主办方与权威时尚机构合作发布时尚童装前沿趋势，同时邀请知名原创设计师展示新锐设计作品，引领时尚童装潮流风尚，并通过设计大赛发掘新生代时尚童装设计与创新思维。大赛评委由知名设计师、时尚媒体人和高端百货代表、商业地产代表组成。而来自百货、购物中心、商业地产等领域的商贸精英以及代理商、加盟商、时尚买手、设计师及媒体人等则与参展品牌开展商务洽谈合作。

童装产业被认为是服装行业最后一块蛋糕。随着新生代父母逐渐成为消费主力，他们更推崇童装的设计感、时尚性、个性化，但童装市场同质化严重，难以满足消费者的新需求。由于国内童装市场起步晚，很多零售商、代理商缺乏相关行业知识与经验，他们对于如何寻找优质、时尚的童装品牌，如何选择合作渠道以及如何把握童装时尚趋势等问题往往感到无所适从。上海时尚童装展正是通过童装设计大赛、风尚设计秀、趋势论坛、儿童时装秀和商贸交流会等系列活动，引领时尚童装产业发展潮流，帮助时尚童装品牌及商贸人士洞察市场方向，紧跟未来的潮流趋势，发掘童装设计人才。

（四）时尚展览

当代中国风格时尚设计大展

随着中国国力的提升，来自中国的文化因子对世界的影响越来越大，"中国风格"蔚然成风，吸引了全球的目光，特别是在关乎大众日常生活的时尚领域，中国风格的产品和概念正在成为某种社会价值的体现。

上海纺织服饰博物馆分别于2015、2019年两次举办"当代中国风格时尚设计大展"，全面地展现具有时代精神的中国风格时尚，遴选了近年来当代中国最具有代表性的中国风格服装设计师，邀请了张肇达、吴海燕、陈闻、陈野槐、程应奋、屈汀南、张志峰、薄涛、祁刚、王玉涛、刘薇、梁子、赵卉洲、楚艳等最具代表性的当代中国风格时装设计师，以每位设计师提供的多件中国风格主题作品，配合相关的创作视频、设计说明和设计图稿，构成相对完整的从设计思维到作品的中国风格设计展示内容（图2-55、图2-56）。

图2-55　2019年举办当代中国风格时尚设计大展展览现场

（照片提供：田占国）

图2-56　当代中国风格时尚设计大展吴海燕东方丝国作品

（照片提供：上海纺织服饰博物馆）

（五）特色活动

1.上海市"6·6海派旗袍文化推广日"

2013年由上海市妇联、巾帼园推出"6·6海派旗袍文化推广日"活动，此后每年的6月6日成为上海海派旗袍文化促进会的一项重要工作，每年活动人数达到千人以上（图2-57）。作为上海这座国际化大都市的一张亮丽名片，旗袍的百年传承将海派文化的兼容并蓄之美展现的淋漓尽致。通过旗袍和人，体现一个城市女性的修养和精神风貌，达到传统和现代的完美结合。海派旗袍文化的传承，又是对文明礼仪、职业精神和城市精神带来新的感悟和探索，让上海这座城市因海派旗袍文化、因端庄优雅的女子而更加美丽。

2009年，"海派旗袍制作技艺"入选上海首批市级非物质文化遗产名录；2011年上海"龙凤旗袍手工制作技艺"列入国家非物质文化遗产名录。上海海派旗袍文化促进会致力于促进海派文化的传播、女性文明素养的提高、海派旗袍文化品牌的战略发展，承担着使海派旗袍文化不断走向时尚化、礼仪化、国际化的美丽使命。近年来促进会集聚各方力量，积极开展以"因你更美"为主题的"6·6海派旗袍文化推广日"系列活动，如海派旗袍文化进校园，目前有12所院校成为海派旗袍文化校园行单位。2015年组织500多位旗袍爱好者参与了米兰世博会中国馆上海活动周开幕式的综合展示，2017年央视春晚上海分会场520位旗袍爱好者的惊艳亮相，在海内外引起极大反响，为推动海派旗袍制作技艺传承、促进活态保护，建设美丽上海、文化强国作出了积极贡献。

2."金木水火土"海派旗袍商务风系列发布

"金木水火土"海派旗袍商务风系列发布活动是以旗袍秀演并结合时尚论坛、音乐派对等海派旗袍日推广活动的形式举办。每年5月下旬，上海市服饰学会组织发布由院校设计师和企业联合设计研发的海派旗袍商务风系列。

活动产生的大量图像内容具有一定的网络流量，丰富了文化、娱乐内容，让国际人士更多地了解中国服饰文化，最后接受、喜欢并希望穿着旗袍。小小一件旗袍，如今已成为全球通行的中国符号。海派旗袍的设计和应用体现着传统文化与现代时

图2-57 "6·6海派旗袍文化推广日"活动现场

（照片提供：上海市服饰学会）

尚的交融，是海派文化极佳的体现方式。发布会着眼于上海旗袍的历史与创新，在以中西交汇、古今融合为特色的海派文化情境下，展现不同历史时期海派旗袍的流行风貌和文化艺术特色，以及上海衣着审美观和时尚价值的演变，更好地助力上海国际文化大都市、国际科创中心、国际时尚之都的建设。

二、上海时尚事件的特征表现

中国社会进入21世纪，时尚已经成为一种非常重要的社会现象。随着中国经济的快速发展，时尚从文化表征渐逐渗透到经济领域，成为一种活跃的经济要素，并进一步构成日显重要的时尚产业。时尚也作为民众生活方式的重要表征，体现出强大的文化力。曾有"东方巴黎"之称的上海，以其成熟的时尚消费群体、优良的都市时尚传统、独到的时尚风格在国内诸多的城市时尚中独领风骚，这些都是让上海成为全国时尚文化和时尚群体集聚区的原因所在，上海时尚事件也因此具备相应的地区特征。

（一）产业集聚，配套要素逐步齐全

近年来，上海大力开展国际性的时尚评选、时尚展会和各类时尚展览，不仅在国际上赢得了广泛的美誉，也使上海成为亚太地区时尚事件集聚的一方热土。在时尚创意设计方面，上海聚集了一批创造力非凡的时尚人才，形成了一定的集聚效应，这些人源源不断地为上海时尚事件的策划和发展输送新鲜的血液。

同时，上海时尚产业集聚也是一种都市产业的集聚，得益于上海市内部的机构及企业互动合作，并且得到了城市发展政策的扶持。一般意义而言，时尚创意产业集聚的生命周期涵盖了从寄生、成长、勃兴，到成熟，乃至衰退的全过程。上海的时尚产业目前处于蓬勃发展阶段，随着政府对文化产业的扶持力度的加大和投入的增加，时尚企业的数量不断增加，规模不断扩大，发展速度越来越快，甚至触及国际时尚消费市场。[①]时尚产业在上海集聚，为时尚事件的开展提供了充分的配套要素支持。

从配套要素来看，上海不仅拥有牢固的产业基础，还有发展较为成熟的市场和自成一体的海派文化，均为上海开展时尚事件提供了良好的时机。上海拥有强大的媒体沟通平台，相关时尚配套产业齐全，如珠宝、包袋、香水等，相关服务业完善，如设计、展览、咨询等。上海集聚了大批专业设计和服务人才，汇聚了国内外大部分有影响力的顶级品牌。

（二）把握消费时代，打造商业盈利模式

上海时尚事件的种类多样，助力上海成为时尚出品地、潮流集聚地、消费引领地，增强时尚商业规模。

以上海时装周为例，其已形成了较强的品牌能力，在政府资源、设计师品牌资源、媒体资源、产业链资源、国际时尚领域合作方面也具有较丰富的积累，团队整体较年轻，具有活力，优势明显。上海时装周的组委会成员包括政府指导部门、时尚机构、高校、大型国企，这决定了上海时装周商业化落地的载体、动力、资源。

目前，上海时装周在发挥流行趋势发布平台作用的同时，已实现盈利。上海时装周的商贸展会是上海时尚产业变现的重要一环，除了上海时装周的"官配"展

---

① 王敏. 上海时尚产业集聚的影响因素及动力机制研究 [D]. 东华大学，2017：14.

会——Mode外，上海时装周还与时堂、ONTIMESHOW展会以及TUBE、LAB、notShowroom等展会合作，在时装周期间共同举办订货会，规模较大，参展品牌数量较多，专业观众数量每季递增。[①]

再如中国国际服装服饰博览会（春季）为参展商带来更多商贸可能性，在采购商邀请范围和领域细分上，都实现了前所未有的突破。在2023年春季CHIC展会上，有近1 200家企业、1 600余个品牌参加，展览面积达117 200平方米，开展了66场专业商贸对接会，均全力贯彻"专、精、特、新"，对中国服装产业覆盖的每一个品类、每一处环节打造更多元的展示与服务空间，定制专属商贸对接计划，高效匹配行业、跨界资源，深度开拓市场与增加订单，精准匹配供需双方需求。[②]开展第二日，来到中国国际服装服饰博览会的观众人数高达71 311人次，商贸需求在最简洁的沟通中传递，意向合作在最便利的通道中达成，海量交易空前爆发，造就了更胜往年的商贸盛况。这盛况得益于中国国际服装服饰博览会积累30年的商贸经验与资源，作为亚洲知名及深具影响力的专业服装展，中国国际服装服饰博览会背靠中国服装协会60余万专业观众资源，各省、市超千家商协会，专业市场买家基础，以及法国、俄罗斯、美国、印度、巴西等多国海量优质企业，再配以百余专业媒体的精准投放，中国国际服装服饰博览会2023春季满足了所有商家一整年的交易需求。[③]

（三）全国范围内的综合发展优势显著

随着互联网的飞速发展，信息的传播速度越来越快，上海信息化程度的快速发展直接对时尚事件产生了深远的影响，为时尚事件的产生、传播、消费建立了平台。上海信息化水平的领先实力和上海对信息化建设不遗余力的投入成为上海开展时尚事件的一大助力。

上海地理位置优越。上海港是中国最大的进出口贸易港，又位于平坦的长江三角洲冲积平原上，水陆交通十分发达。同时，其处于亚太时尚城市诸如中国香港、中国台北、日本东京、韩国汉城等扇面辐射带的中心，在信息、物流、贸易等方面具有独特的地理优势，这吸引了大批的国内外时尚创意企业和贸易商社，使得上海成为会展、时装发布流行信息交流中心。此外，其气候适宜、四季分明，十分适合旅游和开展服装展会。因此，上海独特而优越的地理条件不仅为上海时尚产业的发展打下了坚实的基础，也为未来的发展提供了得天独厚的条件。

并且，上海是我国消费能力最强的城市之一。加之上海正加快建设上海自贸区和"四个中心"、"五个品牌"，出台了一系列利好时尚产业的政策，设立了"上海文化产业发展投资基金"，时尚事件的开展土壤肥沃，竞争环境良好。从市场机遇看，国外市场增长乏力，但我国居民消费升级则形成了潜力巨大的时尚消费需求，中国市场成为众多国际时尚品牌和快时尚企业的必争之地。这为上海时装周搭建中西时尚产业交流平台，供应中高端时尚品牌产品提供了巨大的发展空间。

再者，从产业机遇看，我国纺织服装产业大而不强，同质化严重，缺乏设计创意，亟需从高速发展向高质量发展转型升级。与此同时，中国设计师开始逐渐崛起，但面临市场接受度有限等困境。这为推动本土新锐设计，搭建整合创新、有市场引

① 李芮.上海时装周竞争战略研究[D].上海交通大学，2018：28.

② 梁长玉.中国国际服装服饰博览会（2023春季）将于3月28日在上海开幕[EB/OL]. http://business.china.com.cn/2023-03/16/content_42297155.html.

③ 服饰商情网.海量交易空前爆发，2023CHIC春季展商贸再破纪录[EB/OL].https://www.sohu.com/a/660741959_720627，2023-03-29.

领力和时尚话语权的时尚事件平台提供了机遇。

上海作为时尚文化云集之城，其时尚事件、时尚活动数量稳居全国榜首。作为时尚群体集聚之城，时尚人群成为推动上海时尚发展的中坚力量。以年轻人和外来人口为主要构成的时尚人群体量巨大，其时尚需求及时尚市场也在相应增加。对于时尚事件的未来发展而言，无疑是一剂功效显著的催化剂。

三、上海时尚事件的现存问题

反观上海已经举办和发生的时尚事件，在独具特征外也存在着一些不同类型的问题，发现和研究这些问题，给予适当的应对方案，对于上海时尚之都建设有着不可忽视的作用。

（一）时尚事件的举办经验不足

上海的时尚产业正处于快速发展的时期，各行各业正在稳步前进，出现了一批诸如上海时装周、上海高级定制周、中国国际服装服饰博览会、上海市 6 · 6 海派旗袍文化推广日等为代表的时尚事件和活动。但这些时尚事件和活动逐渐显现出参差不齐的水平，目前还缺乏对于时尚事件活动的评价体系。

（二）时尚事件的定位相对模糊

任何一个时尚事件的组织必须要考虑到其定位的针对性。然而，很多时尚事件既兼具了展示成功商业运作品牌的功能，又期望成为展示新锐设计的平台，这使得很多时尚事件变得缺乏针对性和指向性，前来参与的观众也从投资人、时尚买手等专业人员逐渐变成了想博取关注的"时尚精英"。因此，时尚事件定位的明确清晰是时尚事件更好的进行商业运作的开始，不论对于投资公司还是主办方，都可以更方便地去选择或是比较同类型的时尚产品。产品本身也可以通过时尚事件得到更好的宣传推广，并以此可以得到更多的商业利益，时尚事件为产品提供平台的作用才可以更好的发挥出来。

（三）时尚事件的内容有待完善

目前，具有影响力的典型时尚事件和活动鲜有耳闻，数量有待增多。对比五大时尚之都的时尚事件类别及特征，仅就服装而言，高级女装是巴黎服装业的招牌，以优雅著称，强调时装的艺术性。伦敦是公认的男装中心，沿袭了英国式的精致传统其男装技术。纽约有出色的便装和运动休闲风格服装，成熟的时尚商业模式，以及出色的生活方式推广。米兰从 1975 年后成为公认的成衣之都，如阿玛尼和费雷（Ferre）在全球耳熟能详。东京服装业的特点是东西交融、风格稳定、经营有道。

而上海的时尚事件则缺乏本土特色和较为全面的时尚事件涵盖面，就目前现状来看，在上海已发生的时尚事件或活动中，一部分已经与具有国际性的时尚事件相接轨，如世界精英模特大赛（Elite）等。在展览展会方面，所涵盖的品类基本齐全，但行业针对性和专业性较为欠缺，如专门针对面料种类的皮革展、牛仔展、针织展等。虽然面料中也会有一些专门针对面料种类的展区，但规模和内容远远不能代表其行业的真正实力和水平。另一方面，在目前所收集到的时尚事件中，"金木水火土"海派旗袍商务风系列发布会以及"6 · 6 海派旗袍文化推广日"等这些具有明显海派文化特点的时尚活动还比较少，显然还不足以让海派文化特色走向世界。

四、上海时尚事件发展的对策路径

上海时尚产业背后需要完备的时尚要素体系来支撑，时尚事件就是要素之一。其由制度、组织、群体、事件和实践所组成的，系统包括一些由设计师、制造商、经销商、公关公司、媒体和广告代理等组成。由这些系统组成的上海时尚事件体系的任务是包办体系内所发生的事件、活动等体系内产品的生产和传播，并建立起具有海派时尚特色的时尚形象。在这一形象建立的过程中，必然会经过一些挫折和弯路，由此需要以下几点对策和解决路径来应对建立过程中遇到的问题。

（一）充分认识时尚事件在上海时尚之都建设中的战略意义

1. 积极扶持、融合发展时尚事件

近年来，上海通过举办一系列时尚事件及活动来建立和丰富这种时尚形象，进而打造中国的时尚中心城市和世界第六大时尚之都。因此就时尚之都这座大厦基本单元的时尚事件而言，其对于时尚产业的作用自然不言而喻，潜在的巨大商业价值更不可小觑。如在2016年秋季的中国国际服装服饰博览会上，作为专业观众的北京百德益商贸有限公司在意大利展区内的乔瓦尼·法比亚尼（GiovanniFabiani）品牌展位当场签下了400双鞋的订单，交易额达40万元；来自韩国的EYOEN品牌，在中国国际服装服饰博览会现场接到的订单总额达3亿韩元（约合人民币180万元）；设计师平台绘事后素创始人、设计师王紫菲在展会闭幕后欣喜的展示商贸成果："展会成功举办，累计订货商160多家！"①足以见得，时尚事件及活动的成功举办对于上海及其时尚产业，无论从经济价值、影响范围，还是日后对于城市时尚产业的发展和时尚之都建设都起着不可替代的重要作用。

因此，作为领导者和管理者的政府及相关职能机构和行业协会，除了要充分认识到时尚事件的经济、社会、人文价值之外，还应发现、开发时尚事件所隐藏的战略价值，并通过时尚产业、文化创意产业等相关产业，跨部门、跨区域融合渗透，推动时尚事件、时尚产业与其他产业，以及城市功能深度融合发展的方式，积极扶持有利于上海发展的时尚事件。

2. 整合现有时尚事件资源，科学合理分类

完整健全的时尚事件体系少不了政府机构和行业协会的有效管理。尽管上海的时尚产业具有较好的基础，但是产业格局有待完善。时尚事件体系、时尚产业和时尚之都构建要素尽管基本具备，但是无论数量和质量上都与五大时尚之都存在差距，时尚产业链时刻遭遇资源不足而断裂的发展瓶颈。尽管上海在全球时尚产品消费中具有比较重要的地位，但因其他环节的缺失而在全球时尚产业链中属于中游地位，时尚事件的策划和筹办能力也处于较低的水平，影响范围、关注度与五大时尚之都相比也要小很多。针对这个问题，一方面需要改变领导者和管理者对于时尚事件的认知。以往领导者和管理者们对于时尚事件而言，只要做到规模大、新闻关注度高即可，却容易忽视时尚事件本身的质量、影响力以及对时尚产业和时尚之都建设的重要价值。

另一方面需要处理的是理顺时尚事件和产业的公共管理途径，形成政府指导和

---

① 中国服装的十月情怀　高效成交信心十足——CHIC2016秋季展完美收官，相约明年3月[EB/OL].
http://www.chiconline.com.cn/newsbd/.

扶持、行业组织和协会协调与控制、企业自主合作的机制，整合现有时尚事件资源，依据企业自主、政府指导的原则进行科学合理分类。例如设立时尚事件服务系统，相关政府机构、行业组织和协会与企业进行合作协商，将同类型时尚事件整合成为专题性、指向性较明显的文化日，时尚周甚至是主题月，汇聚所有时尚资源，打造出一批具有国际影响力和关注度的时尚事件品牌。

3. 机构、协会对应事件活动，健全时尚事件平台

完善活动服务系统、信息平台，明确时尚事件及产业规划。相关机构、协会为政府提供较为专业科学的指导意见，合理布局时尚资源，根据市区不同地区构建多梯度的时尚产业区域，举办相应的时尚事件。由相关机构、协会出面牵头社会时尚资本，通过时尚事件加强政、产、学、研、用各方面的融合，并依据政府出台的时尚产业发展纲要和政策指导性文件，灵活合理运用扶持政策和社会力量，加强政府与协会的时尚产业平台建设，健全时尚事件平台公共服务机制。建立一套能够完整高效运作的时尚事件体系，并纳入上海时尚产业中，为上海在建设时尚之都的道路上提供系统和制度上的保证。

（二）丰富现有时尚事件，积极填补事件空白

1. 进一步完善时尚事件行业类型

目前，本着创新、协调、绿色、开放和共享的理念，上海已经将服装服饰、日化用品、工艺美术、珠宝首饰、家具家居、时尚数码产品共六大类时尚产品行业作为时尚产业的重点发展领域，在时尚事件方面取得了一系列的进展。但对于具有较为专业性和针对性的时尚事件而言，所做的努力还不够，造成了上海时尚事件体系不健全、时尚事件行业类型不够完善的问题。

就服装服饰来说，缺少对男装行业的针对性时尚事件，在行业层面的事件活动方面也缺少较为具有行业特色的时尚事件，如以皮革为主题的展览，以内衣、泳衣为主题的博览会等。又如五大时尚之都的巴黎，其发生、举办过的以日化用品、工艺美术、珠宝首饰等六大类时尚产品行业为主题的时尚事件，几乎每一类时尚产品行业均有与之相对应的时尚事件，如以日化用品为主的法国巴黎国际美发美容展、以工艺美术为主的法国巴黎国际当代艺术博览会、以珠宝首饰为主的巴黎国际时尚珠宝首饰展等。

对比上海所发生、举办过的时尚事件，则缺失了诸如皮革、珠宝首饰等专题性较强，行业特征较明显的时尚事件活动。因此，在现在所发生、举办过的时尚事件的基础之上，依照时尚产业的重点发展领域，需要策划举办一批具有专题性、指向性、行业特征明显的时尚事件，例如牛仔时尚周、旗袍体验日、当代艺术博览会、青年设计师大奖赛等时尚事件。通过丰富时尚事件的行业类型、活动形式的方式完善上海时尚事件体系和时尚产业的重点发展领域。

2. 明晰时尚事件的定位

无论是企业经营还是事件活动策划，明确目的、找准适合人群或对应点才是重点。例如上海时装周发展至今，其定位、作用以及影响日益壮大，这与其清晰的定位是分不开的。上海时装周每年都有相应的主题，除了发布秀之外，期间的各项配套时尚事件都结合每次对应的主题，以海纳百川的开放姿态，致力于引领潮流趋势，打造成为设计师分享创意的交流盛宴、商业品牌推广形象的宣传窗口、海外品牌进军中国的破冰之地，同时也为初露锋芒的设计新秀提供更多展示机会。很明显，上海时装周的定位是推出新锐设计师。

而近年来，很多在上海这片土地出现的一些新兴时尚事件，往往从活动举办上看起来有些定位模糊。因此，对于时尚事件的组织策划，包括从举办伊始，对事件或活动本身的定位，对参与方、品牌的定位都尤为重要。比如，在根据特定主题或活动本身规模的限制下，选择能够使观众留下深刻印象且风格强烈的设计品牌，以及拥有上海本土特色的优质品牌，发布和引领具有海派特色的潮流趋势是组织者需要首要考虑的问题。

3. 坐守海派时尚宝库，聚焦本土特色的时尚事件

上海已经有百余年服装中心城市的历史，为我们留下了宝贵的时尚财富。但是本土的海派时尚文化的特色并不明显，缺乏对国际时尚文化及潮流的影响力与话语权，是海派特色及其时尚文化无法在上海脱颖而出的中心问题。在上海街头，可以看到几乎全球最为有名的服装品牌的最新产品，很多中国著名品牌纷纷落户上海，同时也涌现出一批上海本地的设计品牌和设计师，这为时尚事件的策划和举办提供了丰富的时尚资源、强大的供给能量和消费市场。但是与时尚事件的消费侧相比，上海本土的时尚事件供给侧存在严重的有效供给量不足的问题。这就需要塑造、支持、创立一批具有海派时尚特色的高水平时尚事件，汇集能够代表海派时尚的本土品牌和设计师，传承海派传统的同时，扩大海派时尚事件的影响力，如"金木水火土"海派旗袍商务风系列发布会和"6·6海派旗袍文化推广日"等活动，将海派时尚的代表从橱窗、博物馆中推向时尚前沿。逐步构建起文化输出桥梁，拓展海外的时尚辐射路径，进而吸引国际、国内的时尚企业落户上海，推动本地设计师和时尚品牌成长，推动中国企业和品牌从上海走向世界而形成国际时尚的"中国品牌"和"上海品牌"。

（三）立意海派文化内涵，接轨国际时尚

海派文化指的是在上海这座城市或上海周边区域实践过程中所获得的物质、精神的生产能力和创造的物质、精神财富的综合，且具有明显的上海地域风格和特有的社会意识形态。其内涵包括创新、开放、灵活、多样等特质，立意海派文化内涵，可以明确上海这座城市所特有的风格，阐释善于吸收多种外来文化，兼收并蓄、共存共容、不拘一格的海派文化，为接轨国际时尚打下文化、社会意识形态基础。上海的城市时尚不同于国内任何一座城市，它以独特而多元的城市历史发展背景，使当今上海的时尚品牌、时尚文化、时尚群体更易于接触和接受来自国际的时尚潮流和资讯，这为时尚事件的国际化提供了更加快捷的途径。

诚然，时尚事件除了产业、政府在背后的支持，还需要专业人才的策划以及城市文化和时尚群体的接纳。目前上海的时尚事件进入到快速发展的机遇期，时尚群体包括时尚消费者在内，也在随着产业的发展而不断扩大和增长，但仍然处于成长阶段。对比巴黎、米兰、伦敦、纽约、东京五大时尚之都，上海的时尚群体及消费者群体中，中产阶级所占比例最为庞大。这个群体受教育程度普遍较高，其审美、文化、艺术素养同样较高，特别是物质条件较丰富，具有很强的购买力。这类人群对于自我认同需求很大，因此对于时尚以及时尚事件的需求相对较高。处于这些地区的时尚事件策划者为满足这些群体对时尚的需要，在策划过程中对时尚元素的运用也就更加重视，经过长时间的发展和竞争出现了很多成熟的时尚事件，而且培养出一大批优秀的时尚人才，带动了时装产业的发展。

对于上海而言，自改革开放至今的这一段时期内，第一批成为中上等收入者的时尚消费者由于自身以及时代的原因，希望提升自己的审美、文化、艺术素质，因而对时尚以及时尚事件的兴趣高涨。第二批生活比较宽裕的中等收入者的时尚消费

仍处于上升阶段，快节奏的工作和生活使他们的精神文化相对出现了缺失，尽管他们受教育程度普遍较高，但并没有与之相匹配的消费水平，对于时尚以及时尚事件的需求出现迷茫的状态。

因此，在策划组织时尚事件和发展建设时尚之都的同时，加强民众的时尚意识这一点也不能被忽略，在人群中普及具有海派特色的时尚文化十分重要。无论是对第一批中上等收入者还是第二批中等收入者，均需要营造一种带有海派文化特色的时尚氛围，这就需要发挥时尚机构、行业协会诸如上海市服饰学会、上海旗袍会等的引导作用，通过在一些具有艺术特色的博物馆、展览馆、商业中心等场馆举办适合大众的时尚讲堂、时尚活动、创意集市等时尚事件形式，进行积极正确的引导和塑造，为如今上海的时尚群体和时尚消费者明确海派文化的意义、内涵、价值观和精神实质，多元地展呈时尚信息，将时尚教育与事件内容结合，使他们把握正确的时尚规律，由表及里逐渐建立独立的审美意识，摒弃当今一些"时尚精英"的盲目跟风，拿来主义的堆砌、模仿、抄袭行为。要鼓励民众关注时尚事件，有效地参入时尚事件，成为时尚事件的发生者和创造者，提升时尚群体的审美、文化、艺术素养，更快速地让上海通过海派文化的快车道，入轨国际时尚，将上海建设成为中国时尚中心城市，世界第六大时尚之都。

（四）培养高素质时尚人才，输送时尚事件优质资源

1. 发挥时尚事件平台作用，适时推出新人

人才是时尚之都建设、上海时尚产业和时尚事件发展的根本。时尚事件本身具有一定的传播平台作用，为时尚人才的发展和培养提供方向。所谓术业有专攻，许多年轻的时尚人才、设计师们虽然善于设计、善于参与时尚事件，但是他们不懂得财务、税务、法务等问题，可能也不擅长如何管控品牌、制定长久有效的发展规划。通过时尚事件的平台作用，年轻的时尚人才可以与包含时尚行业各个领域从业者——服装设计师、饰品设计师、箱包设计师、鞋帽设计师、针织品设计师、皮革设计师、摄影师、模特、舞美设计师等进行交流和资源共享，迅速找到合作对象，不必再苦恼于由于自身人脉资源的匮乏而一直找不到合适的合作者。从时尚事件的角度出发，适时利用时尚事件的影响力、关注度等优势，推出新的时尚人才和设计师，成为该时尚事件的核心竞争力和时尚事件本身的资源。

2. 政府、高校、企业、媒体联合，提供时尚人才展示机遇

时尚人才需要一定的机遇和平台被发现，而通过时尚事件展示自我是个有效途径。时尚事件为时尚人才提供机遇，同时两者又需要政府、高校、企业、媒体共同支持。例如环东华时尚周活动，则是政府、高校、企业、媒体共同支持的时尚事件。该事件为高校内从事时尚设计的老师、学生提供了一个面向全社会的展示交流平台，依托东华大学、上海市经济和信息化委员会、上海市长宁区人民政府、上海时尚之都促进中心的优势资源，通过长宁区内相关的商圈地标和时尚媒体，将时尚人才与行业领军人物汇聚一堂，达到培养、展示未来时尚人才的目的。同时通过以高校作为时尚事件主办方的形式，使学习时尚相关的学生们真正地参与、实践和经营时尚事件，真切感受时尚氛围，为时尚事件培养出一大批高素质的时尚人才。

（五）运用新媒体形式，经营享誉全球的时尚事件

目前时尚事件与媒体的合作力度也有待提升。在信息高速传播、媒体技术日新月异的今天，从最初的门户网站类大众媒体，到现在的微信、微博、直播等自媒体，新媒体的传播形式层出不穷。时至今日，杂志、电视、广播甚至网站等传统媒体，

其传播广度和深度已经远不如一个手机直播来的方便快速。新媒体的传播形式已经产生了颠覆性的变革。比如利用手机直播或者社交软件，一名时尚博主可以通过直播时尚事件在一夜之间成为让全世界都知道的网络红人。那么作为时尚事件本身何尝不能做到呢？上海时尚周末的前期宣传除采用杂志、电台等形式的传统媒体进行宣传造势外，还采用了微信公众号、微博达人、手机直播、二维码、增强现实（AR技术）等多种新媒体手段进行复合传播，而这些传播手段正是时尚群体中比例最大的年轻人所熟知和运用的，其直接提升了这些时尚事件的时尚度和时尚群体的关注度。

因此，传统媒体与新媒体的融合渗透，可以增添民众的时尚参与感，创造拥有能够代表新生活品质、新文化体验、新消费模式的多维度时尚事件。运用新媒体形式经营时尚事件，为时尚事件造势、宣传，可以在极短的时间内，以极低的几乎可以忽略不计的成本，将时尚事件传播至全球的每一个角落，扩大了以海派时尚为核心的上海时尚事件在中国和世界的影响力。

第三章
时尚产业集聚区

第一节
五大时尚之都时尚产业集聚区分析

一、巴黎时尚产业集聚区分析

（一）巴黎时尚产业集聚区的类型

巴黎和很多城市一样，市中心多以商场为主，工厂都在郊区以及周边其他城市。尤其随着全球生产格局的变化，对于纺织业来说，很多面辅料都在其他国家生产。像轻纺工业名城里昂，过去以生产真丝面料为主，现在工厂也在减少，现在他们的产品多在葡萄牙、西班牙和北欧等国家生产。原在巴黎的服装加工则转往土耳其、摩洛哥、波兰和印度等国，皮革制品则集中在越南生产。珠宝则多在南非、菲律宾等地生产。只有香水，作为法国时尚的王牌，几乎都在法国本土生产，甚至有其他国家品牌的香水也在法国生产。多年以来，法国香水及化妆品业在世界同类行业的贸易中一直名列前茅，这不能不说是法国工业的骄傲。而法国的香精、香水生产主要集中在南部的格拉斯，巴黎只是贴上各品牌标签的销售地。格拉斯是法国真正的"香城"。

1. "香城"格拉斯（Grasse）

格拉斯的气候和土壤适合种植茉莉、玫瑰和晚香玉等植物。在格拉斯漫山遍野长满各种各样的花草，繁花似锦，四季飘香。法国第一家香精香料生产公司于1730年诞生于格拉斯。直到现在，格拉斯仍被授以"香城"的桂冠，这里集中了法国主要的香精香料生产厂家。这个在法国香水发展的历史上起到了重要作用的城市，现有人口5万人，原有的上百家手工作坊已经合并成三家规模较大的香精香料生产公司。格拉斯最著名的三家香水公司分别是加利玛（Galimard）、弗拉戈纳（Fragonard）和莫利纳尔（Molinaro）。其中以加利玛的历史最为悠久。加利玛是一座上下三层的石木小屋，一进屋就如同进入了百花园，各种花草的芳香沁人心脾。石木小屋中部的二层类似于一座博物馆，各种管道、木桶、瓶子和大堆尚待加工的香草依次排列，向游人们展示着制造香水、化妆水以及香皂的"秘密"。楼上还有很多上几个世纪的老照片和文物，悄无声息地叙述着香水制造业的悠久历史。

2. 圣地亚街（Le rue du Sentier）

巴黎服装业界的人都知道圣地亚街，这里聚集了巴黎大部分的面辅料供应商，并有服装快速加工等相关产业的服务。圣地亚街位于巴黎市中心，交通便利，地铁有圣地亚这一站，出地铁便是圣地亚街。这里离奢侈品云集的旺多姆广场也非常近，并和旺多姆广场及环蓬皮杜商业中心构成一个稳定的三角地形。圣地亚街已经形成了一个稳定的商圈，有了一定的品牌效应。以前主要是法国本地的服装品牌以及意大利等欧洲客户前来圣地亚街选购面辅料，现在越来越多的中国客户也活跃在这里，为中国的服装产业引进更多的材料。圣地亚街还有专门的网站（http://www.le-sentier-paris.com），在网站上可以浏览所有有关巴黎的成衣、面料、纽扣、花边等辅料信息。

巴黎市内覆盖了几乎所有的世界级服装名牌，著名的香榭丽舍大道以及旺多姆广场附近都是大牌云集之处。而巴黎的城郊则是服装厂商的聚集地。在法国中南部，集中着众多的面辅料供应商，尽管他们在巴黎一般都会开设办事处和展示厅，但是分布相对比较零散，圣地亚街是巴黎服装面辅料最集中的地方。

3. 巴黎玛黑区（Le Marais）

玛黑区（又译为：玛莱区）横跨巴黎右岸的第三区和第四区。最初，玛黑区是一片沼泽地（法语Marais原意即沼泽），自1240年圣殿骑士团在玛黑北部修建教堂，繁荣伊始。

19世纪末到20世纪上半叶，以蔷薇街为中心的地区集聚了大量东欧犹太人，没有了皇室的玛黑区逐渐变为巴黎最大的犹太社区，商业昌盛。但第二次世界大战期间犹太区亦成为纳粹攻击目标，险遭毁灭。

玛黑区还是巴黎最古老的华人社区，这源于一战期间中国向法国他们输送了几千劳工以填补参战士兵留下的岗位。1918年法国胜利后，中国劳工中的一部分留了下来，大多选择租住在当时租金相对便宜的玛黑区。如今，玛黑区北部，特别是共和国广场及庙街一带，仍有众多从事首饰和皮包加工批发业的华人。

1944年后，玛黑区已变为工人阶级社区，大量作坊、工棚的搭建使街区变得杂乱无章。1964年，时任法国文化部长的安德烈·马尔罗设玛黑区为巴黎首个保护区，目的是保护和保存具有特殊文化意义的地段和建筑。此后十年，法国政府和巴黎市政当局制定了历史街区风貌复原政策并主持开展了一系列建筑修复工程。玛黑区重要的私宅府邸修复后大多作为博物馆使用，比如：Hotel Salé改为毕加索博物馆，Hotel Car-navalet改为巴黎小嘉年华博物馆，这些建筑本身也极具历史价值和艺术价值。而蔷薇街作为巴黎犹太人社区的中心也在20世纪90年代得以复兴，书店开始售卖犹太语书籍，餐厅和店铺也开始有符合犹太教规的食品出售。

随着历史建筑得到保护与再利用，多元文化得到尊重以共生，街区的独特氛围又吸引来大量新锐设计师、艺术家在此居住，创作，同时带动了餐饮、零售等服务行业的发展。这个古灵精怪的地方，已经完全挣脱泥沼，街区版图不断扩张，涵盖了从蓬皮杜艺术中心往东延展的大片区域，与另类的巴士底连成一片，成为巴黎最具活力的创意产业集聚区。[①]

（二）巴黎时尚产业集聚区的特征分析

1. 时尚产业集聚区突出消费驱动型发展模式

巴黎的产业集聚区属于消费驱动型的发展模式。早在14世纪，由于法国贵族对于服装服饰、珠宝以及香料制品的需求，推动了时尚产业的快速发展，从而带动了手工时尚制造阶层的产生，该阶层根据贵族对时尚产品的需求导向进行产业的发展。随着法国经济的发展和人均消费能力的不断提升，时尚消费阶层不断扩大，继续引领时尚产业的发展。[②]

2. 时尚产业集聚区独特的创意空间风格

巴黎的时尚产业聚集区常以独特的建筑空间形式存在，如多建在旧仓库、工厂，区域内拥有个性鲜明的园区风格与文化。以玛黑区为例，玛黑区提供创意阶层偏爱的生活方式和宽松的创意环境，玛黑区对特立独行、稀奇古怪的东西采取兼容并蓄的态

---

① 解琦. 城市宽容度促进创意产业集聚——以巴黎玛黑区为例[J].天津大学学报（社会科学版），2014.16（02）：138-141

② 刘天. 上海时尚产业发展模式研究[D].东华大学，2012：37.

度，它没有抛弃或拒绝犹太人、科学怪人等，而是给他们空间，让他们自由创业。因此要理解玛黑区的成功转型，就不能回避它和"怪客"等这些少数派人群之间的关系。

（三）巴黎时尚产业集聚区的作用

1. 提高劳动生产率

巴黎地区的时尚产业集聚能够带动劳动生产率的提高，显著降低集聚区内的企业融资成本，缓解宏观经济政策对企业融资约束的负面影响，长期来看还能缩小收入差距。

2. 提升区域创新能力

巴黎地区时尚产业专业化的集聚（如香水）使得区域内企业能更好地合作、互相学习，有利于提高创新能力。随着产业集聚的发展，当地区的集聚程度较高时，其他行业的企业进入集聚区会给集聚区带来新技术或者其他新事物，有利于多样化集聚促进创新。

3. 引领区域经济增长

巴黎地区时尚产业活动集聚有效提高了区域内的创新能力，降低了区域创新成本，刺激了区域经济增长。同时该区域的经济增长反过来又吸引了更多相关或延伸领域的企业入驻该区域，进一步促进了经济活动的空间集聚。

二、伦敦时尚产业集聚区分析

（一）伦敦时尚产业集聚区的类型

英国的时尚文化创意产业基本形成了三个聚集区，分别位于伦敦、格拉斯哥和曼切斯特。而伦敦则是英国时尚文化产业的中心，是大量时尚人才的聚集地。伦敦东部是英国发展势头最强劲的地区之一，是时尚设计师、建筑师和家具制造商的乐土，也是数字媒体公司、艺术家和画廊的聚集地。

1. 布里克巷（Brick Lane）

布里克巷位于伦敦东区，是年轻时尚和亚文化聚集地。在历史上曾经是欧洲人与印巴人先后的落脚处，是伦敦工人们聚集居住的街区。随着城市的发展，布里克巷慢慢地被穷艺术家和外国移民占领，近年来许多年轻设计师和艺术学院的学生在这里开起了自己的小店。在这个不大的街区，有艺术中心、艺术学院、鲜花市场、古董市场、旧货市场、手工艺品市场，有无数独具奇思怪想的画廊、展览、新奇小店、设计工作室和独立设计师的服装店。布里克巷跳蚤市场非常有名，一到周末，人们就从各处涌过来，带着自己的衣服、鞋子、家居用品，在路边"摆摊"。布里克巷成了艺术青年的天堂。

2. 老杜鲁门啤酒厂（Old Truman Brewery）

老杜鲁门啤酒厂是将位于伦敦东部的10英亩空置和废弃建筑改造成的时尚创意产业中心，中心有办公、零售、休闲和活动场所，现约有200多家时尚创意企业入驻，包括时尚设计、艺术、广播电台、平面设计、建筑和录音摄影工作室。

3. 霍克斯顿创意园区（Hoxton Square）

位于伦教东区的霍克斯顿创意园区是英国最著名的创意园区之一。它临近剑桥大学，园区面积不到5平方公里，却聚集了500多家创意企业和大量优秀的创意人才，是世界著名的创意产业园区。霍克斯顿创意园区最大的特点就是数字科技与创意产业的高度结合，这里的企业基本上都是利用数字科技创业的新兴企业。在英国，以数字技术支撑的传媒、出版、影视制作、动漫、娱乐产品产业十分发达，最典型的案例就是创作出了《哈利·波特》。最初的《哈利·波特》仅仅是一个故事、一个灵感，但借助数字技术，《哈利·波特》远远突破了小说的范畴，带来了高达上亿美元的全球经济收益，这是一个科技与创意成功结合的典型案例。

4. SOHO区

英国伦敦的SOHO区指的是牛津街（Oxford street）、查令十字街（Charing Cross Road）、沙夫茨伯里大街（Shaftesbury Avenue）和摄政街（Regent Strat）包围而成的地区，是英国目前发展最成熟、最典型的创意产业集聚区之一。它位于泰晤士河以北，居于伦敦的心脏部位。SOHO区所处地带，在17世纪之前曾是皇家猎场，后逐步成为富有阶层狩猎休闲的聚集地。1854年，受霍乱爆发的影响，富有阶层迁移出，一些难民和流亡者进入这里，由于廉价的租金，许多小酒馆在这里开店。以后，一些艺术家和作家逐步迁入，形成了一个复杂、多元的文化环境。到19世纪末，SOHO已成为伦敦夜生活的中心，并一直延续至今。SOHO区的酒吧、咖啡馆是创意人员休息聚会的场所，他们在这里进行着创意的碰撞和升华，而后在办公楼宇之中将创意变成现实。20世纪30年代起，大量国际影业公司，如21世纪福克斯、华纳兄弟和哥伦比亚公司开始在SOHO区聚集。时至今日，已有数百家影视制作公司进驻SOHO区，并与众多广告、音乐、设计公司一起，构成以媒体企业为主的文化创意产业集群。

（二）伦敦时尚产业集聚区的特征分析

伦敦时尚产业集聚区属于制造驱动型的发展模式。18世纪末，英国爆发了工业革命，以改革为标志的工业革命极大的解放和发展了生产力，同时劳动生产效率也得到了大大的提高，使时装业从单件加工到规模生产成为可能，并由此发展成为大批量生产的成衣服装市场。英国创造的棉织品时尚，使其棉纺厂使用原棉的数量由1760年的200万磅，剧增到1850年的超过3.66亿磅。在这种初级创造力的驱动下，维多利亚时期的伦敦时尚产业在欧洲甚至全世界首屈一指，现代时尚产业开始萌芽。[①]时尚产业聚集区的特征以英国伦敦SOHO区为例。

1. 时尚产业集聚区垂直联系密切，产业链完整

SOHO区有很完整的产业网络，形成了规模效应。这得益于英国文化创意产业的基础环境和运作机制成熟，产业结构上中下游完整，并且此行业是英国发展较为成熟的产业，所以各个环节能够互相支撑，互为供给，构成一条完整的产业链。而完整的产供销产业链所带来的效应是单个和分散的企业所无法比拟的。

2. 企业管理战略遵守全球化与本土化相结合的原则

在电影业日趋全球化的环境下，SOHO区的电影制作和后期制作公司，既能吸纳海外资本、利用跨国电影企业的网络拓展海外分销渠道，又坚持以本土市场为依托，为英国电影业服务。吸纳海外企业时，优先考虑新产品、新技术、新市场、新

---

① 刘天. 上海时尚产业发展模式研究 [D]. 东华大学，2012: 37.

设计、新品牌等类型的企业，媒体或者创意产业等行业也包含在内。又如英国的文化媒体和体育部门倡导并组成了创意出口小组 The Creative Exports Group（CEG），其成员是来自公共部门、私人部门和商业部门的专家，负责制定政策、项目以及活动，帮助拓展创意产业的海外出口市场和机会。[1]

（三）伦敦时尚产业集聚区的作用

1. 创造就业岗位，推动经济发展

伦敦的时尚产业集聚不是简单地传统产业的集聚，而是将文化创意、时尚创意扩展到整个经济领域，鼓励工业产品和商业服务的文化创意创新，推动经济发展转型，涵盖了软件开发、出版、广告、电影、电视、广播、设计、视觉艺术、工艺制造、博物馆、音乐以及表演艺术等产业，由此创造更多的就业岗位，推动经济转型与发展。

2. 促进资源整合与综合利用，形成完整的时尚产业格局

早在20世纪90年代初，英国就开始研究制定文化发展战略。英国首相布莱尔提出，要"通过英国引以为豪的高度革命性、创造性和创意性来证明英国的实力"，使英国从传统的"世界工厂"蜕变为当今的"世界创意中心"，全方位提高英国的核心竞争力。英国先后出台《英国创意工业路径》等一系列文件，提出"为支持文化创意产业而在从业人员的技能培训、企业财政扶持、知识产权保护、文化产品出口等方面"政府将做出积极努力。按照相关规划，英国政府逐步推出完整的创意工业财务支持系统，形成了目前国际上产业架构最完整的文化产业政策体系。[2]

三、米兰时尚产业集聚区分析

（一）米兰时尚产业集聚区的类型

米兰的时尚产业，以意大利传统的产业集群为基础，在米兰形成了以展示中心（Showroom）为主的城市时尚产业聚集区。

米兰的城市时尚产业结构，主要分为展示中心、行业协会组织、公司、服务行业、咨询行业和精品店6个部分。在时尚系统中，这6个部分占有不同份额，分别是展示中心50%、服务行业19%、公司14%、精品店7%、咨询行业5%、协会组织2%（截至2001年）。米兰的产业集群地与公共交通联系密切。因为时尚产业通常会选择在交通便利的米兰城市中心附近，如传统的黄金四边形地区。而除了中心之外，米兰的时尚产业也分布在城市交通网络发达的沿线地区。

在米兰，时尚产业主要以展示中心的形式聚集起来形成规模效应。米兰的展示中心具有特殊的功能，它是意大利和世界其他国家的各个知名品牌在米兰专门设立的，其作用主要是陈列最新一季的服装和配件的设计（米兰的服装产品发布时间通常早于自然季两季），以便全世界的买手能够集中购买品牌最新服装。在米兰，进入展示中心之前需要预约，每个买手必须遵守预约时间。通常，展示中心也是品牌总部的所在地。每年米兰时装周的时候，品牌会把所有成套的衣服、配件集中在展示中心里，让媒体与买家能看清楚衣服细节的设计，并下单采买。

展示中心在米兰市内主要有三个集聚地，这三个产业聚集地各有特色，分别是

---

① 褚劲风. 上海创意产业集聚空间组织研究 [D]. 华东师范大学，2008：67.
② 波特兰. 简说英国创意产业和聚集区 [EB/OL]. http://blog.sina.com.cn/s/blog_6bebde1c0102w1dw.html，2015-10-29/2019-7-8.

黄金四边形地区（Quadrilatero）、热那亚门-萨沃那街-托尔托纳街地区（Porta Genova，Via Savona，Via Tortona）和劳第大街-斯巴达克路-三月二十二大街地区（Corso Lodi，Via Spartaco，Corso Ventidue Marzo）。

1. 黄金四边形地区

黄金四边形地区位于米兰第一城市圈的东北角，是米兰时尚产业的核心。在这个黄金四边形之中，有著名的时尚品牌聚集地蒙特拿破仑街（Via Montenapoleone）、斯皮加街（Via della Spiga）、圣安德里亚街（Via Sant'Andrea）和鲍格斯皮索街（Via Borgospesso），这几条街道连在一起形成一个不到两公里的四边形。在这里购物像是一次时尚文化的朝圣。这个地区不仅名店林立，是奢侈品的购物区，还聚集了众多的时尚机构。

2. 热那亚门-萨沃那街-托尔托纳街地区

热那亚门-萨沃那街-托尔托纳街地区位于米兰第三城市圈的西南角，已经成为最具时尚活力和潜力的地区之一。如今，其不但已经成为许多品牌展示中心所在地，还有许多设计工作室在这里落户。比如著名的建筑事务所超社（Superstudio），还有阿玛尼展览空间以及一些教育机构。这个区域在几年前还是一个郊区工厂，而如今已经成为了一些时尚机构的常驻地。

3. 劳第大街-斯巴达克路-三月二十二大街地区

劳第大街-斯巴达克路-三月二十二大街地区位于米兰第三城市圈的东南角。短短的几年间，艾绰（ETRO）和普拉达（PRADA）以及其他一些品牌纷纷将展示中心搬到了这个区域，这些品牌的进驻，使得劳第大街-斯巴达克路-三月二十二大街地区成为了新的时尚聚集区，给本区原有的传统购物街区增加了更多的时尚性。[①]

（二）米兰时尚产业集聚区的特征分析

1. 时尚产业集聚区的向心效应显著

自古以来，米兰的城市结构就表现为中心性强、圈层结构强的特征。[②] 这也影响到米兰时尚产业空间的布局，使其同样呈现出米兰时尚产业空间的向心力集聚效应。在米兰时尚产业空间的核心层，即黄金四边形地区周边，其时尚产业的各类空间集聚度最高，并且时尚产业空间也更为多样，包括了时装周活动空间、高定时装零售空间、时尚品牌总部与展示空间、时尚协会组织等一系列与时尚相关的行业以及相关服务业。相反，越往核心时尚集聚区以外，时尚行业布局就越疏散，且空间类型的覆盖面就越少。

2. 时尚产业集聚区发展扩张力强

即便米兰时尚产业空间明显呈现出中心性强的表征，但在米兰时尚产业不断发展壮大下，依托中心城区的发展，米兰的时尚产业集聚区又表现出极强的扩张能力和扩散式发展。

1970年以前，米兰的时尚产业集聚区仍然紧紧围绕黄金四边形地区，之后便逐

① 卞向阳.国际时尚中心城市案例[M].上海.格致出版社.2010.10
② 欧静竹.米兰时尚产业空间集聚演化及规划启示[C]持续发展 理性规划——2017中国城市规划年会论文集（02城市更新）.广东，2017：1136.

渐转向非中心区内城区,在西南角开发建设了托尔托纳街区。时尚产业的集聚核心区虽然是品牌设计总部、展示空间的最佳选择地,但空间毕竟是有限的,此时时尚集聚区必须再去寻找继续发展的新空间,[①]这时原有的城市工业区域成为潜力巨大的时尚产业发展空间,一是因为远离市区土地便宜,二是工厂建筑一般采用的巨大的体量给入驻公司的改造及日后的灵活使用提供了可能。

因此,米兰时尚产业集聚区的整体空间分布开始体现出核心区域集聚和外圈层扩张并存发展的趋势。新的时尚产业集聚区在城市的辐射面持续扩大,而各时尚产业集群位置的特殊性,又带来不同区位时尚产业承担功能与创造价值的多面发展,使其城市时尚文明建设的合作关系更为紧密,时尚产业发展的可持续性不断增强。

(三)米兰时尚产业集聚区的作用

1. 促进时尚产业集群网络高效扩展

产业的集聚,为产业网络的高效发展提供了基础。与时尚产业有关的展示中心,行业协会组织,时尚产品销售公司、服务机构、咨询机构和精品店等在米兰相互聚集起来形成规模效应。[②]

1970年,米兰时尚产业只存在一个较为集中的集群(第一集群),当时的生产制造空间主要分布在城市北面的半郊区及郊区位置。1970年时尚公司总部数量为16个,与当时的高级定制时装零售空间共同聚集在黄金四边形街区以及最早的半郊区及郊区位置。当时时装秀空间数量有限,时尚品牌展厅刚诞生,中介服务公司数量较少,并没有形成专门的时尚展览空间。

1970—1985年,产业空间以黄金四边形为中心向外扩散,时尚公司总部数量由1970年的16个增加至21个,随然在数量上增加的量不大,但是空间规模增长了200%;同时时尚中介、相关服务公司和时尚出版社等都发展迅猛,时装周活动空间是1970年的十倍。1980年前后,对城市中工业区转型、城市重构、废弃区域的重利用趋势萌芽,作为时尚产业的分支——时尚摄影活动开始出现在城市内城区西南角的Tortona街区中,空间是通过创造性改造废弃厂房得来。

1985—2000年,第二个集群在Tortona街区出现,以黄金四边形为中心向外扩散过程同时继续。

2000—2015年,第二个集群Tortona街区继续发展完善,第三个集群在Lazio街区出现。

2. 加强国际联动与时尚辐射力

一方面,时尚产业巨头的总部空间继续扩大,时尚博览会空间得到了前所未有的扩张。米兰的优势地位持续吸引海内外从业者的继续集聚,高级定制时装零售空间以历史中心城区向外继续蔓延。设计部门从业人员上升,米兰时尚产业与外国的联系加强,对贸易活动的重视推动了几个巨型国际博览空间的建立。

另一方面,在全球化的背景下,米兰的时尚产业从生产到市场也呈现出越发明显的全球化趋势,制造业部门转向劳动成本更低的国家和地区,仅保留部分需要传统高工艺水平的制造在意大利。米兰的服务平台越发多样化与层次化,除了服务于

---

① 欧静竹.米兰时尚产业空间集聚演化及规划启示[C]持续发展 理性规划——2017中国城市规划年会论文集(02城市更新).广东,2017: 1150.

② 符淼,张海虹,刘洋.公共服务、产业集聚和产业网络——时尚之都米兰的城市辐射力构建之道[J].城市观察,2013(05):77-85.

高端大牌的时装周之外，出现了诸多服务于不同层次设计师与品牌的展示与贸易的活动与服务平台。①

四、纽约时尚产业集聚区分析

（一）纽约时尚产业集聚区的类型

1. 服装中心（Garment Centre）

从百老汇大街到第九大道以及从34街到40街之间的梯形街区，是纽约时尚产业的核心区，也称为服装中心。纽约多数和时尚有关的工作都聚集在服装中心及周边地区。

纽约前市长布迈克尔·布隆博格（Michael Bloomberg）曾声称"时装产业是纽约市经济的重要产业，提供了17.5万个工作岗位以及每年数十亿的资金"，由此可见纽约对时装产业的重视。1987年，纽约为了保护制衣业的发展，通过了限制该梯形街区工厂转变行业的《分区法》，致力于保护服装业者免受地租价格的排挤。在这个保护区内，制衣厂大多接手每单3 000~4 000件的设计师品牌订单，而上万件以上的订单则都发向了发展中国家。

2. SoHo区

所谓SoHo区，就是休斯顿之南（South of Houston），处于纽约下西城，南起卡纳尔街（Canal street），北止休斯敦街（Houston street），西起西部快速路，东到莫特街（Mott street），北邻格林威治村（Greenwich Village），南邻翠贝卡（Tribeca），以百老汇大道（Broadway）为中心，共包括大大小小共计84条街区。该区的受教育程度、人均收入均高于纽约整体水平。

该区原是国际知名品牌的加工厂和艺术展览区。20世纪50年代，由于新劳工法的颁布，血汗工厂纷纷搬离SoHo区，大量厂房空置下来。20世纪60年代，一些画家和雕塑家陆续搬进SoHo区，把这些空置的工厂变成了工作室。20世纪70年代，越来越多的艺术家搬进了SoHo区。今日的SoHo区，特色酒吧和高档时装店为邻，艺术画廊和个性化的家居装饰品店并肩，是雅客、时尚青年和游客都不愿放过的时尚商业区和旅游景点。区内有近600家各具特色的服装、饰品店。以SoHo中心区的百老汇大道为例，特色店有50余家，经营范围包括珠宝、服饰、化妆品、家居用品、文具及百货等；各式餐馆100多家，囊括了世界各地的风味美食和高级主题餐厅。世界最知名品牌如普拉达（Prada）、香奈儿（Chanel）、路易威登（Loais Vuitton）早已登陆这块黄金商业区。SoHo区的独特之处在于，它既不是像纽约第五大道那样高楼耸立、名店云集，以高品质、高价位闻名于世的商业区，也不是艺术区，而是商业和艺术充分融合的区域，是富有个性的、有着深刻文化内涵的商业区，是时尚的代名词。艺术浸透到SoHo区每一条街道和每个SoHo人的细胞中，这里的每个商家都使出浑身解数，显示自己商品的个性和艺术品位，就连那些国际知名品牌的服装店也不得不迎合这种气氛，他们为区内专卖店设计了专门的服装，而不是任何一家大商场或卖场里随处可见的大路货。到这里的顾客不会是单纯的品牌追逐者，而是特色商品的"淘金者"，他们会为一件个性化商品乐而忘返。这里更多的光顾者是为个性而一掷千金的艺术家和追求个性的时尚青年。

---

① 欧静竹. 米兰时尚产业空间集聚演化及规划启示 [C] 持续发展 理性规划——2017中国城市规划年会论文集（02城市更新）.广东，2017: 1136-1153.

3. 新兴的时尚聚集区

纽约传统的时装重镇集中在商业中心、第五大道以及麦迪逊大道至传统服装中心第七大道一带。然而新一批的设计师更喜欢将工作室建立在成本较低、同时也是文化氛围比较先锋的区域，他们喜欢嘈杂热闹的中国城、充满艺术气息的切尔西、暴发俗气的肉品包装区、甚至是波西米亚的布鲁克林区，虽然这些下城区没有第五大道那么贵气繁华，却有着属于自己的独特味道，更能激发设计师们的创意。

中国城（China town）：浓厚的移民气息和多元文化交融的环境深得一些年轻设计师的欢心，如先锋设计师品牌Three As Four，自1998年成立以来一直以此为基地。

下东城（Lower East town）：19世纪后期居于此处的意大利移民为纽约时装业贡献了劳动力资源，20世纪音乐夜店集中于此，吸引了一些专为艺人造型的明星定制设计师，如Craig Robinson。

肉品包装区（Meatpacking）：20世纪70年代夜店蓬勃发展，80年代餐馆进驻，90年代时装店也纷纷进驻，设计师的工作室也紧随其后，如男装品牌达西·布朗（Dorcy Brown）、设计师丹尼尔·苏弗（Daniel Silver）。"纽约时装皇后"俄罗斯犹太裔设计师戴安·冯·芙丝汀宝（Diane Von Furstenberg）的新工作室也选址于此。

切尔西（Chelsea）：切尔西的临街咖啡馆、跳蚤市场以及楼上的画廊都是此地充满吸引力的原因之一。这里曾经是轻工业比较集中的地段，因此拥有许多空间广阔的地方，例如仓库、车库、修车房等，而这些正是设计师亚历山大·普罗科夫（Alexan dre Plokhov）和德里克·拉姆（Derek Lam）想要的东西，普罗科夫选择了一间以前的画廊作为自己的工作室。

布鲁克林（Brooklyn）：布鲁克林曾经是一个非常偏僻的地方，如今交通好转，情况已经改善很多。对于很多设计师而言，布鲁克林离供应商太远，离零售商太远，离传媒太远，实在不是什么方便的地段。而明星舞台服装设计师克里斯汀·乔伊（Christian Joy）2003年就将工作室迁至布鲁克林绿点区的公离，这里是继芝加哥后，在美国境内大量波兰人聚集的地方，区内的房屋设计、商店货品和餐厅菜式都以波兰人为主要对象，浓厚的东欧气息正是克里斯汀·乔伊觉得这里与曼哈顿其他地方的与众不同处。

4. 珠宝钻石区

第五大道和第六大道之间的西47街是世界上最大的钻石市场。次之的珠宝区在鲍里街（Bowery Street）和卡纳尔街（Canal Street）西北拐角。

5. 熨斗区（Flatiron District）

指熨斗大厦（Flatiron Building）周边的区域。熨斗大厦地址为曼哈顿岛第五大道175号，坐落在23街、百老汇大道和第五大道交叉的一个三角形的街区，尖头指向麦迪逊广场的南边。大楼周边的社区被称为熨斗区。纽约的熨斗区在19世纪中叶就是知名服装公司云集之处，是整个纽约的时尚风向标。

（二）纽约时尚产业集聚区的特征分析

纽约时尚产业集聚区属于消费驱动型的发展模式，最初纽约并没有自己的时尚产业，上流社会向往欧洲的生活方式和时尚品味，这形成了美国最初的时尚消费。美国人将欧洲的时尚带回本土，而当时美国的本土设计师大多数只是对欧洲时尚进行模仿。

第二次世界大战以后，美国的经济实力进一步增长导致美国消费者的购买力进一步增强，而当时欧洲的时尚业由于战争而受到沉重的打击，当时无论是巴黎的时尚品牌，还是伦教抑或米兰的时尚品牌的最大客户群都是美国人，在强大市场需求的推动下，美国形成一批本土设计师独立寻找属于美国的时尚，由此形成了纽约的时尚。[①]

（三）纽约时尚产业集聚区的作用

1. 增强市场竞争力

在纽约的时尚产业集聚区内，有众多的相关企业或个体汇集其中，形成完整的产业业态，构成了产业链。集聚区内的企业既有分工又有竞争，这种相互的关联使得产业的价值链得以分解。创意企业专注于价值链的某个具体环节，从自己的相对优势出发，集中于自己的专长，从而充分发挥出自己的竞争优势。另一方面，这些企业之间相互的竞争有利于构成企业的持续创新动力，从而使企业的资源与要素随时处于有效的利用状态，这将使集聚区内创意企业的竞争力得以持续提高。

2. 提供区域品牌共享优势

基于人文历史或者专业化市场等因素而形成的区域品牌是集聚区内企业可以共享的无形资源。诸如扎根于SoHo区的服装服饰品牌，珠宝钻石区的珠宝品牌等。随着集聚区自身品牌的发展和品牌知名度、美誉度和忠诚度的扩大，集聚区的忠实客户数量不断扩大，同时集聚区自身品牌的知名度也成为集聚区内每一个创意创业者分享的资产。

3. 降低交易、创新的成本及风险

纽约的时尚产业集聚区将创意产业的供应商、生产商和销售商都聚集于同一空间，可以降低交易伙伴之间信息不对称的程度，减少交易伙伴及环境的不确定性。交易者的专用性资产、交易伙伴及环境的不确定性及信息不对称的程度的减少，能起到降低或节约相关产业交易成本的作用。同时，集聚区能为时尚产业提供较好的制度环境和包括商业道德在内的时尚产业集聚区文化，由于时尚产业集聚的固定性和长期性，其中的交易通常不是一次性的，从而降低了交易风险。

4. 有利于知识溢出

时尚产业集聚区实现了相关企业与资源的空间聚集，尤其是在集聚区内实现了时尚创意人才的聚集。这种聚集会产生一个知识转移的过程，特别是与个人技能密切相关的隐性知识，也由于这种空间接近，从而能够实现转移和共享。这使得包含人力资本和知识资本在内的知识创新得以加速扩散，而且有着很强的自增强性。[②]

五、东京时尚产业集聚区分析

（一）东京时尚产业集聚区的类型

由于东京地狭人多，所以东京市政府严格规定：禁止在都心三区内建设占地500平方米以上的工厂。这样一来，占地多、能耗高的制造业主要集中在外环区域，

[①] 刘天. 上海时尚产业发展模式研究 [D]. 东华大学，2012：37.

[②] 王发明，马立强. 产业集聚与创意产业园区可持续发展模式 [J]. 学习与实践，2012（06）：12-19.

而东京市内主要是销售和服务业。东京的时尚产业聚集区主要有日暮里轻纺街、秋叶原动漫市场以及诸多时尚区域。

1. 日暮里

日暮里是一条布料服饰批发街，类似上海的轻纺市场，街内主要以面辅料店为主，有少量的服装店。这里的布料主要为零售，顾客可以根据需要购买布料。面料的种类很多，还有一些毛皮、塑料等非常规材料。这里的顾客除了一般的家庭主妇外，还有很多是服装设计专业的学生。

2. 秋叶原

秋叶原是从20世纪四五十年代收音机流行开始成立起来的独特市场，日本5家最大的电器行都在秋叶原开设旗舰店。过去的秋叶原是一条电器街，但随着各大电器行在各处开设分店，秋叶原电器一条街的称号已经过时，现在的秋叶原，是名副其实的"动漫圣地"。在2000年初，秋叶原的动漫就已小有气候，"电车男""秋叶原系""a-boy""萌"这些日本年轻人的口头流行语就产生于此地。东京动画中心也在秋叶原UDX大楼内，证明了秋叶原对动漫文化的影响之大。现在，在秋叶原中央道路的两边开设了许多类似Asobito Game City、Animate、Gamers这样的动漫专卖店，包括新宿西口淀桥相机总店也设有动漫商品专柜，因此，此地是动漫爱好者的天堂。

3. 时尚区域

东京的时尚区域著名的有涩谷、原宿、代官山、表参道、银座等地。这些都是东京的繁华地区，如涩谷、原宿、代官山区域还被称为"年轻人之街"，同样也是东京街头文化的代表，聚集了很多时尚前卫的店铺。而表参道云集欧洲、日本等顶级设计师的作品，流行元素含量很高，橱窗内的衣饰摆放非常有创意，适合有品味、有经济能力的人士。银座则以高级购物商店闻名，是日本最有代表性的购物胜地。

（二）东京时尚产业集聚区的特征分析

1. 时尚产业集聚区的向心效应显著

早年在海外成名的日本设计师是以独特的东方风格在巴黎取得成功的，东方风格从而也吸引了西方设计师的关注。但在东京，时尚产业的范围已经不再局限于服装行业，而是包括生活中方方面面的时尚设计。这也成就了东京时尚最大的特点，使得在国际五大时尚之都中，其时尚产业集聚区的定位与发展更显特色。可以这么说，除却其时装的独特风格，东京电子时尚产品的外观设计、日本商品的精良品质、时尚家居的精巧特色更是引导着全球年轻人的时尚消费，其发展体现着当今时尚产业的方向——时尚不是拘泥于服饰品一隅，而应该渗透于生活的各个方面。

日本电器、电子产品、生活用品、化妆品等不仅具有恰如其分的技术含量和精致的做工，还有符合潮流的外观和功能设计，成为东京时尚产业的重要组成部分。在许多东京的时尚区域，如池袋就集合了无数电器店、时装店、小商品百货店等，这些东京时尚产业类别及空间分布于城市的核心地带与部分交通枢纽地区，形成东京地区巧而精、特色鲜明、年轻化、目不暇接的时尚产业集群。

2. 时尚产业集聚区发展政府导向性突出

在时尚产业中，东京时尚产业集聚区的发展得益于不同时期日本针对时尚产业的政策导向。20世纪50年代起，在日本政策以出口导向为主的方针下，纺织服装和电子产业得到初步的发展。20世纪60年代到70年代前期，日本服装设计和制造技术迅速发展，1971年日本产业结构审议会在咨询报告中提出了发展知识密集型产业的四个方向，其中就包含时兴型工业，如高级服装、高级家具、电器音响等。[①]日本政府还出面协调五家国内最大的半导体制造商，共同组成科研机构，由政府预算投入各种补贴进行研究。[②]随后，东京时尚产业依托于服装业逐步形成壮大，在政策的引导推崇下，时尚的概念在各行各业中运用。一些电子产业、生活用品等开始朝着时尚的方向发展，开始越来越注重时尚美观的外观设计，伴随时尚产业范畴的扩大，东京时尚产业集聚区的发展也不断外延。总之，东京时尚产业集聚区的多元化的发展突出体现出政策不同阶段的导向和辅助。

（三）东京时尚产业集聚区的作用

1. 加强时尚产业的组织集聚能量

东京的时尚不仅蕴含着东方的气质，其多元化的发展也领导着现代时尚的新概念，时尚不仅是服装，也是生活的各个方面。东京时尚产业集聚区既有特色鲜明的时尚街区，如聚焦电器、动漫行业的秋叶原，集中动漫行业的练马区和杉并区，以及以文具、家居盛名的伊东屋，亦有遍布东京涵盖少女流行服饰、高级时装、设计师品牌等时尚品牌集散地。这些时尚区域越来越成熟，流行元素含量很高，不仅国际或日系名牌店林立，个性化的时尚小店同样穿插其中，连车站附近通常都布满各种调性优雅、品味独具的日用商品店。

东京如同一个巨大的消费吸收器，每年有数以亿计的消费者来到东京，购买各自需要的时尚产品。东京形成的诸多时尚聚集区都可以满足不同消费者的需求。这些时尚聚集区不仅带动了消费，也被打造成东京的城市时尚名片，使得东京时尚产业可以进一步集聚化、特色化，对支持东京时尚产业的发展作出了巨大贡献。

2. 开拓时尚产业的延伸与相伴发展

时尚产业集聚区的作用在延伸时尚产业范畴与未来持续合作方面发挥着重要作用。在东京时尚产业逐步形成与发展的阶段，服装业就与媒体相伴发展，媒体可以引导消费，依目标顾客而创立的各类时尚杂志，对时尚消费具有巨大的推动作用。20世纪末，随着市场主导、全球大竞争、新领域等时代变迁，日本纺织服装业市场进行了拓展，政府也出台了一系列围绕纺织服装业、中小型企业的政策。例如，最具特色的动漫产业的模式已由原来的单向产业链演化为具有多重交互性的产业网络模式。以电视动画片为中心，围绕杂志连载、游戏、电影、视频、光盘、玩具、生活用品等形成了多象限的价值网络。[③]在东京时尚产业集聚区的组织与空间优化下，其时尚产业的发展可以得到进一步的外延与发展。

---

① 潘素昆.战后以来日本的重点产业扶持政策分析及展望[J].日本研究，2004（1）：28-33.

② 同上.

③ 褚劲风.东京动漫产业集聚空间组织与空间优化研究[J].世界经济研究，2009（06）：76.

第二节 上海时尚之都建设：上海时尚产业集聚区分析

一、上海时尚产业集聚区的发展现状

上海作为中国经济发展水平最高的特大型城市，正致力于建设和打造"国际时尚之都"。新经济时代产业发展规律、上海优秀的轻纺工业传统、独特的区位地理优势以及政府产业政策的引导形成了上海创意产业集聚的动因。在国际时尚产业发展的大背景下，上海的时尚产业聚集区随着中心城区产业结构和布局调整逐渐发展了起来。

（一）虹桥时尚创意产业集聚区

虹桥时尚产业集聚区是上海时尚之都的标杆性区域之一，是上海文化创意产业的重要承载区。虹桥时尚产业集聚区坐落于上海市长宁区，该集聚区时尚设计、新媒体、影视服务、娱乐演艺、会展等特色产业发达，国内外高端创意人才和设计人才云集。该集聚区致力于引进和培育时尚和文化品牌，依托协会、企业和园区，建成时尚创意产业公共服务平台。重点围绕环东华时尚创意产业集聚区、虹桥舞蹈演艺集聚区、海派文化艺术街区，着力打造"时尚金三角"，形成"东西联动、布局合理、产业突出、功能清晰"的区域。

（二）黄浦时尚产业集聚区

黄浦时尚产业空间形成了独特的产业布局，即"一带、两轴、五区、多园、多点"，其中，"一带"指外滩综合时尚服务集聚带；"两轴"即南京东路及淮海路时尚品牌集聚发展轴；"五区"包括人民广场、新天地、豫园、打浦桥、世博滨江五个特色时尚展示区；"多点"代表若干个SOHO办公与虚拟办公网络互联发展。黄浦时尚产业集聚区定位为"3+3+4"。具体来说，就是以零售贸易、创意设计、展示传播为主导产业，以时尚旅游、餐饮住宿、休闲娱乐等时尚消费服务为衍生产业，以金融服务、评估咨询、专业培训、知识产权法律服务等时尚服务为支撑产业，形成融合联动、统筹发展的时尚产业发展格局。

（三）田子坊

田子坊位于泰康路210弄，是由上海特有的石库门建筑群改建后形成的时尚地标性创意产业聚集区，也是不少艺术家的创意工作基地，是上海市建立最早、最具影响力、知名度最高的创意产业基地之一。目前，田子坊已吸引来自澳大利亚、美国、法国、丹麦、英国、加拿大等18个国家和地区以及国内的102家中外创意企业入住。中西方创意理念在此融合、碰撞，公司的展厅、画家工作室、设计室、画廊、摄影室、美术馆、演出中心、陶艺馆、时装展示厅等，都是一个风格独特的艺术馆，田子坊展现给人们的更多的是上海亲切、温暖和嘈杂的一面。

（四）8号桥创意园区

8号桥创意园位于建国中路8号至10号，占地面积7 000多平方米，总建筑面积

12 000平方米，通过开发、改建、招商、管理，已把凝聚着特有的历史底蕴和文化内涵的老厂房变成了吸引创意人才、激发创意灵感、集聚创意产业的新载体。2016年，8号桥已有境内外近百家著名设计公司和著名品牌落户，成为顶级品牌展示和信息发布的平台，成为中外经济文化交流的桥梁。产业创意化、时尚产业化，不但保护了老工业建筑、保留了城市发展的历史风貌，还创造了巨大的社会经济效益。目前，8号桥已成为上海创意产业集聚区的新地标、上海七家"全国工业旅游示范点"之一、上海三家信息化示范园区之一。

（五）M50创意园区

M50创意园区位于普陀区苏州河南岸莫干山路50号。M50创意园区吸引了来自20个国家和地区的130余户艺术家工作室、画廊、高等艺术教育以及各类文化创意机构，并在创意园区的基础上，积极开拓衍生业务，逐步形成了M50品牌体系。M50创意园区先后获得了"上海市首批创意产业园区""上海十大优秀创意产业园区"称号，还被美国《时代周刊》杂志贴上"上海时尚地标"的标签，列为"推荐参观之地"。M50创意园已然成为了上海乃至全国最具规模和影响力的创意产业园区。

（六）上海国际时尚中心

上海国际时尚中心所在地原来是上海第十七棉纺织总厂，坐落于杨树浦路2866号。其厂房、办公楼及附属配套设施等建筑，是跨越了近一个世纪的优秀历史保护建筑。上海国际时尚中心集合创意、文化和现代服务经济于一体，挖掘城市特色和资源优势，对接老城区繁华并以独特的建筑形态和人文环境促进文化交流，将百年建筑的历史内涵与现代时尚的文化底蕴巧妙融合，具备壹号楼、多功能秀场、时尚精品仓、创意办公、设计师工作站及游船码头等功能板块，是中国与国际时尚业界互动对接的地标性载体和运营承载基地。其中，多功能秀场为"亚洲第一秀场"，建筑面积近9 400平方米，是国内乃至亚洲设施最完备、配套最齐全的专业秀场，拥有包括展厅、序厅、主秀场、后场、报告厅等多个功能区块，先后举办了来自世界各地的上百场活动。

（七）时尚街区

上海有许多繁华热闹的时尚街区，典型的有南京西路、淮海路、徐家汇等大型商圈，以及新涌现的诸多时尚马路。

南京西路商圈拥有恒隆广场、中信泰富、梅龙镇所形成的"金三角"，以及久光百货、芮欧百货、嘉里中心、锦沧文华广场、会德丰国际广场、上海商城、兴业太古汇等时尚百货。这里聚集了大量的国内外时尚大牌、时尚小众品牌，许多国际顶级品牌也都在这里开有旗舰店或专卖店，可以说南京西路是沪上最高档时髦的购物体验场所。

淮海路商圈同样是上海最繁华的地段之一。其商业氛围更显年轻，时刻洞察时尚消费趋势，大量发展首店经济，更是以突出新锐国潮品牌为特色。同时，淮海路作为百年商圈，云集了一批百年老字号，商圈经常组织丰富的社会文化活动，助力经典老品牌焕发新生，保持活力，这也形成了淮海路特色鲜明的街区文化。

除了由大量商业体构成的时尚商圈，上海的街巷也出现了一些"网红马路"，成为时尚达人的打卡圣地。如武康路、安福路、五原路、愚园路、巨鹿路、永康路等，这些马路大多属于历史风貌区，融合"网红经济"，以一批精品小店、时尚精品集合店、画廊、酒吧、咖啡店、书店、餐饮等业态打造出精致的生活方式与城市时尚。

二、上海时尚产业集聚区的特征表现

（一）以"设计"为重点的核心规划

从规模和地域分布角度，上海时尚产业集聚属于城市架构下的集聚，即上海市内部的机构及企业互动合作并且得到了城市发展政策的扶持。从发展与阶段进程角度，上海的时尚产业处于蓬勃发展阶段，随着政府对文化产业的扶持力度的加大和投入的增加，时尚企业的数量不断增加，规模不断扩大，发展速度越来越快，触及国际时尚消费市场。上海商业的中坚力量正厚积薄发积极创新应变，力争成为国际时尚之都。[①]

表3-1所示为上海各区域时尚产业园区重点产业布局和载体。上海时尚创意产业集聚区主要分布在静安、黄浦、虹口、徐汇、长宁等中心城区，郊区的时尚产业园区相对较少，因为市区拥有更加完善的园区配套要素，并且与时尚区域地标紧密相连，人才资源、公共设施、文化资源等条件都更为优越。上海时尚创意产业集聚区的规划重心主要是以设计为核心，包含产品设计、工业设计、建筑设计、广告设计、时装设计、动漫设计、时尚艺术设计、数字内容设计、影视制作、品牌发布、工艺品制作等各时尚细分行业。

（二）形成各区域多元特色的载体搭设

从表3-1亦可以看出，上海时尚产业各区域园区搭设不同特色载体，例如徐汇区、长宁区依托的是周边高校、研究所、环东华大学时尚产业带等良好的科研条件和氛围；静安时尚产业集聚区所依托的载体是之前建立的报业集团、电视台、影视基地；嘉定区则重点围绕地区内的非遗手工艺传承将时尚产业园区发展了起来；闵行区、宝山区等更是利用地区内的资源优势，将老厂房、仓库改造成时尚创意园区。整体来说，上海各区域发展时尚创意产业集聚区的布局重点和特色已逐步形成。

---

① 王敏.上海时尚产业集聚的影响因素及动力机制研究.[D].东华大学.2017：14.

表3-1　上海市各区域时尚产业园区的重点产业布局和特色载体

区域	园区个数	重点产业	特色载体
黄浦区	14	旅游纪念品设计	专业化公共服务平台
徐汇区	12	咨询策划、研发设计、数字内容设计	高校及各类研究所
长宁区	12	软件研发及信息服务业、时尚设计	环东华大学时尚产业带
静安区	16	传媒、出版、建筑、服装设计、品牌	电视台、报业集团的资源，老工业基地转型，沪太路沿线
普陀区	6	动漫、软件、工业、文化艺术设计	苏州河沿线、华东师范大学周边地区
虹口区	14	影视、音乐、动漫、游戏、艺术作品等	电影、音乐方面的重点项目
杨浦区	10	工业、建筑设计、城市规划设计	同济建筑设计聚集圈
闵行区	3	工业设计研发	光华路旧厂房改造创意街区
宝山区	3	动漫衍生品的研发、节能环保为主题	老厂房、老仓库
嘉定区	4	咨询策划、文化旅游、研发设计	手工艺的传承
浦东新区	5	动漫和网游的研发设计等	产业基础、人才和政府优势
金山区	1	金融、移动互联网、文化创意、商务休旅	文化创意产业规划为导向，园区建设
松江区	4	影视制作、传媒等	影视基地
青浦区	3	城市规划、建筑设计、文化、科技	产品、品牌形成融合型的产业链

* 数据来源：根据2021年上海市经济和信息化委员会数据资源、整理统计。

（三）呈现"一轴、两河、多圈"的时尚空间布局

上海形成了以都市功能核心区域为圆心，向外呈放射状分布的产业空间布局。时尚产业集聚区向"一轴、两河、多圈"集聚。在延安路城市发展轴的"一轴"上，环东华、8号桥等重要节点上的重大项目影响力不断提升；在黄浦江和苏州河"两河"沿线上，国际时尚产业园区等以创意设计为主的重点区域精彩纷呈；而上海呈现出时尚产业集聚区、创意产业园区、时尚街区、典型商店等"多圈"型的空间布局特征，形成了产城融合发展态势。

三、上海时尚产业集聚区的现存问题

（一）风格瓶颈

上海的时尚风格目前看来尚显模糊，缺乏特色鲜明、不可替代、结合自身文化背景的本土特色风格定位。这也影响了上海时尚产业集聚区在风格调性上的把握，导致仍然缺乏具备上海文化特色、时尚特色的产业集聚区。

（二）资源瓶颈

人才资源方面，由于本土时尚创造者、引领者人才不多，同时，缺少世界级的时尚创意大师，致使在品牌资源上，本土时尚品牌匮乏。创新能力方面，时尚产业自主原创能力不够。

（三）产业链瓶颈

由于上海时尚产业链仍处于较为分散的状态，导致时尚产业集聚区在设计与市场、企业与活动、制造与创意、品牌与培训等诸多环节上缺乏紧密联动。

（四）政策环境瓶颈

产业发展促进机制有待加强，缺乏高端平台以及平台之间的联动，整个公共服务体系缺乏稳定的人才扶持与培育平台，法律制度还不完善。

四、上海时尚产业集聚区发展的对策路径

时尚产业园区或集聚区的载体建设，是重振或重建以标志性时尚产业为主体的上海轻纺工业的重要内容，按照标志性时尚产业的业态集聚和专业考量要求，可以考虑在上海构建若干个以国内外公认的时尚产业品牌为龙头的标志性时尚产业集聚区或示范区，且打造成为面向海内外受众的工业旅游基地，至于集聚区或示范区的载体基地，也无需新开发地块，完全可以从目前沪上大批空置的各种工业园区、开发区和服务集聚区获取地块资源，同时，可以倾力打造"世界第六时尚之都"，作为上海，"长三角"乃至全国的时尚产业天际线，作为海内外时尚产业国际机构和跨国组织在中国上海的总部集聚区。[①]

① 董锡健.对接国际时尚产业转移大潮　打造以时尚为主旋律的上海轻纺[J].上海企业，2008（09）：68-69.

（一）依据主次推进时尚产业集聚发展

时尚产业中，选择基础条件优势最明显的核心产业作为发展战略重点，明确发展主次，合理推进时尚产业集聚发展。在上海时尚产业核心层产业中，按照各行业的集聚现状及与区域经济增长的相关性，再加上目前各行业的发展规模情况，可选择纺织业及服装、服饰业作为发展重点，皮革、毛皮、羽毛及其制品和制鞋业作为辅助，有主次地促进其集聚发展。[①]

（二）加快推动时尚产业升级

对于上海时尚产业，无论是核心层的纺织业、服装服饰业及皮革、毛皮、羽毛及其制品和制鞋业，乃至广泛的时尚产业各行业，例如珠宝首饰、医疗美容、消费电子产品等行业，"劳动密集型"的历史定位已经渐行渐远，"知识密集型"、"技术密集型"与"资本密集型"逐渐取而代之成为其新的产业符号。[②]

因此，上海时尚产业集聚区的发展，同样需要从时尚产业集聚区建设的核心目的出发，结合科技化、数字化的有效手段，加快提升时尚产业集聚区的转型与打造，提高时尚产业附加价值和产业能级，使得时尚产业链日益完善。此外，时尚相关的服务业可以在转型的契机下，着手发展提高服务业的附加值。并且，充分利用海派文化优势来发展高端时尚文化产业。

（三）以建设时尚产业示范区吸引企业入沪

目前，在上海时尚产业集聚区中，具备国际影响力、集约化、规模化的示范性园区数量还有待提升。需要通过整合上海时尚产业资源，尽快搭建多点位、共同发展的上海时尚产业标志性集聚区。积极发挥上海时尚资源、信息共享的优势，以示范性园区作为引领时尚产业发展的重点基地，吸引更多时尚品牌入沪，让更多的前端设计开发和终端市场营销企业进驻上海，对进一步推进和加速上海时尚产业发展与集聚起到良好的示范作用。

（四）完善人才培养与引进政策

时尚产业的发展离不开人才培养，特别是上海的时尚产业还处于发展阶段，人才的培养和引进就显得更为重要。上海应在调整目前人才培养模式的基础上，关注针对时尚产业的专门人才的培养，适当建立各类人才引进、交流机制，促进各职能时尚产业人才汇集。

（五）制定更适宜的扶持和引导政策

政府支持在时尚产业的发展中具有重要的作用，在上海时尚产业中，政府直接或间接地参与能够有效地带动产业启动、发展、集聚，例如引导、建设时尚产业园区等。随着上海时尚产业的不断深入发展，政府部门也应逐渐转变职能，更多地将政策倾斜到引导、规范上，发挥市场的选择机制，扶持时尚产业发展。[③]

由于国内的时尚产业发展尚不成熟，大多时尚企业都是中小型企业或是个人组织，资金、管理经验等各种资源的缺乏使得这些时尚企业面临着巨大的风险，如果

---

① 张佳.上海时尚产业集聚度测度及效应研究[D].东华大学，2014：46.

② 同上.

③ 张佳.上海时尚产业集聚度测度及效应研究[D].东华大学，2014：47.

没有政府的扶持，这些中小时尚企业不仅发展困难，连生存都成问题。因此，政府不仅应该着重扩大对时尚企业的资金扶持，还应在市场整合、政策支持等方面帮助时尚企业发展成长。[1]

① 王敏.上海时尚产业集聚的影响因素及动力机制研究[D].东华大学，2017：49.

第四章

时尚品牌和设计师

第一节　五大时尚之都时尚品牌和设计师分析

一、巴黎时尚品牌和设计师分析

（一）巴黎时尚的形成与发展背景

14世纪以前，法国并没有"时尚"的概念，法国的政治、经济都处于传统的封建社会阶段。在当时的宫廷里，不仅女人浓施粉黛，男人也使用香料和化妆品。在路易十三执政时期（1610-1643年）出现了一种法式的着衣风格，这可以说是法国时尚的开端。这种法式时尚仅限于皇宫以内以及一小部分贵族。路易十三大刀阔斧地改变了穿衣的方式，并赋予其一定的意义——大胆打破陈规，相互比较。

19世纪法国高级定制时装产业已初具雏形。在这一时期，巴黎时尚产业蓬勃发展，服装以手工制作为基本特征，创造着极度奢华的流行，巴黎时尚受到全球的追捧，并逐步奠定了其时尚"花都"的地位。在服装手工定制的传奇之后，巴黎又进入机器批量生产的阶段，同时许多聚焦于服装的品牌也开始拓展其时尚帝国的版图，例如香奈尔（Chanel）、浪凡（Lanvin）、杰柏图（Jean Patou）等品牌开始涉猎香水市场，巴黎的香水产业成为继服装之后的又一大代表性支柱产业。

虽然第二次世界大战影响了时尚产业的发展，使得法国时装业出现萎缩。不过第二次世界大战后，对于享乐欲望的长期压抑催生了巴黎时尚界大批新的创作。合成纤维产品的发展为服饰的大胆创新也提供了很好的契机。如捷法思（Jacques Fath）、巴尔曼（Balmain）、浪凡（Lanvin）、罗莎（Rochas）等，都沿着这条路线发展。克里斯汀·迪奥（Christain Dior）更是以"新风貌"在全世界范围内掀起浪潮，引领法国高级定制达到新高潮。

到20世纪60年代后，法国巴黎不再是一枝独秀的国际时尚之都，米兰、纽约、伦敦和东京的崛起，使得巴黎不得不在时尚之都中寻找到属于自己的地位和价值。巴黎开始依靠不断吸收国际新生力量，来保持着优雅的风格，树立在国际时尚界的形象。1970年以后，时装市场年轻化势不可挡，这批战后婴儿潮时期出生的消费者成长起来，并拥有了一定的经济能力，为时装市场的发展注入新的活力。年轻一代需要新的时装去打破常规，奢华与精致不再是时尚的焦点。国际化、风格多样化、简单易穿性、受艺术音乐领域影响下的街头风格成为这一时期的特点。随着各国时尚产业的迅速发展，巴黎时尚产业的领先地位虽有所下降，但法国香水的名望依然是其他国家遥不可及的，而与服装相配套的饰品、化妆品、鞋帽等产业也一应俱全。最重要的是长久以来巴黎的时尚底蕴陶冶了众多时尚群体，高贵雅致的法式时尚深深地烙印在大众心中，时尚爱好者对"巴黎制造"的痴迷与狂热度依旧不减。

（二）巴黎时尚代表品牌和设计师的特征

1. 厚重的文化底蕴与历久弥新的设计师风格

在巴黎，享誉世界的时尚品牌与设计师数不胜数。巴黎时尚品牌最大的特征之一就是厚重的文化底蕴，以及深入人心的设计师经典风格。从高级定制诞生之日起，巴黎的服装品牌就多为设计师品牌。设计师在自己的工作室中设计、制作、销售极具特色的服装，并多以设计师自己的名字来命名品牌。在20世纪的巴黎，服装品牌最具特色的就是设计师品牌。如20世纪50年代以前的巴黎世家（Balanciaga）、香奈尔（Chanel）、爱马仕（Hermes）、皮尔·巴尔曼（Pierre Balmain）、克里斯汀·迪奥；20世纪60年代的库雷热（Courreges）、妮娜·里奇（Nina Ricci）、伊夫·圣罗兰（Yves Saint Laurent）；以及20世纪70至90年代的让·保罗·戈尔捷（Jean Paul Gaultier）、华伦天奴（Valentino）、高田贤三（Kenzo）、三宅一生（IsseyMyakey）、桑妮雅（Sonia Rykel）、三本耀司（Yohji Yamamoto）、瑟琳（Celine）等。

除了服装，巴黎的皮具、化妆品、珠宝、鞋靴等时尚品类也涌现出大量代表品牌。皮具品牌如路易威登（Louis Vuitton）、珑骧（Longchamp）等；化妆品品牌如赫莲娜（Helena Rubinstein）、兰蔻（Lancôme）、巴黎欧莱雅（L'Oréal Paris）等；珠宝品牌如尚美巴黎（Chaumet）、梵克雅宝（VanCleef&Arpels）、宝诗龙（Boucheron）、卡地亚（Cartier）等。

巴黎时尚品牌具备明显的设计师个人风格，并在一代又一代后辈传人或设计师的发展中永葆经典特色，品牌基因历久弥新。巴黎世家品牌就以精于缝制、擅用斜裁为特色，其服装结构处理巧妙，穿着舒适，面料挺括富有质感。迪奥的设计强调女性身材的柔美曲线，设计出大量时装经典廓形，如X型、O型、A型、Y型、H型、郁金香型、箭型等，至今品牌依然保持优雅高贵、充满女性化的浪漫调性。香奈尔则在设计之中将自然与流行融为一体，使自然风格成为其品牌流行服装的特色。此

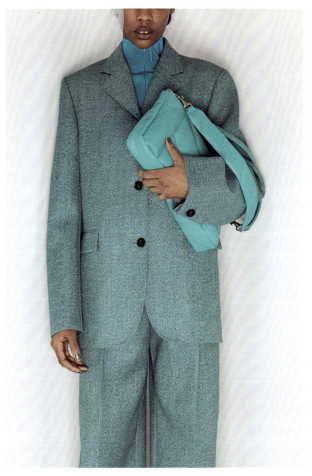

图4-1 克里斯汀·迪奥（Christian Dior）2023秋冬巴黎高级成衣 图4-2 妮娜·里奇（Nina Ricci）2022秋冬巴黎高级成衣时装发布
时装发布

（图片来源：WGSN数据库）

图4-3　香奈尔（Chanel）2022秋冬巴黎高级成衣时装发布

图4-4　伊夫·圣罗兰（Yves Saint Laurent）2023秋冬巴黎高级成衣时装发布

（图片来源：WGSN数据库）

外，即便曾经作为迪奥品牌的首席设计师，伊夫·圣罗兰在创立以自己名字命名的时装品牌时，也不乏颠覆传统的设计，深刻挖掘着人们对时尚的追求与向往，呈现出许多前卫古典并存、多元文化融合、标新立异的新作，不断延续和更新着巴黎时尚品牌的血脉（图4-1~图4-4）。

设计师品牌体现了设计师自身的风格和价值取向，在创始人退位后，后继的设计师及设计师群的创作中也都保留有该品牌最原始的风格特征。这也是巴黎服装品牌的特点，这种设计师品牌的现象在五大时尚之都中属巴黎最突出。当人们在谈论这些享誉全球的著名品牌时，总会对他们的创始人以及后继的设计师的各种故事津津乐道。

2. 不断拓宽时尚品类的前瞻能力与创新意识

巴黎时尚品牌很早就开始注重品牌时尚品类的扩充，意图将时尚融入生活的方方面面，引领全新的时尚生活方式。

品牌香奈尔擅长于突破传统，通过对女性心理的充分把握，其时尚产品涉及种类繁多，使得每个女人在香奈尔品牌创造的世界里总能找到最适合自己的东西。1913年，香奈尔品牌就开始涉足女帽及时装。1921年又开始致力于研发香水，除此之外还开发有各类手表、珠宝、饰品、化妆品、皮件、太阳眼镜和鞋子等各类配件。同样地，19世纪20年代品牌爱马仕也不断开疆拓土，开始积极延展产品路线，开发出手提袋、旅行袋、手套、皮带、珠宝、笔记本、手表、烟灰缸、丝巾等各种产品。此后还陆续推出了香水、领带、西装、鞋饰、沐浴巾、瓷器、男女服饰、桌饰等时尚新产品，横跨生活的全方面。再如巴黎经典珠宝品牌卡地亚，旗下的产品除了饰物、钟表外，还扩充到了皮具、香水、书写工具、丝巾、眼镜、打火机等（图4-5、图4-6）。

 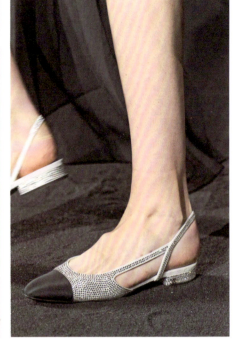

图4-5　香奈尔（Chanel）2023春夏巴黎高级成衣　　图4-6　香奈尔（Chanel）2023春夏巴黎高级成衣
时装发布　　　　　　　　　　　　　　　　　　　时装发布

（图片来源：WGSN数据库）

3. 尊重经典传承与迎接时代新风的积极态度

随着伦敦、米兰、纽约等时尚之都的兴起，以及全球各地极富创意的设计师不断涌现，巴黎的时尚品牌和本土设计师不可避免地受到了一定程度的挑战与影响。过去从香奈尔到迪奥和伊夫·圣罗兰，这些呼风唤雨的传奇品牌让巴黎成为时装周中的菁英。但随着新一代设计师的崛起，巴黎时尚品牌和设计师们在尊重经典传承的同时，也表现出对时代的全新理解以及拥抱年轻活力的积极态度。

路易威登在塑造其品牌形象时，高度重视和尊重自己的品牌。从乔治·威登，也就是路易威登的第二代传人开始，其后继者们都在为本品牌不断地增加新的内涵。纵观品牌发展历史，其传承过程中要求每一位进入到这个家族企业的设计师和其他的工作人员也都必须了解路易威登的历史，从真正意义上去领悟品牌中所特有的基因，而且在平时的工作中以及品牌的运作过程中将这种独特的基因不断的传承下去。与此同时，为品牌不断加入新创意。乔治·威登作为路易威登第二代掌门人，为品牌增加了国际化的视野和新触觉，而卡斯顿·威登作为品牌第三代掌门人，又为品牌增添了热爱艺术、注重创意和不断创新的新特点（图4-7）。

再如以皮革起家的瑟琳，从20世纪40年代创立品牌至今曾由不同设计师接任设计，但强调服装服饰搭配性、注重精致通勤化的特色依然保持。同时，从近年来品牌推出的服饰系列中可见其产品形象愈加年轻化，体现出瑟琳在社会生活时尚化的背景下的适时转变。当下，诸多巴黎时尚老品牌不仅积极巩固品牌基因，持续深度挖掘品牌价值，同时大胆创作，融合历史经典与都市摩登的特色，开始焕发经典品牌新的活力（图4-8）。

图4-7 路易威登（Louis Vuitton）2023秋冬巴黎 高级成衣时装发布

图4-8 瑟琳（Celine）2023春夏巴黎高级成衣时装发布

（图片来源：WGSN数据库）

二、伦敦时尚品牌和设计师分析

（一）伦敦时尚形成与发展的背景

伦敦最初的时尚流行仅限于奢靡的贵族阶级。伴随棉织品的普及，使得更广泛的阶层群体开始接触到时尚和流行。17至18世纪，英国的毛纺织业已形成固定的中心，毛纺织业的发展为伦敦时尚产业的发展提供了良好的物质条件。

资产阶级革命之后，英国的社会生活时尚度大大提升，之后的工业革命推动英国成为当时的"世界工厂"和"纺织中心"。同时英国的男装摆脱了旧式男装的繁琐华丽，吸收军服的特点形成了"简洁、整齐"的英伦风格，从此，世界男装中心转移至英国。

第二次世界大战之后，英国时尚产业的发展停滞不前。直至20世纪80年代，英国政府才重新重视时尚产业和设计行业。20世纪90年代伦敦明确提出了发展"创意产业"的概念，时尚产业在英国经济中发挥着越来越重要的作用。

现在，伦敦是与纽约并列的国际金融中心，拥有世界一流的教育机构、设计产业和发达的零售业，英国政府对时尚行业发展的高度重视，加上其高度成熟的商业运作理念与模式、发达的传媒广告业和享誉全球的设计师人才，使得伦敦以其独特的风格成为国际时尚之都。

（二）伦敦时尚代表品牌和设计师的特征

1. 精到结构的经典创新与内敛实用的造型风格

20世纪50年代之前，英国时装总是高高在上又过于稳重优雅。20世纪50年代之后，英国时装发生了巨变，变得极富个性，独树一帜。而这种转变下，不变的是设计师对于结构设计的关注，这似乎已经成为英国时装的内核。即使是20世纪60

年代后，新锐设计师常对经典时装进行创新与解构，但形成的时装依然不失精到，细节不乏精致。正如英国时尚界常说的一句："God/devil is in the details（极致细节）"，在细节处极尽能事，通常这种细节意识就呈现于结构之中。因此，引入时尚元素后的经典款式魅力不减反增，除了一如既往地吸引着全世界的贵族、名流、艺人与富裕的时尚人士购买，更新增了大批注重品质的年轻消费者，消费层逐年扩大。如拥有156年历史的博柏利（Burberry）品牌，具有浓厚的英伦风情，带有一股英国传统的设计风格，以经典的格子图案、独特的面料、大方优雅的格调为主，长久以来一直是奢华、品质、创新以及永恒的代名词。博柏利的风衣款式变化极小，但是总是通过细节与结构的微小变化焕发出新的活力。

　　精到结构与精致细节构建出英国经典时装简洁、内敛、实用的造型风格。泰德·贝克（Ted Baker）的服装就大胆诠释了对卓越品质的不懈追求，以及对细节的极致关注，其Global系列为面向全球高端品位男士的限量版奢侈服装，以英伦传统结合特立独行的现代设计，女装系列则表现为欧式优雅遇上伦敦时尚，清新、柔美、精致，装饰细节堪称完美。贾斯珀·康兰（Jasper Conran）设计出的服装流露出早期香奈儿般简洁优雅的风格，同时又充分体现出设计师自身的格调，融汇了经典与优雅，裁剪精美、细节别致（图4-9~图4-12）。

图4-9　博柏利（Burberry）2023秋冬伦敦高级成衣时装发布　　　图4-10　博柏利（Burberry）2023春夏伦敦高级成衣时装发布

（图片来源：WGSN数据库）

图4-11　泰德·贝克（Ted Baker）2022秋冬伦敦商店的橱窗陈列　图4-12　贾斯珀·康兰（Jasper Conran）2019秋冬伦敦高级成衣时装发布

（图片来源：WGSN 数据库）

2. 特立独行的设计思维与颠覆传统的造型手段

伦敦是世界时尚产业之都，每年两次的伦敦时装周汇集众多艺术人才。最前沿的艺术思想和最先锋的设计与艺术形式往往最先在伦敦发生，这是伦敦成为世界时尚之都和创意产业发源地的重要原因。

维维安·韦斯特伍德（Vivienne Westwood）的"朋克"风服饰、约翰·加利亚诺（John Galliano）的新浪漫主义、亚历山大·麦昆（Alexander McQueen）的恐怖美学、候塞因·卡拉扬（Hussein Chalayan）的未来主义，无不是全球时装界津津乐道的新话题，英国时装成为他人反复摹仿、借鉴与研究的对象，在世界现当代时装史上占有不可忽略的重要地位。维维安·韦斯特伍德的设计构思在服装领域是最荒诞、最稀奇古怪的，也是最具有独创性的，她将皇冠、星球、铆钉以及骷髅以高色彩度的色泽创新应用于胸针、手链以及项链设计上，其作品总是呈现出冷艳时髦的神奇魅力（图4-13~图4-14）。

伦敦时装周总能向世人提供最新鲜、最不可思议的创意，但是在尊崇创意的同时，英国设计师从不忽视服装的结构与细节，再叛逆、荒诞、荒谬、颓废、戏谑、惊骇的时装都有着精湛的剪裁与细节设计。英国设计师通常是以打破结构设计的定势方式来"颠覆"传统，精湛的结构设计技术是他们"颠覆"传统的基础。有"坏孩子"之称的设计师亚历山大·麦昆是时尚圈不折不扣的鬼才，他的设计妖异出位，

图4-13 维维安·韦斯特伍德（Vivienne Westwood）2022秋冬伦敦高级成衣时装发布

图4-14 维维安·韦斯特伍德（Vivienne Westwood）2022春夏伦敦高级成衣时装发布

（图片来源：WGSN 数据库）

充满天马行空的创意，极具戏剧性（图4-14、图4-15）。亚力山大·麦昆16岁时便进入萨维尔街工作室学习剪裁技艺，20岁受聘于立野浩二（Koji Tatsuno）公司，进一步熟悉了日式的诸多剪裁技巧，这些丰富的结构设计学习经历及经验是麦昆日后极度注重服装结构及细节，并能标新立异的重要原因。

图4-15 亚历山大·麦昆（Alexander McQueen）2023春夏伦敦高级成衣时装发布

图4-16 亚历山大·麦昆（Alexander McQueen）2022秋冬伦敦高级成衣时装发布

（图片来源：WGSN 数据库）

3. 以结构和细节取胜的设计精髓与微妙含蓄的时尚表达

英国五大传统服装品牌雅格狮丹（Aquascutum）、博柏利、达克斯（Daks）、登喜路（Alfred Dunhill）、耶格（Jaeger）将精良的结构与精致的细节奉为设计原则。二十世纪七八十年代成功创立的成衣品牌似乎从这五大品牌中吸取了设计精华，也纷纷依靠精良的剪裁与细节设计获得了一批忠实的拥趸，早已成为家喻户晓的奢侈品牌（图4-17）。

保罗·史密斯（Paul Smith）品牌成立于1970年，其设计被认为是古典主义的代表，既时尚又精致是该品牌成功的秘诀（图4-18）。该品牌定位雅皮士（yuppie）与时尚爱好者，为了使夹克衫便于穿着，它将袖窿开得低了一点，对裤形作了巧妙的修改，如此便显得既精细又略带怪异。这不仅被雅皮士欣然接受，保守传统的人士对此也能接受。20世纪80年代成立的时装品牌依旧以精良剪裁与精致细节为设计的精髓，1981年创立的贝蒂·杰克逊（Betty Jackson）品牌线条流畅、细节丰富，多年来保持一贯的风格和精确剪裁，每季的新主题都将重心放在长度、剪裁与细节之中。

图4-17 达克斯（Daks）2017春夏伦敦高级成衣时装发布

图4-18 保罗·史密斯（Paul Smith）2017春夏伦敦高级成衣时装发布

（图片来源：WGSN数据库）

图4-19 尼科尔·法伊（Nicole Farhi）2014秋冬伦敦高级成衣时装
发布

图4-20 尼科尔·法伊（Nicole Farhi）2014秋冬伦敦高级成衣时装
发布

（图片来源：WGSN 数据库）

英国经典款式服装、创意时装及成衣的造型特点均反映出英国服装品牌与服装设计师极为关注服装的内部结构这一特点，精致与时尚以一种低调含蓄的方式被表达出来。正如尼科尔·法伊（Nicole Farhi）所说："我以为一个女性想要表达性感美丽无需太直白露骨，也可能微妙含蓄地通过织物轻触肌肤的感觉来表达。"欣赏尼科尔·法伊品牌的服装就如同品味当代的生活，柔和的造型、温和的色彩和高品质的面料缔造出轻松、舒适和随意，其设计保守低调，关注服装的细节、微妙的色彩和面料的肌理（图4-19、图4-20）。

三、米兰时尚品牌和设计师分析

（一）米兰时尚形成与发展的背景

米兰的时尚产业最初在意大利并不突出，当时是法国主导着米兰的服装市场。直至1920年意大利纺织服装工业化起步后，以米兰为中心的地区逐渐形成了上千家纺织服装工厂，生产并出口了相当数量的服装和服饰品。

第二次世界大战的爆发改变了米兰服装服饰产业的格局，意大利的消费者不得不转向本土服装，进而发展了米兰服装产业，这期间，本土设计师也得到了上流社会的资助。第一次世界大战后，美国对意大利实施了经济援助，因此产生的大量的产品的出口更有力推动了意大利服装产业的发展。

20世纪之后，意大利的女装全线聚集到米兰。同时，意大利纺织业集中于高级面料的生产，因而米兰成为高端成衣产品发布的基地，由此形成了良好的时尚产业结构和极具竞争力的集群效应。其不断发展的时装贸易也扩展到海外，所吸引的买家数量居全世界之首。20世纪50年代之后，米兰的纺织服装和手工业进一步强大，米兰时尚产业的大、中、小型企业也逐渐形成一个完整的产业链，并成功吸纳了一大批时装设计师。

时至今日，米兰因建筑、服装设计、艺术、制造业和金融业而世界闻名，大量的时尚奢侈品牌均在米兰设立总部，全球三分之一的时装设计大师以及全球买手聚集于此，不断掀起着席卷全球的时尚旋风。

（二）米兰时尚代表品牌和设计师的特征

1. 浓厚的文化氛围与独到的审美要求

意大利是老牌的纺织品服装生产大国和强国，浓厚的文化氛围是意大利时装最突出的特点。在米兰，本土文化氛围中成长起来的当地消费者自身便具有极高的艺术品位与时尚需求，他们愿意为纺织品或服装的包装付费，以至于在意大利的品牌中，小到一条丝巾，大到一套衣服，外包装和内包装都要保证美观，否则再好的时尚产品，意大利人也不会为此买单。以针织著称的米索尼（Missoni）品牌有着典型的意大利特色，优良的制作、有着强烈的艺术感染力的设计、鲜亮且充满想象的色彩搭配，这使得米索尼时装不只是一件时装，更像一件艺术品，并因而受到全球时装界的广泛关注。这些年来，米索尼用尽各种针织衣物材料及颜色，研发出各种各样的产品。其多姿多彩的风格、缤纷的色彩和特别的构图成为它的品牌标识（图4-21、图4-22）。

图4-21　米索尼（Missoni）2023秋冬米兰高级成衣时装发布 　图4-22　米索尼（Missoni）2023秋冬米兰高级成衣时装发布

（图片来源：WGSN数据库）

2. 休闲式的优雅与追求完美的态度

意大利的产品价格不高，但设计和制作精良，休闲式的优雅满足了很多人渴望时尚又不愿为时尚所累的需求，"意大利制造"因此成为享誉世界的"商标"。乔治·阿玛尼（Giorgio Armani）品牌就贯以舒适低调、自然温柔的色彩，以轮廓简单、线条宽松的造型，省去一切繁复的装饰线条，打造休闲式的衣着打扮，表达出纯粹简洁的意大利风格，使着装者无论在任何场合都显得优雅自然（图4-23、图4-24）。

米兰纺织服装产品以风格独特的布料、一流的印染技术、高品质的设计与精致的做工闻名世界，因而意大利的顶级男女时装名牌产品以及皮服、皮鞋、皮包等皮革制品在世界纺织业中占有重要地位。普拉达（Prada）品牌的创始人马里奥·普拉达（Mario Prada）在运输工具尚不快捷的时期还是坚持从英国进口纯银、从中国进口最好的鱼皮、从波西米亚运来水晶、甚至将亲自设计好的皮具产品交给一向以严格品质控制著称的德国生产，可见其追求完美的态度，直至现今其继承人对品质的严谨态度也从未有丝毫改变（图4-25、图4-26）。

图4-23　乔治·阿玛尼（Giorgio Armani）2023秋冬米兰高级成衣时装发布

图4-24　乔治·阿玛尼（Giorgio Armani）2023秋冬米兰高级成衣时装发布

（图片来源：WGSN 数据库）

图4-25　普拉达（Prada）2023秋冬米兰高级成衣时装发布　　　图4-26　普拉达（Prada）2023秋冬米兰高级成衣时装发布

3. 创新和传统并行与多元开放的设计师风格

米兰的时尚业不仅继承了意大利独特的历史文化传统，还不断创新。20世纪80年代，米兰成为了时尚中心，20世纪90年代更是出现了与多种先锋艺术和社会思潮运动相联系的流行趋势，意大利文化独特的多元性造就了意大利设计师的开放性，同时也使得时尚更加开放，创意与创造更新的产品成为意大利设计师追求的重点（图4-27、图4-28）。

奇安弗兰科·费雷（Gianfranco Ferre）品牌的服饰寻求着创新和传统的和谐统一，充满奇思妙想，诠释多维的现代生活方式，是传统与现代的结合。普拉达品牌的设计融合传统与现代元素，设计风格简洁、冷静，追求切身实用与美观的完美平衡，其金属材质的三角形标牌所使用的素材与图腾极具现代感。范思哲（Versace）品牌总是蕴藏着极度的完美以及濒临毁灭的强烈张力，设计风格鲜明、美感独特，带有极强的先锋艺术特征，其服饰兼具古典与流行气质，游走于高雅与低俗艺术之间，宝石般耀眼的色泽，一气呵成的线条，独特的不对称裁剪，带有歌剧式超现实的华丽。

图4-27 奇安弗兰科·费雷（Gianfranco Ferre）
2014秋冬米兰高级成衣时装发布

图4-28 尼科尔·法伊（Nicole Farhi）2014秋冬
米兰高级成衣时装发布

（图片来源：WGSN 数据库）

四、纽约时尚品牌和设计师分析

（一）纽约时尚形成与发展的背景

　　20世纪30年代，纽约的服装产业日趋成熟，新一代天才时装设计师脱颖而出，他们开始关注新材料（比如人造纤维）的开发，并将新面料应用到服装设计与生产中。这种新材料可以用来生产休闲风格的大众成衣，促进了美国成衣业的发展，特别是独具特色的"运动装"受到了世界人们的广泛推崇。毕业于帕森斯设计学院（Parsons School of Design）的克莱尔·麦卡德尔（Claire McCardell）被公认为运动装设计的第一人，他将舒适美观带入到服装设计中，重新定义了美国时尚。

　　纽约时尚在城市商业与城市艺术中不断寻求平衡。20世纪40年代是纽约时尚体系从成型走向成熟的重要阶段。第二次世界大战的爆发使得巴黎的时装设计师暂时失去了对时尚界的影响力，为纽约的时尚产业带来了前所未有的机遇，迫使纽约时尚业转型，开始走上设计的路线。克莱尔·麦卡德尔等美国天才设计师从幕后走向舞台，与此同时，纽约从多个方面入手逐步推进其城市时尚体系的建设。20世纪40年代末和50年代是美国新生人口的增长期，当这些孩子成长为青年，时尚业也开始拓展新的市场：唱片、化妆品、杂志等青年时尚孕育而生。

　　纽约服装、印刷、化妆品等行业的经济均居美国首位，这种经济实力使其自身也产生了旺盛的时尚需求，"服装中心"应运而生，其设计和生产的服装占全美服装的三分之一。进入21世纪以来，美国更是加强科研以及成果的转化等一系列措施以解决纺织业的危机。

（二）纽约时尚代表品牌和设计师的特征

1.经典美式时尚与生活化的大众时尚

　　时尚界对纽约时尚的评价一贯以"美式风格"概括，即美式时装一向以"休闲、舒适、实用"为特点，契合美国人所认可的着装理念——服装的意义在于模糊人们的身份，而不是区分彼此的社会地位。因此，如果说法国设计师是高级时尚的创造者，那么美国设计师则钟情于大众时尚的设计，他们希望自己的时尚适合所有人。

　　拉尔夫·劳伦（Ralph Lauren）是时装界的"美国经典"品牌，是有着浓浓美国气息的高品位时装品牌。拉尔夫·劳伦品牌的服饰款式高度风格化，其设计融合幻想、浪漫、创新和古典的元素进行呈现，所有的细节架构在一种不被时间淘汰的价值观上，其舒适好穿、价格适中的POLO衫无论在欧美还是亚洲，几乎已经成为人人衣柜中必备的衣着款式（图4-29）。汤丽·柏琦（Tory Burch）品牌源于经典的美国运动时装风格，是一个实际可行的奢侈生活方式品牌，充分体现了汤丽·柏琦的个人风格和精神。汤丽·柏琦将设计师的审美观、价值观与市场商业间取得平衡，创造出时尚又适合所有年龄女性穿着的时装与配饰（图4-30）。

图4-29　拉尔夫·劳伦（Ralph Lauren）2019春夏纽约高级成衣时装发布

图4-30　汤丽·柏琦（Tory Burch）2023秋冬纽约高级成衣时装发布

（图片来源：WGSN数据库）

2. 简约的成衣设计与以商业为导向的发展模式

纽约以成衣设计而闻名世界。纽约时尚产业的持续发展为本土设计师的设计创新和时尚产业的再造升级提供了更多便利条件，一些高级成衣设计师，比如唐纳·卡兰（Donna Karan）和卡尔文·克雷恩（Calvin Klein），已经成为了世界公认的具有国际竞争力的设计师，他们简约的设计风格不仅在欧洲和亚洲获得赞誉，更是为美国本土设计师提供了更多设计灵感。

卡尔文·克雷恩是美国第一大设计师品牌，曾经连续四度获得知名的服装奖项，经营休闲装、袜子、内衣、睡衣、泳装、香水、眼镜、家居用品等，其简单的线条与内敛的设计创造出一种舒适愉快的穿衣体验，深受都市中富有品味人士的喜爱，并因样式简单而具备易于大量生产的优势（图4-31、图4-32）。

正如美国本土设计师所预测的那样，全球化和通讯时代的到来使得艺术与商业之间的界限变得模糊。在纽约，时装设计师将服装的设计概念作为一种市场营销手段和策略，以谋求商业利益与艺术表达之间的平衡。王薇薇（Vera Wang）的设计风格极其简洁流畅，丝毫不受潮流左右，她设计的婚纱使得出现在婚礼上的新娘子们看起来就像是经过精雕细琢的工艺品，惑人的美丽到了丝丝入扣的程度，因此即使她的每一套婚纱都价值不菲，但仍然让许多女人趋之若鹜（图4-33、图4-34）。

3. 兼容并蓄的设计氛围与自我表达的设计风格

纽约开放的社会氛围为不同文化的各自发展提供了空间和机会，不同文化之间也有了一定的"兼容"和"汲取"，最终形成了现在的纽约文化。正是这种多元、宽容、甚至有点玩世不恭的城市文化造就了纽约的生命力，也造就了纽约时装的创新力。

马克·雅各布（Marc Jacobs）在其同名品牌中注入了他本人"浪人时尚"的设计哲学，融合了波西米亚风格、英伦浪漫主义风，反叛的时尚态度使其设计的服装散发着

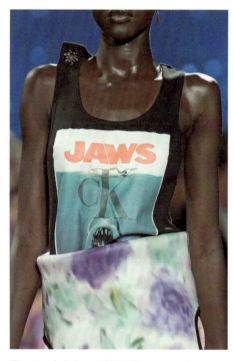 

图4-31　卡尔文·克雷恩（Calvin Klein）2019春夏纽约高级成衣时装发布　图4-32　卡尔文·克雷恩（Calvin Klein）2019春夏纽约高级成衣时装发布

（图片来源：WGSN数据库）

图4-33　王薇薇（Vera Wang）2020秋冬纽约高级成衣时装发布

图4-34　王薇薇（Vera Wang）2020秋冬纽约高级成衣时装发布

（图片来源：WGSN数据库）

图4-35　马克·雅各布（Marc Jacobs）2023秋冬纽约高级成衣时装发布

图4-36　贝齐·约翰逊（Betsey Johnson）2016春夏纽约高级成衣时装发布

（图片来源：WGSN数据库）

一分随意的年轻女孩的意味（图4-35）。贝齐·约翰逊（Betsey Johnson）设计的服装始终前卫、美国化、戏剧化，很符合美国女性的口味但却从不让人厌倦，他设计的时装新奇可爱，色彩活泼跳跃，充满喜剧化，永远透露着年轻人的活力（图4-36）。

五、东京时尚品牌和设计师分析

（一）东京形成与发展时尚品牌和设计师的背景

20世纪50年代之前，日本的棉纺织业是日本经济的骨干产业，为日本创造了极大的经济效益。第二次世界大战之后，东京不仅成为世界商业金融、流行文化与时尚重镇，也成为世界经济发展度与富裕程度最高的都市之一。

自1971年起，日本政府将纺织服装行业作为重点扶持行业，由此服装设计和服装生产业快速发展，各类纺织服装加工制造业、贸易公司、零售商场等开始引进国际品牌。同样受到政府扶持的还有电子行业，日本本土时尚产业在此时也开始萌芽。

20世纪70年代后，为提高企业竞争力，力争与国外产品抗衡，日本进行了产业结构调整，这使得一批纺织服装企业快速增长。20世纪70年代，日本的品牌在全世界打响。1985年，日本举办东京时装周，这是亚洲的第一个时装周，也标志着日本成为继米兰、纽约、伦敦、巴黎之后的第五个世界时装之都。东京时装周是亚洲的第一个时装周，日本也逐渐进入到一个十分富裕的时代。

进入21世纪，日本将时尚产业的长期发展目标制定为加强本土服装产业的国际竞争力，建设能够培育出大批世界级品牌的体制，重视设计、重视教育。

（二）东京时尚代表品牌和设计师的特征

1. 融汇东方哲学的设计理念与崭新的东方时尚

东京的设计师认为时装是"文化的工具"，他们擅长挖掘日本及东方传统文化中的精华，将弘扬本国民族文化与吸收西方文化的优点融合起来，既迎合了东方人的审美，又吸引了西方人的眼球，缔造了新的东方时尚。

川久保玲（Comme des Garcons）品牌的理念是基于无限创造和无止尽地探索新事物，它永远无视规则和既定规范，随性、自由又饱含传统美的人生观是创始人川久保玲的品牌精神，立体几何模式、不对称重叠式剪裁、利落的线条、典雅沉静的色调与创意相结合以呈现有意识的美感，这是她作品的风格。高田贤三（KENZO）品牌不仅有东方文化的含蓄沉稳之美，也包含了拉丁民族的热情大胆，以此创造出了色彩明亮、优雅美丽的作品（图4-37、图4-38）。原研哉是国际级的日本设计大师，其设计作品具有空灵、深邃的哲学理念，而这些理念来源于日本传统文化中对自然万物的神化崇敬与对日常生活的深入洞察。原研哉于2001年担任无印良品（MUJI）艺术总监后，其设计理念便极大地影响了无印良品的产品设计与品牌推广，"空"、"单纯"和"自然"等产品设计观念使无印良品在繁复嘈杂的市场中获得了独特而超然的地位，短短几年就成为了国际时尚品牌。日本小众时装品牌Meagratia由关根隆文创办，将日系风格与美式风格结合，以复古格调与精致细节夺取眼球，打造多元的混搭风格（图4-39、图4-40）。

2. 努力钻研的探究精神与年轻的设计风格

东京是最年轻的世界时装之都，是日本各种时髦及流行文化的发源地。在东京有一个叫原宿的地方，这里是时装流行的中心，很多年轻设计师都集中于此，年轻的设计风格与创新为日本时尚产业带来高附加值和产业升级，日本的服装设计人才发展道路充分体现了设计就是生产力。

图4-37　高田贤三（KENZO）2022春夏系列产品　　图4-38　高田贤三（KENZO）2022春夏系列产品

图4-39　Meagratia 2019春夏东京高级成
衣时装发布

图4-40　Meagratia 2019春夏东京高级成衣时装
发布

（图片来源：WGSN数据库）

日本艺术家、设计师对材料的探究都十分执着，著名的服装设计师三宅一生凭借着极富工艺创新的服装设计而享誉全世界，其同名品牌一直坚持利用现代科技研究布料的质感、肌理，以及寻找代替材料。Mastermind JAPAN 品牌被称为日系暗黑潮牌鼻祖，其创始人努力钻研用料、手工、设计各方面的过程。设计师山根英彦创办的福神（Evisu）品牌主打街头人气牛仔服饰，一直以来，山根英彦以认真负责的态度奋力追求自己喜欢的工作，对于用料、技术、质量方面的高要求更是到了吹毛求疵的地步，不断创新、不断突破自我，这也让福神成为了日本业界的"最高标准"。

3. 敏锐的市场嗅觉与跨界合作的积极态度

优秀的艺术家和设计师都是创意阶层的中坚力量，他们和商业品牌形成了千丝万缕的联系。日本的跨界合作亮点很多，设计师和艺术家把跨界合作看成了提升自我艺术价值的途径，而时尚品牌通过与艺术家的合作也极大地提升了其自身的附加值。

三宅一生品牌不仅在时装设计上始终保持着自己的一席之地，更向香水、包袋、手表等行业进军并取得成功（图4-41、图4-42）。闪电（Fragment design）是由日本的潮流教父藤原浩（Hiroshi Fujiwara）所创立的品牌，其常常与耐克（Nike）、Head Porter 等品牌合作联名，产品卖到脱销是常有的事。此外，村上隆（Murakami Takashi）也是一位具有国际影响力的日本艺术家，他的成功不仅在于对日本传统文化的挖掘，更重要的是因为他对艺术作品商业营销和西方艺术市场的敏锐把握。他曾经与不少品牌合作，其中最著名的莫过于奢侈品牌路易威登，他为其设计的手袋在国际市场每只售价高达 5000 美元。可以说，他的艺术从形式到内容都瓦解了精英文化与通俗文化之间的隔阂，使自己摇身一变成为了制造流行及商业文化的人，并在不断寻找艺术与商业之间新的融合可能性。

图4-41　三宅一生（Issey Miyake）2019春夏东京
商店的橱窗陈列

图4-42　三宅一生（Issey Miyake）2019春夏东京
商店的橱窗陈列

（图片来源：WGSN 数据库）

第二节　上海时尚之都建设：上海时尚品牌和设计师分析

一、上海时尚品牌和设计师的发展现状

早在 20 世纪二三十年代上海就有"远东明珠"和"东方巴黎"的美誉，其时尚品牌和设计师的发展与其深远的历史背景和社会文化背景密不可分。作为中国乃至远东最重要的工商业城市，上海是国内很多时尚产业名牌产品的发源地，如"老凤祥"首饰、"美加净"护肤品等。作为时尚产业上游的纺织服装产业，一直是上海的"母亲工业"。上海时尚产业有着悠久的历史，是上海传统支柱产业和重要的民生产业，对全国的经济和上海经济有着举足轻重的作用。

早在 1843 年 11 月 17 日上海开埠之时起，上海就有了生丝对外贸易。1861 年，英商怡和洋行在沪开设的纺丝局建成开工，这是外商在华开设的第一家机器缫丝厂。1889 年，上海机器织布局建成，开创了中国近代棉纺织工业的新纪元。在新中国成立后的 40 多年中，上海纺织业贡献了巨大的产值、出口、利税以及就业。至 20 世纪 80 年代初，上海纺织业达到最辉煌的时期，稳居上海支柱产业之首。

但自 20 世纪 80 年代之后，由于历史问题的沉淀和现实环境的变化等因素，上海纺织企业的竞争优势逐渐被削弱，许多企业相继亏损。与此同时，浙江、江苏、山东等地的纺织业突飞猛进，上海逐步失去在轻纺工业生产方面的领导地位，上海的轻纺业产量在全国总量中急剧下降，当苏州、广东等地的诸多品牌大步进军中高档服装市场时，支撑上海纺织业的仍是主打中档市场的产品。

1993 年，上海市纺织国有资产经营管理公司成立。1995 年，上海纺织工业局机构改革撤并为上海纺织控股（集团）公司。2000 年，上海设立上海国际服装服饰中心，以探索纺织发展新路径。上海国际服装服饰中心在接管上海国际服装文化节的承办权后，于 2003 年创办了上海时装周。此后该机构一直是上海时尚产业转型与发展的代表之一。

随着改革的深入，上海开始放弃一些没有竞争力的产业，从而减少上海国资部分的数量，而改为追求质量。上海纺织控股集团提出了"科技与时尚"的理念与战略方针，从而保住了纺织的市级国资地位。随后，上海纺织控股集团进行了以"抓大放小"为指导的改革，改制设立完全市场化的上海纺织（集团）有限公司。新公司战略定位为走高端纺织之路，重点发展科技纺织、绿色纺织、品牌纺织与时尚纺织。新公司被赋予重大使命，要"整合内部资源，打造一个开放式的时尚发展平台，以连接设计、研发、信息、会展、中介、传媒、专利、艺术、营销、教育、生产等领域，带动上海纺织时尚产业向纵深发展"。

在逐步深入进行纺织新路径探索的背景下，上海进一步推进时尚产业发展战略，将时尚产业纳入政府鼓励发展产业目录。由国内知名服装企业和国际时尚机构、专家共同成立了上海国际时尚联合会，以政府支持、行业推动、专业机构运作、吸收国内外品牌企业和知名人士共同参与的模式，创建一个国际时尚的核心先导区。同时汇集名牌企业和知名设计师，创建以服装设计、贸易、发布、展示等为中心的时尚服装（饰）大型先导核心城区。除此之外，还建立各类时尚载体，以集聚海内外优秀时尚品牌和设计师。以多种优惠政策鼓励各类形式的企业参与到时尚产业这一

完全竞争性的领域中去，并鼓励国际品牌进入上海，支持以都市工业园区的形式构建时尚产业。这些政策都为上海时尚品牌和设计师提供了有利的发展环境，使得围绕服装服饰、美丽健康、应用美术、运动健康、智能可穿戴、时尚家居等领域，时尚品牌不断涌现。同时，伴随着消费者的需求改变，无论是传统品牌，还是新兴潮流品牌都在国内市场找到了新的发展空间。尤其是"国潮热"的兴起，越来越多的上海时尚品牌将中国特色的文化与审美融入到这场情怀与时尚品牌跨界融合的商业实践中，让时尚消费者体验到东方美学的魅力。同时，作为时尚品牌的领导者与灵魂人物，设计师以新潮的设计理念影响着人们的生活方式与审美。在上海，不仅有大量的独立设计师，也有诸多知名的将时尚与艺术融合的知名跨界设计师，如施森彬、陈闻。此外，还有部分优秀的时尚品牌主理人，他们不仅身兼设计师的职能，同时还必须承担资源整合、运营策划、品牌策略等方面的职责，以拓展品牌影响力。总之，上海时尚品牌的发展正风生水起，时尚设计人才辈出，呈现出上海时尚产业万象更新的发展态势。

二、上海时尚品牌和设计师的特征表现

（一）时尚品牌转型升级力度不断增强

时尚产业作为重点发展领域，是支撑未来上海发展的重点产业之一。以其中的服装服饰业为例，其一方面作为传统制造业已发展成熟，行业竞争持续加剧，企业成本增加，行业转型升级加速。另一方面，作为时尚消费品类中的重点大类，服装服饰最为紧贴人民美好生活，因此伴随我国消费者日益提升的消费需求与审美，当下的时尚品牌正加大着升级转型的力度。以地素（DAZZLE）品牌为例，地素时尚股份有限公司创立于2002年，是上海本土一家多品牌运作的时尚集团。自成立以来，公司围绕中高端品牌定位，分别创立"DAZZLE"、"DIAMONDDAZZLE"、"D'zzit"和"RAZZLE"四个知名服装子品牌，形成对时装领域多维度、多层次的渗透。通过强大的设计研发能力，不断丰富着时尚产品组合，满足各类消费者的需求（图4-43、图4-44）。同时，其敏捷的供应链管理和策略性的营销网络布局也代表着地素品牌不断完善、升级转型的成果，经过多年的积累，公司的品牌影响力、市场竞争力逐渐增强，市场占有率处于行业前列，品牌风格和时尚内涵得到市场的广泛认可。2011年度至2018年度，根据中国服装协会发布的服装行业百强企业名单，公司连续8年入选行业百强企业（按利润总额及销售利润率排名）。公司通过策略性发展优质经销商，填补直营终端尚未达到的市场区域空白，初步形成了"一二线城市为核心，三四线城市并举"的全国性营销网络规模，截至2019年底，公司在全国共拥有1104个零售终端，其中直营终端达到380家，经销终端达到724家。[①]

上海作为我国时尚消费重要的市场之一，在当下强调文化创意、科技运用、产业链重构以及商业模式等方面的创新发展是当下提高产业整体附加值的必经之路。同时，上海时尚品牌接受社交网络、直播与短视频等新媒体的积极影响，愈加重视信息爆炸与实时同步的重要性。比如紧跟时代发展脚步，通过分析各类消费与社交数据所得出的消费者审美偏好，针对不同人群创造更多个性化设计。这种新路径将对时尚品牌的生产力结构进一步调整，持续提升产品设计与服务体验的标准。

---

① 地素时尚股份有限公司《地素时尚2019年年报》[EB/OL].https://q.stock.sohu.com/newpdf/202039013710.pdf

图 4-43　D'zzit 2022 春季时尚新品　　　　图 4-44　DAZZLE 2023 2024 秋冬时尚新品

（图片来源：WGSN 数据库）

（二）传统品牌与新兴潮流品牌持续发力

　　伴随时代发展，上海许多本地传统品牌都开始探索新的发展道路，同时还出现更多符合当代社会审美的新兴潮流品牌，涉及服装、珠宝、日化等生活的方方面面，共同营造了上海全面发展的时尚新生活。上海作为中国经济发展水平最高的特大型城市，正积极响应人民对美好生活的向往，全方位推进国际时尚之都的建设与打造，积极创造新时尚，主动引领新潮流。政府与行业共同推出的一系列政策和发展计划为上海营造了良好的时尚品牌孵化环境，大量的时尚消费需求与庞大的潜在消费群体让许多新兴品牌与设计师们看到了发展希望和商业机会，纷纷将上海作为品牌的主阵地。在此契机下，上海本地传统品牌也纷纷抓住转型机遇，制定出个性化、多元化的发展战略。在上海这片时尚热土上，传统品牌与新兴潮流品牌形成了百花齐放、各具特色的局面。

　　本地传统品牌指的是创立多年、质量好、被人信任的品牌。例如，上海著名的本土传统服装品牌有瀚艺、蔓楼兰、金枝玉叶、庄容等，旗袍和中装是这些品牌的主营业务，品牌承载着手工匠人对传统技艺的坚守，力求将东方艺术、手工艺文化与当代生活结合。但是这些品牌在现代社会高速发展、各种潮流品牌应运而生、消费者选择变得更多样化的情况下发展受到很大程度上的影响。因此近年来，这些品牌积极寻求复苏，在设计上采用年轻化元素，在运营和品牌管理上贴近现代市场需求，来适应竞争激烈的时尚行业。

图4-45　庄容旗袍设计作品

（图片来源：庄容品牌提供）

图4-46　蔓楼兰旗袍设计作品

（图片来源：蔓楼兰品牌提供）

本地潮流品牌指的是近年来表现突出及人气较高的品牌，它们通常更符合当代年轻人的生活理念。相对于传统品牌，风格也更为大胆，无论是设计还是运营、销售等方面，都敢于尝试。在资源汇集的上海，每年都有本地潮流品牌走入大众视野，这些品牌遍及我们生活的各个方面，造就了海派生活时尚。例如短句（Short Sentence）品牌由毕业于东华大学和帕森斯设计学院的管林于2015年创立。2016年，短句登上上海时装周秀场并进驻买手店销售。2018年，短句品牌在天猫开设了旗舰店，线上平台成为短句营造、传播品牌概念的阵地。短句的产品十分关注实穿度、品质、留存度，以及产品的高效搭配度（图4-47）。此外，品牌还积极开展线上社群与线下体验的互动。短句作为在上海成立的本土品牌，其秉持"恰好融入生活的时尚"理念，以亲切自然的形象拉近与消费者之间的距离。其第一家线下零售门店短句安福已正式营业，其以"新家"的概念来开展空间的设计，已经成为上海最有活力和创意的社群的一部分。[①]

塔卡沙（TYAKASHA）品牌创立于2007年，创始人童云是一位插画师。该品牌代表着敢于追逐理想和挑战冒险的精神，创造出不少令人眼前一亮的服饰设计作品（图4-48）。其还与新百伦（New Balance）、彪马（PUMA）等国际知名的运动品牌合作。塔卡沙作为上海独立新锐服装设计品牌，一直保持独特的趣味性，注重与顾客的沟通与互动，因而其特立独行的趣味风格也一直受到广大消费者的喜爱。[②]

（三）时尚设计创造者层出不穷

一直以来，优秀的时尚设计师是一座城市、乃至全中国的潮流引领者，他们以新潮的设计理念潜移默化地影响着人们的生活方式与审美眼光。上海近几年针对本土时尚产业推出了一系列政策和举措，为设计师们提供了极佳的孵化、发展条件，使得设计师们接连创作出了许多优秀的作品。

[①] 小白.Be a good neighbor. Short Sentence短句首家实体店正式开业[EB/OL].http://www.lofficiel.cn/broadcast/13959.html

[②] 专访塔卡沙主理人：有自己的设计风格，别人才会为你买单[EB/OL]. https://baijiahao.baidu.com/s?id=1638998716105082799&wfr=spider&for=pc

图4-47　短句（Short Sentence）2021秋冬系列作品　　　　图4-48　塔卡沙（TYAKASHA）和彪马（PUMA）的联名作品

（图片来源：WGSN数据库）

　　例如，品牌树树彤（SHUSHU/TONG），诞生于2014年，是来自上海的独立设计师品牌。该品牌由两位90后设计师蒋雨彤和雷留树联合创立。他们本科就读于东华大学，之后又去海外深造，毕业于伦敦时装学院女装设计研究生课程，曾在独立设计师品牌Simone Rocha和Gareth Pugh实习。得益于先后在上海和伦敦两座时尚都市的教育经历，他们十分善于将熟悉的传统中国美学和伦敦街头文化解构重组（图4-49、图4-50）。[①]树树彤品牌旨在为"拥有少女心的摩登独立女性"打造成衣，服饰单品精致细腻而又不乏叛逆气质。在中西方文化的重叠交融下，树树彤试图打破对女性气质的传统观念，对面料形式进行丰富的探索。蝴蝶结、褶边、荷叶边、刺绣、珍珠等充满少女感的元素被解构重塑，塑造出的充满力量又充满冲突矛盾语言的树树彤式少女感。品牌想要借此表达当代女孩在成长中的独立与自信，这也是他们探索新鲜设计的灵感源泉。[②]

① Anka Lau.中国独立设计师（篇六）SHUSHU/TONG[EB/OL].https://zhuanlan.zhihu.com/p/32878008.
② 壹衿.秀场速报 | SHUSHU/TONG女孩请起立，最新系列她来了！[EB/OL].https://www.sohu.com/a/423735739_540061.

图4-49　SHUSHU TONG 2023春夏系列作品　　　　　　图4-50　SHUSHU TONG2023秋冬系列作品

（图片来源：WGSN数据库）

随着上海时尚产业的蓬勃发展，越来越多的设计师瞄准上海的发展风口，进驻上海。其中独立设计师逐渐适应着上海的行业环境，试图以自己的美学理念诠释当代进程中的海派风格设计。如密扇（Mukzin）、乌丫（UOOYAA）、拉飞姆（LE FAME）等中国风潮牌，不断挖掘中式元素并用更现代的设计语言加以诠释。

无论是在时尚设计还是品牌运营方面，上海近几年正在涌现出大量的人才。他们发挥自身特长，大胆创新，将当代的海派文化与海派审美融入到时尚生活的各大品类之中，为上海打造"国际时尚之都"提供了坚实的基础，使上海的时尚产业焕发出新的生机。

三、上海时尚品牌和设计师的现存问题

（一）缺乏彰显城市性格的原创设计

城市拥有独特性格，方可为世界所记忆。浪漫巴黎、冷艳米兰、时髦纽约、古典伦敦、素雅东京，世界五大时尚之都皆有鲜明的城市性格，其在提高城市吸引力的同时，更是为来自时尚之都的设计师品牌贴上鲜明的标签。

上海时尚行业经过多年发展，现已成为国内时尚产业的引领者。但从全球范围来看，上海时尚产业创新能力仍比较有限，创新水平较巴黎、米兰等时尚前沿阵地仍有一定差距。而上海时尚产业发展，设计师品牌建立并走向世界是必然趋势，如

何获得世界认可，品牌国家化是其必修课程。若想立于世界时尚品牌之林，设计师品牌需要具有本土特色，在发展中求同存异，方是长久之道。世界时尚之风深刻影响着上海发展，包容性成为城市特点的同时，也让上海在国际化的进程中迷失了自我。在上海，媒体、会展、文化、娱乐等众多与时尚相关设施已逐步建设完成，推动时尚设计师品牌发展的基础已经具备，但与国际时尚之都相比，上海时尚产业还未找到结合本土文化能够形成的风格特色。纵观上海目前一些设计师品牌，品牌多选择以国际流行风尚为考量，或进行跨界合作以突显个人风格，但对上海文化的创新诠释还需增量。

（二）缺乏具有国际影响力的知名时尚品牌

目前上海时尚行业本土品牌正在增多，如地素、素然、日播等，但在上海时尚业整体占据份额仍比较小，其中高端市场基本由国外品牌主导。以2019年12月上海代表性购物中心新进品牌为例，上海恒隆广场引进瑞典香氛品牌百瑞德（Byredo）；上海静安大悦城新进品牌美国洛杉矶服饰潮流品牌DPLS；上海港汇恒隆广场引进法国精品婴童用品品牌博普缇（Bonpoint）。不得不说，上海大部分本土品牌目前在国际上的影响力和知名度较低，本土品牌线下渠道生存空间缩小，且在高端市场的认可度也较低。因此，继续打造一批具有国际时尚话语权的代表性本土时尚品牌迫在眉睫。

（三）缺乏高端时尚创意人才、时尚复合型人才

创新是文化时尚创意的本质特征，是推动时尚产业繁荣发展、提高国家软实力的不竭动力。创意人才的原创力成为时尚创意产业最重要的发展因素。创意人才创新能力的高低是影响上海时尚创意产业现状和未来发展潜力的重要因素。

然而，现阶段，上海时尚创意人才的原创能力却十分欠缺，主要表现为：一，高端文化人才尤其是大师级时尚创意人才匮乏，制约着时尚产业原创能力的提升；二，时尚复合型人才稀缺，致使时尚产品的跨界融合度、科技载量、创意附加值均有待提升。

上海拥有众多高校，设计类专业课程开设种类繁多，且有独特的教育特色，培养了众多专业人才，这些人才具有较好的专业基础知识及实践能力，但却缺乏一定的设计创新及把握时尚潮流的能力，这也许是因为在基础教学的过程中，未能及时关注和解决学生创新思维、风格塑造等素质培养而造成的问题。

当然，上海时尚产业发展还处于起步阶段，设计师品牌更是在不断探索属于自身的发展风格，优秀时尚领导力量的缺乏成为制约上海时尚设计师品牌发展的又一重要因素。上海时尚设计相关专业学生基数大，但毕业后部分学生选择放弃从事专业相关工作，而坚持时尚专业发展方向的学生亦少有能够塑造独我风格，发展自有设计师品牌的综合性人才出现。

上海同时也缺乏稳定的设计师培养机制，与英国、日本等发达国家成立专门基金用于人才培训等机制相比，存在一定差距。时尚设计人才进入社会能够谋求再学习、再提高的平台也相对较少，这与市场对时尚设计师能力要求越来越高的现状难成正比，因此大量设计师品牌建立后较难寻找到有效的社会支持。

四、上海时尚品牌和设计师发展的对策路径

对于上海时尚品牌和设计师的发展，应重点通过时尚消费驱动来促进品牌发展，在此过程中应吸收和借鉴成熟时尚之都在设计、制造方面的经验做法，辅之以政府

在政策法规、资金、人才培养等方面的扶持。在产教融合和产业联动的配合下，以增强自身创造时尚的能力，最终达到时尚消费带动时尚生产，时尚生产刺激新时尚消费的发展方式。

（一）政府推动，构建消费驱动产业模式

从时尚之都发展时尚产业的经验来看，政府的引导是推动时尚产业快速发展的重要动力。上海市政府在消费聚集引导、重点产业发展选择以及设计人才培养方面都有着积极的引导作用。上海已出台各类政策在多方面促进时尚产业的发展，上海应当坚持现有政策，进一步发挥引领作用。

此外，上海还应发动社会力量，如行业协会、社会团体等，在咨询策划、规划研发、调研培训、交流合作、会议展会、市场推广、知识产权维护和信息技术等服务方面促进时尚产业发展。由于时尚产业中的企业大多数是中小型企业，或者是个人组织者，他们缺乏资金、信息、管理经验和业务渠道，再加上时尚创意产业的风险不确定，因此，政府尤其应该在相关时尚产业专项资金的利用上，着重在企业培育、融资等方面给予扶持，同时利用其自身的服务与展示平台为创意设计企业在市场整合、政策资源等方面提供帮助。[①]

另外，政府应该鼓励更多居民将额外收入用于时尚消费，提高居民的幸福指数，同时重视企业知识产权战略的制定，对专业化人才的引进给予相应的政策支持。要大力宣传鼓励对原创时尚设计品牌及其产品的消费，逐步形成"设计——展示——消费"的模式，使上海拥有和五大国际时尚之都同样的自主竞争力。上海可以打造不同层次、各具特色的时尚消费聚集区和特色时尚地标，充分依托上海已有的商业资源，进一步强化各个商圈的特色。坚持以特色商业街区的发展，提升街区的发展能级，并拓展商业发展功能，逐步将商业零售中心发展为具有上海特色的知名品牌展示及发布中心。

（二）产教融合，加强时尚人才储备力度

高校人才密集、科研力量雄厚，因此要充分发挥高校在时尚产业人才培养方面的优势。上海时尚设计人才的培养可以依托学校的品牌优势和大学科技园的平台优势，通过改进高校的管理方式提升管理水平、调整学科结构、制定完善的人才培养方案，积极培养学生的创新意识和创新思维，形成与时尚产业相关的专业群。

另外，实践证明，产学研一体化是培养创意产业人才的有效方式。出类拔萃的设计人员通常是很难仅通过一些专业课程的学习和对于理论的初步实践就能培养出来的，而是同企业家一样需要在一定的专业基础之上，通过自身努力、专业培养和实践三者结合的积累经验过程中锻炼出来的。因此，高校培育的服装专业人才只有在企业中不断实践、积累经验以及对自身有目的的提高中，才能逐步磨练成符合社会所需的人才。因此高校应定期聘请服装企业家参与教学改革工作的全过程，与时尚行业中的相关企业个体成立专业教学改革指导委员会，及时把时尚产业中的新动态、新规范、新设备、新工艺、新管理机制等纳入教学内容中，使教学与生产实际相结合。通过这样的途径，减少设计者与企业的磨合期，使培养复合型、技术专门化的设计人才的目标得以实现。

此外，还可以通过时装周、举办各种大型设计展览，搭建设计师们互相交流的平台；吸引一批在海外从事创意产业的优秀人才，特别是那些既有深厚传统文化底蕴同时又具备宽阔国际视野的海外留学归国人才；应树立新型人才观，既承认高学

---

① 刘天.上海时尚产业发展模式研究[D].东华大学，2012：55.

历的常规人才，对缺乏高学历和高资历的优秀人才，也应给予非常规的宽容和鼓励。

（三）产业跨界联动，引领时尚数字化发展

根据上海各区时尚产业发展的程度、特色，有选择地加强时尚产业发展的广度和深度，与高精尖技术合作，促进时尚技术的发展，如3D打印技术、运用大数据加速时尚元素的更新换代，个性化定制、柔性化生产；推动大型展览展示企业和知名云服务企业共建云展服务实体，打造云展览、云走秀、云体验等系列时尚活动；结合5G互动直播，加快VR/AR技术应用，拓展网上"云游"博物馆、美术馆、文创园区等，加强与市民的互动，建设数字孪生景区，打造沉浸式全景在线产品，实现产业优势互补。

第五章

时尚文化和时尚教育

第一节 五大时尚之都时尚文化和时尚教育分析

一、巴黎时尚文化和时尚教育分析

法国在几个世纪以前就开始传播时尚文化。学者辜振丰先生研究认为，法国皇室的远见在时尚传播中起到了重要的作用。法国皇室意识到，高雅的美学意识不能仅仅用于统治，还应该将其发展为一种产业。因此，法国国王路易十四开始任用财政大臣为时尚产业的发展拟定政策。让·巴普蒂斯特·柯尔贝尔（Jean-Baptiste Colbert）指出："对于法国而言，时尚产业发展起来，可以媲美西班牙在中南美洲所取得的金矿银矿。"在今天看来，巴黎时尚产业的成功发展从这句名言中受益无穷。[①]

纵观法国的服饰文化史，蓬巴杜夫人、玛丽皇后、欧仁妮皇后三位女性为法国的时尚奠定了基础。[②]华丽的洛可可风格由蓬巴杜夫人主宰，人称"洛可可的母亲"。在她的庇护下，艺术家们创作出大量洛可可风格的服装、室内装饰、家具、首饰等；路易十六时期洛可可风格达到极限，玛丽皇后进一步发展了洛可可的柔美奢侈，裙摆更大更浮华，装饰更加繁复；而19世纪中叶的以美貌和时髦著称的欧仁妮皇后更成就了许多奢侈品品牌。她指定的出行打包专家成就了如今奢侈品的代表路易威登，设计师沃斯为其设计的"克里诺林"式长裙在欧洲宫廷里盛行，主导着法兰西第二帝国的时尚品味。

直到今天，法国依然站在欧洲乃至世界时尚潮流的前端。巴黎拥有众多世界顶级时尚品牌，从时装到香水，从化妆品到珠宝，无一不令人着迷。巴黎，甚至整个法国始终处于时尚的风口浪尖，巴黎城市重要的文化之一就是"世界时装"文化。[③]奢侈品产业的大发展催生了现代的商店经营模式和广告宣传方式，巴黎借此机会牢牢占据着奢侈品产业龙头地位，向国外输出时尚理念与产品。时尚模糊了阶层之间的界限，尽管潮流由少数人所引领，但是时尚能为大众所共享。[④]

巴黎的时尚教育则因根植于这种环境的优势而蓬勃发展。在巴黎，许多知名服装院校如巴黎时装工会学院（Ecole De La Chambre Syndicale De La Couture Parisienne，简称ECSCP），高级时装公会学校、法国高级时装学院（ESMOD）等，多处于巴黎的中心地带，且与时装大牌云集的著名街道相距不远，学校周围迪奥、香奈儿、纪梵希、加利亚诺、蔻依等比比皆是。巴黎的服装院校正是有效使用这种绝对的、国际级别的时尚环境，进行着服饰文化的传播。同时要求学生对周围环境中的时尚氛围进行提炼与吸取，观察当季流行、总结消费倾向、感受服饰文化来源，是每所服装院校的必修课。

---

① 辜振丰.巴黎时尚的诞生[J].巨作欣赏：鉴赏版（上旬），2019（9）：5.

② 同上.

③ DISHI.时尚中心开启中心时尚[J].中国服饰，2013（02）：90-91.

④ 盛仁杰.巴黎之为巴黎：关于现代城市的新认知[J].世界文化.2019（09）：4-8.

（一）巴黎时尚文化和时尚教育的特征分析

1. 巴黎时尚文化的特征

巴黎这个城市总是与"浪漫"一词联系在一起。唯美的建筑、打扮精致的路人，无一不展示着巴黎时尚浪漫的都市形象。作为世界十大名城之一，巴黎的历史已有2 000多年。许多闻名世界的历史遗迹，如埃菲尔铁塔、巴黎圣母院、协和广场、卢浮宫、凡尔赛宫等，让人留连忘返。从1900年至今的100多年中，巴黎始终是世界时尚的中心，造就了时尚顾客群，也造就了时装设计师。在巴黎，时装从来就是一门艺术，一门可以与绘画、音乐、雕塑和建筑平起平坐的艺术。艺术的巴黎和热爱艺术的巴黎人，造就了这里的时尚生存土壤。

（1）巴黎时尚文化的艺术性

巴黎从中世纪开始便是学术和艺术的交流中心。在这里，绘画、音乐、建筑、文学、戏剧、电影等艺术形式发展成熟，并且互相渗透和影响。巴黎人崇尚艺术，甚至巴黎许多大街小巷都以艺术家的名字命名，艺术家的雕像更是随处可见。这样的一片艺术圣地，自然吸引了全世界的艺术家来此旅居和创作。这一片充满艺术气息的土地，为艺术家提供了创作的灵感，诞生出了街头艺术和露天画廊等艺术文化。艺术是巴黎的血液，巴黎的艺术渗透到生活的每一个细节。[①]

正是巴黎人对艺术的接纳、欣赏、热爱和传承，才使各种艺术流派在巴黎生根，才使巴黎无论在何时，都能走在世界艺术的前列。而艺术和时尚从来都是密不可分的，时尚就是艺术的一种。艺术的巴黎不仅吸引了大量全世界大量富有才华的设计师来此发展，而且也为他们提供了很多设计灵感，使他们可以在汲取各种艺术精华的同时，又反过来以时尚影响其他艺术形式。[②]

（2）巴黎时尚文化的包容性

法国作家巴尔扎克说，巴黎是海洋。的确，巴黎这座城市如同包罗万象的海洋一般，让热爱创新、独树一帜的人们在这里聚集，让新颖、古怪的事物在这里找到它的生存空间，使各种各样的风格交融、并存。不管是奇特的时装、长相另类的模特、没人看得懂的当代艺术，还是天马行空的概念理论，都能在巴黎得到热情的接纳与包容。[③]巴黎的环境为设计师提供了生存的沃土，没有固定规则和模式的表达限制，为时尚的发展提供了重要的发展环境。巴黎时尚界对世界各地、各民族的有才之士采取宽容的态度，给予鼓励和支持，而其他民族的艺术特性又反过来融入到巴黎的时装设计中去，使巴黎时装越来越丰富多彩。世界顶尖的流行预测机构，最知名的时装品牌，为各种体型、各个阶层、各个年龄段的人服务的时装店，一年四季都举办的时装表演，流行于世界各地的权威时尚杂志和最好的时装院校都是构成巴黎时尚文化不可或缺的重要部分。[④]

2. 巴黎时尚教育的特征

"小而精、小而多"是巴黎服装院校的特点。"小而精"保证了学校的教学质量，让每个学生毕业后都可以独挡一面；"小而多"保持了风格的多样性，使每个学校都

---

① 王峥峥.巴黎时装之都的成功经验对北京建设"时装之都"的启示［D］.北京服装学院，2010: 13.

② 同上，14.

③ 同上.

④ 同上.

有自己的特色。仅在巴黎，专业的时装院校不下30所，其中世界知名的就有十几所，为全法国乃至全世界培养了众多知名的设计师。[①]

(1) 侧重点不同各具特色

秉承着少而精的特点，巴黎的服装院校面积都不算大，每所院校都独有特色。从专业分类上看，有的院校侧重于服装设计、有的院校侧重于工艺及制版，而有的院校则较为综合；从服装市场的针对情况看，不同院校又分别侧重于高级定制、高级成衣、成衣、舞台服装等不同市场方向。例如法国高级时装公会学校注重工艺制版方面，学生职业方向是高级服装定制或者高级成衣；法国高级时装学院注重综合应用，学生职业方向是各种程度的成衣市场；STUDIO BERCOT学院虽然也注重综合方面，但强调用技能突出学生个人风格特色，因此学生的职业方向是各类服装的个人风格市场。

尽管各时装院校特色不一，但在核心理念的培养上却较为一致，那就是——创新。巴黎Mod·Art时装设计学院的校长让·埃凡·阿倍（Jean-Herve Habay）认为，法国服装教育的框架是经典高级技能教育方法，充实其间的是不断更新的信息和艺术创造力，从而引导学生发散思维，形成自己的主张和风格。学生在学校里不是学习当前流行什么，而是被引导着去关注将来会流行什么，这样法国才会始终走在世界流行的前端[②]。

(2) 重实践，重职业发展

注重学生的实践，鼓励学生尽早融入企业环境也是巴黎时尚教育的另一大特点。

从院校定位来看，巴黎的艺术院校分为两类：一类是学院派，教授实用型艺术。如巴黎Dupree实用高等艺术学校、Roubaix实用艺术学校等。另一类为专科派，用于解决特定需求，如巴黎时装工会学院、法国高级时装学院等。无论是学院派还是专科派，院校都注重教学内容的实用性和对学生解决问题能力的培养。

在教师聘用方面，为了能让学生接触到服装企业中一线的知识和经验，避免所学与实际应用脱节，院校多要求教师拥有在法国知名服装公司或设计工作室担任主要工作的经历，并且有作品或著作，甚至需要在社会上有较高的知名度；在教学机制方面，各个院校也较为相似。一、二年级基本都属于基础教学，三年级进入分类清晰的职业教学。学生在基础学习后，在细分的专业中寻求自身专业定位。另外，各院校的服装服饰类教学均有大量的市场考察与手工实践课程，以帮助学生了解最新市场动向；在教育渗透方面，法国在许多公立的中学中开设大量的培训，教授一些缝纫、服装设计等课程，同时也十分注重将企业实习纳入大学课程，这使得学生融入职业环境的深度远超其他国家，并且学生适应企业环境能力增强，外语水平也得以提升。

(3) 支持体系完善

法国的纺织服装行业拥有分工细致的行业协会。其下分支众多，最重要的有纺织工业联盟、法国成衣工业联合会以及法国高级定制时装联合会等。法国高级定制时装联合会成立于1973年，前身是创立于1868年的法国高级时装协会。作为时装体系的重要组成部分，法国高级定制时装联合会在职业教育方面起到了重要作用。其成立下属机构巴黎时装工会学院以培养学生创造力和帮助学生掌握生产实践技术为目的，教育学生将创造力应用于设计中。伊夫·圣罗兰、三宅一生、华伦天奴、安德烈·科莱

① Danny Shen.法国时装为何长胜不衰[J].中国服装，2004，（13）：18.

② 同上.

热、让·路易·雪莱等世界知名时装设计师都毕业于该学院。[①]

除了权威的行业协会，巴黎各类时装周和专业的展览会也为时尚教育提供了关键支持。源自1910年的"巴黎高级成衣时装周"每年3月和10月举行，还有规模大、专业性强、国际化程度高、服务质量好的纱线博览会、面料展览会、内衣展、服装及纺织品贸易展等。这些专业领域的活动为学生提供了接触市场最前端讯息的机会，让他们看到行业内正在发生什么，以此受到启发，从而有可能成为行业的引领者，这对巴黎服装教育人才培养体系的完善有着重要作用。[②]

3. 代表性院校简介

（1）法国高级时装学院（ESMOD）

法国高级时装学院创建于1841年，是一所历史悠久、贡献卓著的设计类院校。法国高级时装学院由法国著名的服装裁剪大师阿列克斯·拉维涅（Alexis Lavigne）创建，他是拿破仑三世欧仁妮皇后的御用裁缝，同时也是服装卷尺、服装用女子模特的发明者。时至今日，法国高级时装学院的工艺和教学方法依然是世界时装教育的重要参考，法国高级时装学院被称为"时装界的哈佛"。法国高级时装学院的学生毕业后，许多人进入世界著名服装品牌公司如迪奥或大型百货公司，如巴黎春天、家乐福等。

（2）巴黎高等应用艺术学院（LISAA）

巴黎高等应用艺术学院建于1986年，地处巴黎市中心，是法国最有活力的时装学校之一。学校坚持将时装设计师和消费者联系在一起，以启发创造力为教学宗旨，开设时装面料设计、时装设计、成品服装设计、市场分析和市场营销等多方面的课程。其教学特点是小班级、小工作间，使每个学生都能得到最大程度的关注。学生在毕业前被要求用自己的作品参加学校比赛，以加强学生的职业竞争力。

（3）法国时装学院（IFM）

法国时装学院位于巴黎，成立于1986年，由已故时尚企业家 Pierre Bergé（同时也是法国著名设计师伊夫·圣罗兰的商业合作伙伴）创立。法国时装学院主要以培养能够进入世界顶级奢侈品集团工作的一流管理者而闻名，并且只提供研究生教育。2019年1月，法国时装学院与巴黎高级时装工会学校正式宣布合并成立全新的时装院校。合并后的新法国时装学院可为学生提供从职业培训到博士学位各个阶段的教育，主要包括：时装设计、时尚管理和时装表演高等教育培训课程；学徒培训中心；为公司或机构提供短期有证书的继续教育课程；将经济学、社会及人文科学应用于时尚设计领域学术研究活动；为专业人士提供指导工具和每日时尚消费及分布分析的经济观测点。新法国时装学院已与东京当代艺术博物馆、法国电影馆、法国国家舞蹈中心和前卫文化空间达成合作关系，以帮助学生开发自身的创造力。[③]

（二）巴黎时尚文化和时尚教育的作用

巴黎世界时装中心的地位长久不衰，除了因为其悠久的艺术和时尚历史，包容

① 王峥峥.巴黎时装之都的成功经验对北京建设"时装之都"的启示［D］.北京服装学院，2010：21.
② DISHI.时尚中心开启中心时尚［J］.中国服饰，2013（02）：90-91.
③ 华丽志.法国时装学院（IFM）与巴黎时装工会学校（ECSCP）正式合并［EB/OL］. http://dy.163.com/v2/article/detail/E564FFBH0519FFAI.html..

的城市文化和艺术氛围，还因为其完善的时尚教育体系和行业支持而形成统一的合力作用，这样的魅力吸引着法国本土和全世界的时尚行业人才前来巴黎发展，形成了设计师品牌百花齐放、共同发展，各品牌之间相互促进、共同进步的局面，从而使法国时装品牌的影响力、巴黎国际时尚之都的吸引力扩散至全世界。

二、伦敦时尚文化和时尚教育分析

伦敦是英国时尚的先锋地。作为五大时尚之都之一的伦敦最具前卫风格，英国服装设计师也一直以其先锋性和创新性而闻名。伦敦对全球创意产业的贡献之一，在于颠覆和挑战固有的秩序和常规，这种强调个性差异的文化已经在艺术、设计、音乐、电影、文学、广告、出版业、建筑和时装领域产生了巨大的影响。[1]这种先锋性和创新性来源于英国时尚文化和时尚教育对服装设计师们产生的影响。伦敦成熟的时尚教育生态，不仅仅在学校，更在于对社会文明的构建和指引。这些思想前卫、敢于创新的设计师们，大多受过严格的专业训练和艺术院校的培养。如今，英国的时尚教育在世界上首屈一指。[2]

（一）伦敦时尚文化和时尚教育的特征分析

1. 伦敦时尚文化的特征

（1）个性与前卫

伦敦以其创新和前卫而著称，被公认为是青年设计师和先锋艺术家的天堂，并一直以来都是国际时装界的人才库。伦敦的多元造就了年轻人冲突与包容混合相融的心态，容易激发出反差强烈的艺术创造力。这里的文化土壤涵盖了高贵与低俗、经典与先锋、主流与非主流，充满了民主精神、独立性和批判意识，这也影响了时尚行业的从业人员，要求他们要有足够的见识和丰富的技能，而这两个关键点在伦敦的时尚教育中也有所体现。[3]

（2）全球化与国际化

从20世纪50年代开始，英国服装产业逐渐向第三世界国家转移，到20世纪末，英国本土只保留了一些高端产品，并早已开始发展品牌运作。游客云集的牛津街和邦德街让人体会到伦敦的繁华；全年各类时装周和时装展览不断上演；各类国际创意产业的交流活动，如展览、研讨会、讲座等，均扩大了伦敦的国际影响，开拓了海外市场。可以说，全球化和国际化是英国时尚业长期的发展战略。[4]

2. 伦敦时尚教育的特征

（1）重视个性与创造

英国的教育体系一贯重视发展个体的创造价值，重视自我发现、自我发展以及面对机遇和挑战时重新定义自我，这点在伦敦的时尚教育中也不例外。老师鼓励学生按照个人兴趣选择发展方向，同时给予每个学生足够多的专业辅导。[5]在专业课程设置上，一般在第一年学生会学习各方面的专业知识，选择自己感兴趣的方向进行

---

① 华丽志.法国时装学院（IFM）与巴黎时装工会学校（ECSCP）正式合并[EB/OL]. http://dy.163.com/v2/article/detail/E564FFBH0519FFAI.html.

② 刘婧.英国服装设计师培养机制研究[D].北京服装学院，2014：1.

③ 谢平.英伦时尚向前看——英国时装教育观察与思考［J］.装饰，2010（01）：139-140.

④ 同上.

⑤ 谢平.英伦时尚向前看——英国时装教育观察与思考［J］.装饰，2010（01）：139-140.

141

研究。在教学过程中，一些教师会引导学生把对主题的理解和灵感来源都以速涂的方式呈现。例如，可以涂鸦成任何东西，但绝不能是成型的设计。这一独特的规定就是为了培养学生的自主创新性思维能力。[①]

自由宽松的教育氛围与严谨科学的教育机制结合在一起，培养出了许多创造力强的毕业生，他们对自己的创作充满自信，显示出极高的天分和潜力，有些甚至直接被时装机构和星探们发掘，从而进入备受瞩目的明星设计师的轨道。伦敦时尚教育对个性和创造力的重视，与伦敦时尚文化个性和前卫的特点相辅相成，两者互相促进。

（2）教育和产业相互渗透，理论与实践结合

在英国，尤其是伦敦，几乎每一所艺术设计类院校都与产业有着非常紧密的联系。例如，当院校开设新的课程或者对现有课程进行调整的时候，都会跟企业进行研讨，保证课程内容与产业需求的关联性。而产业界也对设计院校的毕业生寄予希望，期待着这些新鲜血液能刺激时尚产业的创新，进而推动产业发展。[②]

以伦敦艺术大学伦敦时装学院（LCF）为例，这所学院已经有100多年的历史，拥有很多教学之外的职能，包括产业的顾问咨询、调查研究和产品开发等。这些合作巩固了学校与产业界的关系，也为学生将来事业的发展提供了资源，同时学校还能经常得到项目赞助、客座讲学和其他捐助。在学院的教学人员中，有75%都是直接供职于产业的第一线或者拥有自己的企业，这也给教学带来了非常丰富的实际经验，为项目实践奠定了基础。[③]

在教学理念上，概念设计与实践制作并重是英国艺术设计院校的通用理念。设计实习几乎贯穿所有的专业和课程，强调将创意实现和掌握应用技巧。学生对这类内容也很感兴趣，因为可以增加他们的实际经验，为将来的专业发展打下基础。以伦敦艺术大学伦敦时装学院为例，其所有教室都是集理论教学、设计实习和车间制作于一体的布局，形成从理论到实践、从设计到制作的工作程序和设施空间，这种模糊理论与实践结合的教学模式和硬件设施提高了教学效率，也促进了学生对设计创意的理解，进而对工艺结构、技术手段和解决方案有更好的把握。在人员设置上，伦敦时装类院校的专业教师非常有限，学校会聘请很多有产业经验的技师配合老师辅导学生，这些技师也成为院校的一笔财富。[④]

在教学方法上，伦敦的时尚教育也体现着"产、学、研"相结合的特点。老师在教学的过程中，经常请产业对接的企业人员或资深教授出席，与师生进行讨论，等到课程结束，学生可分为几个小组，到产业对接的企业进行实践，有目的地撰写报告。教学的环节与业界保持紧密联络，[⑤]专业信息与业界动态相连，这种教学方式紧密结合实践，且紧跟英国时装业的变化，因此学生一毕业，很容易介入企业业务，减少了适应实际工作的成本。[⑥]

（3）重视团队合作与沟通

在伦敦时尚类院校的课堂上，通常会安排学生对项目进行小组讨论、评论、辩论，还会安排比赛等环节，因为团队合作意识与人际沟通能力是伦敦乃至英国时尚教育中的一个重点培养内容。拥有合作意识是项目实施的基础，而人际沟通能力则

① 刘婧. 英国服装设计师培养机制研究 [D]. 北京服装学院，2014：28.

② 同上，35.

③ 谢平. 英伦时尚向前看——英国时装教育观察与思考 [J]. 装饰，2010（01）：139-140.

④ 同上.

⑤ 刘婧. 英国服装设计师培养机制研究 [D]. 北京服装学院，2014：24.

⑥ 刘驰，RichardKennon.英国服装高等教育给我们的启示 [J].纺织教育，2006（05）：63-66.

可以助推项目的发展。伦敦的时尚教育，以这两项指标考察学生能否在毕业以后顺利向着产业目标人才过渡。当学生参与产业中的项目时，需要与工作人员进行合作交流，这是在实践中培养学生的团队合作意识和人际沟通的能力，也是伦敦时尚类院校在课程设置当中的特色。[①]

（4）重视国际化发展

在伦敦接受时尚教育的毕业生，要为适应国际发展而具备各种能力。即使毕业后身处小型企业，为了生存和发展，学生也需要具备面对国际客户的能力。这种能力应用涉及设计、采购、制造到零售的整个链条。与此相对应的是，这里的时尚院校非常重视国际化发展，他们充分利用自己丰富的教学资源和良好声誉，大力拓展海外留学生源，并与国际上的许多大学建立学术交流和国际合作关系，为全球经济一体化培养大量国际化的专业人才。同时又通过向发展中国家输出教育资源，开发许多合作项目，不断建立可持续增长的教育发展空间。亚洲市场尤其是中国，是英国时尚院校重点开发的地区。[②]可以说，伦敦时尚教育的国际化是形成伦敦时尚文化国际化和全球化的重要原因之一。

（5）行业协会的扶持

同巴黎一样，伦敦时尚教育的蓬勃发展也离不开行业协会的支持。从早期的手工业学徒制，到20世纪英国时装协会的建立，时装协会的工作内容涉及到时尚行业的方方面面：整合服装设计人才，规范时装周的日程安排、展览和时装秀，与媒体进行及时的联络与宣传等。协会还建立了各种扶持年轻人才的计划，具体体现在为服装设计师的培养设立比赛和奖学金，设立专家指导，提供创业初始资金，提供与品牌及百货零售商的合作，协调设计师及其品牌与制造商、零售商的交流合作等。[③]

3. 代表性院校简介

（1）中央圣马丁艺术与设计学院（Central Saint Martins）

自2004年起，伦敦艺术大学汇集了六所独特而杰出的院校：坎伯韦尔艺术学院，中央圣马丁艺术与设计学院（简称中央圣马丁），切尔西艺术学院，伦敦传播学院，伦敦时装学院以及温布尔登艺术学院。于是，中央圣马丁艺术与设计学院成为伦敦艺术大学的一部分。[④]

中央圣马丁艺术与设计学院成立于1989年，由中央艺术与工艺学校和圣马丁艺术学校合并而成。它提供英国最多样、最全面的艺术与设计学位和研究生课程。早期，学院重视美术课程和绘图课程，后设立了时尚插画课程，在1957年，中央圣马丁设计与艺术学院开设了时装设计专业。中央圣马丁艺术与设计学院包含艺术设计类预科，时装专业的5个本科方向（编织、服装设计与营销、男装、女装、印染），时尚传媒专业的3个本科方向（时尚新闻、时尚历史与理论、时尚传播与推广），纺织品设计专业本科。硕士包含时装专业、未来纺织品设计专业。另外还有跨学科专业、戏剧和表演专业、平面设计和美术类专业等。[⑤]

中央圣马丁艺术与设计学院以培养纯艺术家为目标，培养的学生要求能够引

① 刘婧. 英国服装设计师培养机制研究[D]. 北京服装学院，2014：28.

② 谢平. 英伦时尚向前看——英国时装教育观察与思考 [J]. 装饰，2010（01）：139-140.

③ 刘婧. 英国服装设计师培养机制研究[D]. 北京服装学院，2014：33.

④ 同上，25.

⑤ 刘婧. 英国服装设计师培养机制研究[D]. 北京服装学院，2014：25.

领潮流和时尚风格，要求学生摆脱现代化机械手段，崇尚形而上的唯艺术主义。[①]
学院着重培养独立设计师，强调挖掘学生特质，从各个方面来拓展学生的思维。
老师都是时尚界的知名人士，而且学校常常会邀请设计师、品牌营销总监、著名
时装杂志编辑等时尚行业从业人员为学生介绍他们的新作品、新想法以及一些
案例。

从中央圣马丁艺术与设计学院的毕业时装周和毕业生设计作品也能看出其一直
强调的创意性。英国著名设计师亚历山大·麦昆、约翰·加利亚诺、马修·威廉姆
斯都是以其天马行空、极富创意的设计而闻名，他们都是圣马丁设计与艺术学院的
优秀毕业生。[②]

（2）伦敦时装学院（London College of Fashion）

不同于中央圣马丁艺术与设计学院，同样作为伦敦艺术大学一部分的伦敦时装
学院，以培养学生"成为有创意的企业家"为目标，强调时尚和服装行业的密切相
关，他们的口号是"时尚即商业"（Fashion is Business）。前身为贸易学校的伦敦
时装学院，一直为服装产业输送大量可直接参与服装制作和销售的设计师。从伦敦
时装学院毕业的学生可以作为高技能的制版师，或者从事时装零售部门和销售部的
工作，时装设计工作则位居其次。该校的毕业生相较于艺术学校的学生更容易与行
业接轨，更适合社会的需求。这也达到了伦敦时装学院直接与产业对接、为服装企
业服务提供高技能设计师与销售人才的培养目标。[③]

伦敦时装学院提供从预科、大专、本科、研究生课程，堪称国际时装教育界涵
盖学位最全面和专业分类最细致的院校。它开设了近百个专业方向，基本覆盖了当
今时装界每一个细分领域，许多课程在英国其他时装学院是没有的，这保证它能最
大限度地满足不同学生的学习需求。伦敦时装学院在服装领域提供的本科课程有 27
类之多，从服装设计与工艺、时尚纺织品、时尚插画、时尚珠宝、时尚摄影、时尚
市场营销到时尚管理等课程，每类课程都有明确而完整的培养计划，学生可以就一
个专业进行深入而全面的学习。[④]

（3）皇家艺术学院（Royal College of Art）

皇家艺术学院拥有 150 年的历史，位于伦敦市中心南肯辛顿，靠近维多利亚和
艾伯特博物馆，与皇家阿尔伯特音乐厅相邻，学院处于非常浓厚的艺术环境之中。
这个拥有皇家风范的设计类最高学府，培养了大批优秀的时装设计师和纺织品设计
师，它的教学模式及相关活动一直是各大院校效仿的典范。[⑤]

皇家艺术学院是全球唯一一所全研究制艺术院校，即无本科教育，是一所只有
硕士（MA）、副博士（MPhil）和博士（ph.D）学位的高等学府。以研究生专业为例，
它的课程设置有时装设计系的男装设计、女装设计，有纺织系的纺织品印染、针织、
编织和混合媒体，物料系的陶瓷与玻璃、珠宝与金属。皇家艺术学院的毕业生中，
有著名的当代超现实帽饰设计师菲利普·崔西（Philip Treacy）、工业设计师詹姆
斯·戴森（James Dyson）、好莱坞大片的导演雷德利·斯科特（dley Scott）和曾
获得英国皇家建筑师协会建筑奖的大卫·艾德加耶（David Adjaye）等。

（4）金斯顿大学（Kingston Vniversity）

金斯顿大学是由 1899 年成立的金斯顿技术研究所和 1945 年成立的艺术学院合

---

① 刘瑞璞.对英国时尚教育的另一种解读［J］.艺术设计研究，2011（04）：110-112.

② 刘婧.英国服装设计师培养机制研究[D].北京服装学院，2014：22.

③ 同上，22.

④ 同上，26.

⑤ 同上，25.

并而成，这种艺工合并的新型大学成为一种新的发展方向。艺术学院的时尚课程合并前只有制衣课程，在两学校合并后，时装课程发展成为时尚艺术与设计专业课程，课程范围得到扩充。除设计外，还有时尚推广、市场营销、造型、新闻、裁剪、服装工艺、时尚管理、采购与零售等。艺术与工艺相结合，成为现在服装设计发展的新方向。[①]

（二）伦敦时尚文化和时尚教育的作用

英国时装协会CEO希拉里·瑞瓦（Hilary Riva）曾说："伦敦不能与米兰、巴黎同日而语，但她的创意与多元化是无与伦比的。"伦敦的前卫和锐意进取的气质，引领着世界时尚的潮流。同样，伦敦的时尚教育在许多方面也值得我们借鉴，特别是对艺术设计类学生的培养及课程设置和规范方面。

三、米兰时尚文化和时尚教育分析

米兰作为一座有两千多年历史的古城，以时尚和建筑闻名，同时也是意大利最大的工业和金融贸易中心。米兰的时尚文化植根于其深厚的艺术底蕴和社会人文基础，是以此为根基发展起来的现代艺术设计教育体系。反过来，米兰时尚创意产业的发展，也离不开其时尚教学体系的支撑和依托。[②]

（一）米兰时尚文化和时尚教育的特征分析

1. 米兰时尚文化的特征

意大利设计的产品和手工艺制品以精工细作、品质至上的特点享誉全球，其创造性地把艺术和产品通过"技艺"巧妙结合到一起。正因如此，"意大利制造"一直是做工精良、精益求精的代名词。米兰的创意设计产业和时尚文化以人文历史和艺术沉淀为基石，数百年来树立起的手工艺人的"工匠"精神是精髓。[③]

2. 米兰时尚教育的特征

米兰悠久的文化历史传统给予设计师们养分，使他们在充满源源不断的灵感的同时也为米兰储备了一批又一批的设计人才和后备力量，使米兰成为引导国际潮流的城市之一。与米兰的时尚文化相一致的是，米兰的时尚教育也充分体现着对"技艺"的重视。在这里，先进制造技术与设计师的工作配合完美，有很多院校与工作室接轨运作，培养年轻的时尚专业人才。

（1）注重创新与实践

米兰的时尚类院校在教学理念上重视创新与实践，教学安排系统化，循序渐进、逻辑性强。在聘请知名服装品牌设计师任教的同时，在专业基础课中注重学生个性发挥。以设计主题为中心，课程安排均模拟实际设计进程中各环节的递进关系而进行。每一门课程都是在为之后的课程做铺垫，整个过程是一个完整严谨的体系。[④]

---

① 刘婧. 英国服装设计师培养机制研究 [D]. 北京服装学院，2014：22.

② 孙超. 意大利艺术设计教育教学体系的启示与思考——以佛罗伦萨大学与POLIMODA时尚学院为例 [J]. 邢台职业技术学院学报，2018，35（03）：35-40.

③ 同上.

④ 齐冀. 米兰欧洲设计学院服装设计专业创新型人才培养的实践教学 [J]. 装饰，2014（04）：102-103.

（2）院校与企业紧密联系

在米兰开设时尚教育的院校中，教学队伍多由专任教师和外聘教师组成。外聘教师队伍中主要为有着丰富企业工作经验的"高、精、专"专业技术人才，学生可以自由选择具有企业背景的导师完成工作室项目。外聘的导师也依托企业带来具体的项目，完成相关的研发工作。这类导师的丰富经验可以影响到学生的就业和职业发展，深受学生喜爱。[①]以米兰的欧洲设计学院为例，其专业课教学几乎全由意大利知名服装品牌公司或工作室有着丰富服装设计经验的设计师担任。

在授课过程中，教师与学生的相处更像是设计总监与员工的关系，像一个团队在领导的带领下共同完成项目。每门课伊始，教师会发给学生课时安排和教学进度表，标明每一个阶段需要完成的工作量和工作要求。大量的课时用来一对一的讨论，针对学生个人设计方案的进度循序渐进，以此培养学生对设计深入思考的能力。[②]

另外，多数院校与知名企业密切合作，经常共同举办研讨会、作品发布会等。学生可经常去企业实习，公司的一些实质性的项目也可以在学校的研讨活动中取得成果。更难得的是，所有活动基本上都会与学校的课堂教学同步[③]。

3. 代表性院校简介

（1）米兰理工大学（Politecnico di Milano）

米兰理工大学成立于1863年，学校历史悠久、师资力量雄厚，在建筑、工程和设计领域享有盛名，是欧洲顶尖理工大学，也是世界著名理工大学之一。米兰理工大学的专业几乎涵盖了时尚产业的各个范畴：传播学、服装设计、工业设计、广告传媒、室内设计、工业产品设计、纺织专业。硕士课程还包括游艇设计、灯光设计、摄影、室内设计、纺织品设计等。该校的服装设计专业将教学内容与实际相结合，不断更新教学方法，重视发挥学生的创造性，培养学生的动手能力，使学生的知识和技能同时提高，具备继续深造或直接就业的宽广路径。

（2）马兰欧尼时装学院（Istituto Marangoni）

马兰欧尼时装学院成立于1935年，是第一所被意大利教育部认可的专业时装艺术院校。校区分设于米兰、伦敦和巴黎。学校和500多家专业的时尚公司保持着密切的关系，使学校的毕业生可以到专业的时尚公司实习和工作。自1935年创校至今，马兰欧尼已为时尚界培养了3万多名专业设计人才，著名时装品牌普拉达和范思哲的员工中，有80%毕业于马兰欧尼时装学院[④]。

（3）欧洲设计学院（Istituto Europeo di Design）

欧洲设计学院是欧洲最大的私立设计学院，有着悠久的历史和很高的国际声誉。学院致力于设计、时尚、视觉艺术、管理和传播等领域的教育和研究。除米兰的学院总部外，罗马、都灵、威尼斯、巴塞罗纳和马德里均有符合统一标准的校区，可以说学院已成为一个遍布全球的创意网络。学校的课程均与知名品牌公司合作完成，学生在修完课程后将参加公司内的实习。另外，学校提供的就业服务还可帮助学生在自己热爱的领域找到理想的工作。

（4）多莫斯设计学院（Domus Academy）

多莫斯设计学院被称为后工业化时代欧洲最著名的设计学院。它是一所研究生

① 齐冀.米兰欧洲设计学院服装设计专业创新型人才培养的实践教学 [J].装饰，2014（04）：102-103.

② 同上.

③ 同上.

④ 百度百科"马兰欧尼时装学院"词条[EB/OL].https://baike.baidu.com/item/马兰欧尼时装学院/3666304?fr=aladdin.

教育学院，也是一个专注于设计、美学和设计营销的研究型实验室。学院开设服装设计、配饰设计、时尚管理、工业设计、汽车设计、交互设计和服务设计等专业，且一直与意大利设计行业保持着密切的联系，以"意大利制造"（Made-in-Italy）设计风格享誉全球设计界。①

（二）米兰时尚文化和时尚教育的作用

无论是"意大利制造"的精工细作，还是时尚教育中与企业的紧密联系，都突显出米兰的时尚对设计与经济效益结合的注重。米兰悠久的文化历史传统给予设计师们养分，使他们在充满源源不断的灵感的同时，为意大利甚至世界培养了一批又一批的设计人才，使米兰成为引导国际潮流的城市之一。

四、纽约时尚文化和时尚教育分析

纽约是美国时尚产业的中心。历史上，这里优越的位置条件和哈德逊河沿线港口，为服装加工原材料的供应提供了基础。移民潮的到来和第二次世界大战的爆发导致服装需求量攀升。在战争阻断了纽约与巴黎的联络后，美国的时尚产业开始自主发展，纽约开始逐步探寻自身的城市文化特色，形成了自己的时装风格，许多纽约本土的设计师及品牌世界闻名。纽约强大的时尚产业背后是一个成熟、完善的体系在支撑和推进。

服装设计环节是时尚产业的核心之一。培养服装设计师，与设计院校的教学理念与培养方式是分不开的。纽约时尚产业的崛起和闻名世界的成衣设计，一定程度上得益于纽约对时尚教育的高度重视。这里有多所知名服装设计师院校，如培养了唐娜·卡伦（Donna Karan）、汤姆·福特（Tom Ford）、马可·雅可布（Marc Jacobs）、亚历山大·王（Alexander Wang）的帕森斯设计学校，培养了卡尔文·克雷恩（Calvin Klein）、迈克·高仕（Michael Kors）的纽约时装技术学院和培养了杰瑞米·斯科特（Jeremy Scott）、贝齐·约翰逊（Betsey Johnson）的普瑞特艺术学院等②。

（一）纽约时尚文化和时尚教育的特征分析
1. 纽约时尚文化的特征
（1）多元文化交融

纽约市经济发展公司这样评价纽约的时尚产业："作为时尚魅力和创造力的前沿阵地，纽约代表着美国风格。时尚创意在这里扎根，时尚潮流兴起。纽约时装周向全世界传播顶级时尚，在这里，人们看重原创、挑战规范，创造力可以得到淋漓尽致的发挥。"纽约像一个大熔炉，它包容、吸收各地文化的精华，又源源不断地向外界输出，在流通的过程中，外来文化交融、更新、发展，最终拥有新的价值。多元化的社会文化背景奠定其时尚产业发展的基调，创意为时尚产业的腾飞增添了翅膀。也许没有哪个城市比纽约更适合发表最新时尚宣言、展示设计师的想法和创意。在这里，各种灵感和奇思妙想在空中飞扬。

---

① 百度百科"多莫斯设计学院"词条[EB/OL].https://baike.baidu.com/item/多莫斯设计学院/1618676?fr=Aladdin.

② 彭龙玉，郭平建.北京与纽约服装设计师培养机制比较［J］.山西师大学报（社会科学版），2013 40（S1）：58-60.

（2）商业与艺术的结合

同巴黎、米兰这些传统时尚之都相比，虽然纽约进军世界时装之都的起步较晚，但发展时尚行业所需的关键要素相当完备：时尚人物、高消费人群、文化艺术氛围、广告宣传理念与手段等，都是纽约能够发展成时尚之都的重要原因。[①]

从纽约走出的设计师们，往往善于将设计概念作为一种市场营销的手段和策略，同时谋求商业利益与艺术表达之间的平衡，他们并不完全将时装作为纯粹的艺术。这也是纽约的成衣品牌众多，而高定不如巴黎那么多的原因。在纽约的时尚文化里，设计师所做的是将服装以艺术的形式呈现出来，赋予其文化内涵，并赢得大众的认可与欣赏。如果商业上无人问津的话，那么再好的作品也不算真正的成功。纽约时装周自1943年创立以来，这个每年两季的活动已成为全球性的盛宴。在纽约时装周上，被重视的不仅是设计的创意，更重要的是设计所产生的商业价值。纽约时装周的一个重要作用，就是为纽约、乃至世界的时尚行业和时装设计师们提供展示交流、获取商机、扩展市场的机会。[②]

纽约时尚文化里，成熟的媒体和出版业是绝对不能忽略的一环。它们与设计师关系密切，为设计师的品牌推广创造了良好的条件。营销学与广告学、传播学的策略在纽约的时尚界被很好地应用着，且效果显著。设计师需要曝光，需要将自己的作品和品牌推广出去，而在这其中起到推波助澜作用的就是纽约的媒体和时尚出版业，它们的助力使艺术与商业尽可能完美的结合起来。[③]

（3）多方协同支持

每一种产业的各环节都不会孤立存在，时尚行业也不例外。时尚行业既包含传统的制造，又涉及设计、营销等过程，是全球性特征最明显的行业之一，具有很强的跨界特点。纽约政府部门重视时尚对整个纽约城市的意义，针对时尚行业这样的特性做了许多工作：市长在纽约经济中心建立时尚办公室，专门辅助美国时装设计师协会（CFDA）工作；完善时装周的秀场设备，以满足各种展示形式的需要；同时还协调其他官方部门，建立不同机制来帮助协会开展和完成各项工作。[④]

而美国时装设计师协会（Council of Fashion Designers of America，简称CFDA）是美国时尚行业中重要的协会之一，其使命是加强美国时装设计师在全球经济中的影响力和成功。协会成立于1962年，是一个非营利性的行业协会，领导着整个美国时尚行业的活动，成员包括500多名美国最著名的女装、男装、珠宝和配饰设计师。[⑤]协会与管理集团分工明确、优势互补，协调服装的商业性和艺术性的平衡，为服装设计师的培养与品牌传播提供优质的平台。美国时装设计师协会每年举办美国服装设计师协会大奖（CDFA Fashion Awards）来表彰业内顶尖创意人才，并提供支持专业发展和奖学金的项目和活动。

2. 纽约时尚教育的特征

纽约时尚行业的快速崛起在一定程度上得益于对时装教育的高度重视。纽约有20多所高等教育学府及研究机构，其中更有多所世界一流的艺术设计类院校。作为

---

① 王茂春.纽约时装产业发展经验及启示［J］.合作经济与科技，2019（14）：40-41.

② 彭龙玉，郭平建.北京与纽约服装设计师培养机制比较［J］.山西师大学报（社会科学版），2013 40（S1）：58-60.

③ 同上.

④ 同上.

⑤ CFDA Company Snapshot. Business of Fashion [EB/OL]. https://www.businessoffashion.com/organisations/cfda.

世界公认的时尚之都之一，纽约在服装设计师人才的培养教育与研究方面起步较早，并发展出了世界领先的教育理念和培养方法。

（1）充分利用城市资源优势

纽约知名的时尚艺术类院校均坐落于纽约市较为中心的地区，这就为学生们制造了天然的时尚和文化氛围。学生能够，并且院校也大力鼓励学生们走出校园，将自己置身于时尚、商业、金融、文化交织的环境中，把整个纽约市作为学习和生活的实验室，去探索这座城市。各院校利用纽约市丰富的文化和经济资源充实其课程：一方面，学生可以经常接触到各类设计工作室、博物馆、画廊、工厂以及零售业参观，增长见识，联系课堂与实际；另一方面，院校经常聘请时尚行业一线从业人员进入课堂与学生交流，帮助学生了解时尚业的最新趋势和发展动态。在课程的设置上，学校也十分强调学生去各类博物馆、图书馆、设计工作室、艺术品陈列室和作坊调研，搜集资料，完成作业并汇报。[①]可以说，纽约市在各类资源上的绝对优势，为培养学生实践和创新能力提供了一片沃土。

（2）完备的配套设施满足学生需求

时尚行业的发展与创新能力息息相关，因此实验室在时尚艺术类院校中不可或缺，是将学生在课堂上所学的知识转化为实践、创新能力必不可少的教学条件。纽约的时尚艺术类院校拥有众多高度专业的实验室和先进设备，为学生提供支持，使学生进行具有挑战性的项目实验和研究，从而激发学生的创造力。以纽约时装技术学院为例，该院校的纤维实验室可以让学生亲眼见识人造纤维的制造过程、学习利用灯箱对织物进行辨色；纺织实验室可以让学生亲自体验制作梭织物，见识超大及超小型针织物的制作过程等。

纽约时装技术学院的图书馆馆藏也弥足珍贵。除去日常学生可任意借阅的最新图书、时尚杂志、纺织杂志和各类艺术设计书籍外，从珍藏馆的稀有书刊和教材，到覆盖纺织科学和服装工业的多方面的特殊收藏，再到设计师的设计手稿，和相关传记材料的剪贴簿、档案、光盘文件夹和照片等都收藏在册。还有丰富的电子图书及网络数据库，70多个世界范围的数据库收录最新杂志、视觉图像、调查报告和其他信息资源。[②]这些丰富的纸质和电子图书资料为学生的学习和创作提供了极大的便利，同时也可以激发学生对时尚的热爱和对所学的认同。

纽约时装技术学院的博物馆也是学校一大珍宝。博物馆不仅服务校内师生，更作为纽约服饰博物馆服务纽约市民及全世界游客。这里的永久性收藏包括约5万件从18世纪到现今的服装及配饰、定期展览的世界顶尖设计师的作品和各类专题展览。博物馆每年都会在上百个班级授课时使用，同时专门有一间展馆为展示学生作品而开辟，为培养学生的创新能力积极服务。[③]

（3）多种奖励激励学生创新

纽约的时尚艺术类院校大多设立校友会、企业基金和奖学金等用以鼓舞和奖励学生发挥自身优势，积极投身于所学。值得关注的是，院校在评选这些得奖者时，并不完全以学习成绩为标准，而是关注学生做了哪些事、取得了怎样的成果以及学生对所学的热爱程度。以纽约时装技术学院为例，学校针对不同专业设立了各具特色的奖项。比如 Jean L Rosenblat、Rose Lanziloti 奖是为奖励在纺织、平面设计、

① 郭平建，刘颖，姚霁娟.美国纽约时装学院学生创新能力的培养及其启示［J］.纺织教育，2010 25（02）：76-78.

② 同上.

③ 同上.

色彩设计及纺织品营销等方面有创新能力和成绩优秀的学生；Marin K brandriss和Amy Loc icer课外服务奖是鼓励在课外活动中有杰出表现的学生。这些众多奖项既是对学生创新能力、创新成果的肯定，又是激励学生进行不断创新的动力。[①]

（4）为学生就职铺路

纽约的时尚艺术类院校与不少国际大公司建立了合作关系，以便于学生的参观、实习、访问、深造等。学生有了更多机会参与研究与开发项目、小型研讨会、论坛等，也能得到更多去知名工作室、重要工作岗位实习的机会，这对学生迈入时尚行业的职业道路来说大有裨益。[②]另外，校内各种各样的实习课程也能使学生获得非常重要的就业理论知识。各院校的职业发展中心会帮助学生进行就业辅导，从职业定位到撰写简历、模拟面试等整个流程对学生加以辅导。这些具有一定实践经验和创新能力的学生将非常受社会的欢迎，很多学生毕业后，甚至还未毕业时，即被知名品牌公司聘用。

（5）与文化机构紧密合作

在纽约市众多的资源中，丰富的文化资源在时尚教育中扮演了非常重要的角色。这里有世界闻名的纽约大都会博物馆、纽约现代艺术博物馆、百老汇剧院、古根海姆博物馆、卡耐基音乐厅、林肯表演艺术中心等重要文化场所，是学习时尚和艺术的学生们天然的艺术大课堂，是学生甚至世界各地艺术家们灵感的重要来源。纽约的时尚产业不仅从这些文化资源中获益，同时也为这些文化机构提供设计和财政的资助。纽约的文化基础是时尚体系中的核心部分，因为艺术和文化能够为时尚赋予美学的价值。[③]纽约时尚体系架构如图5-1所示。

另一方面，纽约成熟的时尚出版和媒体机构囊括了很多与时尚息息相关的动态，是沟通时尚与社会的桥梁。通过报道与推荐，新锐服装设计师被人们知晓，同时读者的反馈也为设计师提供大众消费的趋势和消费需求。此外，凭借强大影响力和雄厚的经济实力，一些出版集团会对荣获国际大奖的新锐设计师们给予指导和资金的支持，并提供去知名服装公司工作的机会等。除了传统的纸质媒体，很多美国电影电视也为纽约服装设计师推广起到了重要的作用。[④]

3. 代表性院校简介

（1）帕森斯设计学院

帕森斯设计学院成立于1896年，是世界最著名的服装设计学院之一。在《美国新闻与世界报道》中，帕森斯设计学院两项数据排名位列世界第一，分别是国际本科生比例和小班级（20名学生以下）数量。这说明帕森斯设计学院秉承着高度国际化、专注于培养时尚行业顶尖人才的办学原则。在帕森斯，本科学生第一年的课程着重于艺术设计基础和对工具的使用，同时具有灵活的探索机会。学生可以通过选择不同数量和种类的课程决定未来的专业方向，还可以在大学二年级选择转专业。

学校重视创新、设计和艺术性，提供各方面专业的设计课程，给予学生多样化的设计概念。学生享有很多独一无二的实习机会，包括香奈儿公司、康泰纳仕集团、迪士尼公司、梦工厂、谷歌、漫威漫画和联合国总部等世界知名公司和机构。

① 郭平建，刘颖，姚霁娟.美国纽约时装学院学生创新能力的培养及其启示［J］.纺织教育，2010，25（02）：76-78.

② 同上.

③ 王颖颐.时尚之都纽约的成功经验及对北京的启示［D］.北京服装学院，2012：26.

④ 彭龙玉，郭平建.北京与纽约服装设计师培养机制比较［J］.山西师大学报（社会科学版），2013，40（S1）：58-60.

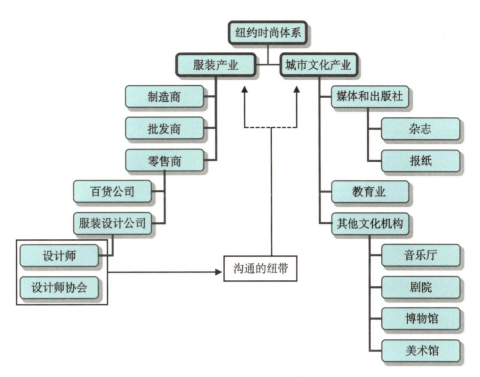

图5-1　纽约时尚体系架构[1]

知名校友包括马可·雅可布（Marc Jacobs），安娜苏（Anna Sui），亚历山大·王（Alexander Wang），山本耀司（Yohji Yamamoto）等。[2]

（2）纽约时装技术学院（FIT）

1944年9月，纽约时装技术学院创立。纽约时装技术学院通过提供一流的教育，将学生培养成为在设计、时装和商业中既专业又杰出的人才，培养出卡尔文·克雷恩（Calvin Klein）、朱钦骐（David Chu）、迈克·高仕（Michael Kors）、雷姆·阿克拉（Reem Acra）、弗朗西斯科·科斯塔（Francisco Costa）等著名服装设计师与企业家。

学校开设有服装设计、织物设计、时装摄影、时尚产品管理等时尚相关专业，拥有雄厚的师资力量。纽约时装技术学院的教师要求具有大量行业实践经验，能够将自身的专业活动融入到教学中。教师通过参加各种学术会议和展览、出版作品，或作为特定领域的专家出席媒体的各种活动，不断提高自己的设计水平和职业能力。此外，学院还邀请一些专业人士作为学院的顾问、时尚评论人和客座教师，并定期举办各种讲座。[3]纽约时装技术学院地处纽约曼哈顿区，除了具有大量实习、调研的机会，学院还为学生提供广泛的实践项目，参与赞助的企业或合作单位每年都会从该校招收大量学生参加实习工作，为学生毕业后的发展铺路。[4]

作为高校，纽约时装技术学院同纽约的博物馆、艺术中心以及时尚杂志也都有着

① 王颖頔.时尚之都纽约的成功经验及对北京的启示［D］.北京服装学院，2012：18.

② 百度百科"帕森斯设计学院"词条［EB/OL］.https://baike.baidu.com/item/%E5%B8%95%E6%A3%AE%E6%96%AF%E8%AE%BE%E8%AE%A1%E5%AD%A6%E9%99%A2/5771793?fr=Aladdin.

③ 郭平建，刘颖，姚霁娟.美国纽约时装学院学生创新能力的培养及其启示［J］.纺织教育，2010, 25（02）：76-78.

④ 同上.

密切而广泛的联系。纽约时装技术学院认为整个纽约都是学生的实习场地和课堂，纽约的文化精髓有助于学生的创新和实践。去陈列室参观家用纺织品陈设、去餐厅学习室内设计，甚至去布鲁克林大桥下素描写生都是学生们的日常。此外，纽约时装技术学院也会经常安排学生前往博物馆、美术馆、百货公司和采购办事处等实地考察，定期邀请业界名流来学校演讲，把最新的科技和最前沿的时尚信息引入到课堂教学中来。同时，学生们还可以参与到形形色色的社团活动中，通过彼此之间的合作与讨论，不断碰撞出灵感的火花。纽约时装技术学院在纽约时尚教育中的位置至关重要，它融合了这座城市独特的时尚气息，为时尚产业源源不断地输送人才。[1]

（3）普瑞特艺术学院（Prart College of Art）

普瑞特艺术学院成立于1887年，是一所应用艺术型学校，提供建筑、室内设计、平面设计、艺术设计、工业设计、时装设计、珠宝设计、插画、数字艺术、创意写作、历史、图书馆和信息科学等领域的教学和研究。普瑞特艺术学院与纽约时装技术学院、帕森斯设计学院并称为全美三大设计学院，居于美国艺术类院校领军层次。普瑞特艺术学院培养了众多的艺术类人才，不乏知名画家、设计师、建筑师、作家等。知名校友包括时装设计师劳伯.瑞福（Robert Redford）、杰瑞米.斯科特（Jeremy Scott）等。[2]

（二）纽约时尚文化和时尚教育的作用

纽约的时尚产业体系成熟，肩负着从服装生产到批发销售的各个过程。政府的支持、媒体出版业的发达、文化艺术机构的繁荣对时尚产业的艺术性与商业融合提供了有力支持，对时尚行业人才的培养发挥着至关重要的作用。设计师为作品赋予城市文化与艺术的内涵，设计师协会则为设计师搭建了更为广阔的平台，吸纳和帮助设计师发挥所长，为他们寻找更好的资源和更广阔的展示舞台。纽约时尚体系内资源配置的优化和时尚影响力的扩大，离不开时尚文化和时尚教育中各环节的作用。[3]

五、东京时尚文化和时尚教育分析

1996年，日本提出"文化立国"的战略构想，在政府的大力支持和推动下，东京时尚创意产业发展迅猛，国际竞争力大大提高，在全球占有了一席之地。[4]东京位于日本列岛的中心、关东地区的南部，四季分明、交通发达。东京的新干线连接东京与日本各地，东京的铁路、公路和海运组成了四通八达的交通网络通向世界各地，发达的交通为东京成为时尚之都提供了便捷的运输和流通条件。

东京是日本时尚的代名词。"卡哇伊""非主流""视觉系艺术"等时尚风格和文化是日本曾经独具特色的时尚和潮流，夺人眼球的外表吸引着世界的目光。新宿、银座、涩谷等都是东京著名的时尚潮流聚集地，涩谷还拥有号称"世界最繁忙"的十字路口，每天形形色色的人穿梭于此，其中不乏大量的时尚人士。著名的六本木

---

① 郭平建，刘颖，姚霁娟.美国纽约时装学院学生创新能力的培养及其启示［J］.纺织教育，2010，25（02）：76-78.

② 百度百科"普瑞特艺术学院"词条[EB/OL].https://baike.baidu.com/item/%E6%99%AE%E7%91%9E%E7%89%B9%E8%89%BA%E6%9C%AF%E5%AD%A6%E9%99%A2/6404997?fr=aladdin.

③ 彭龙玉，郭平建.北京与纽约服装设计师培养机制比较［J］.山西师大学报（社会科学版），2013，40（S1）：58-60.

④ 王时音.日本时尚文化与品牌研究［J］.美术教育研究，2012（05）：52-53.

之丘是日本曾经规模最大的都市再开发计划之一，随季节变化的外暖帘、艺术氛围浓厚的内饰都充满了时尚气息。日本的知名设计师、电影艺人等都簇拥森林大楼周围。大厦楼顶著名的森美术馆定期举办高质量的展览，也是众多艺术家、设计师的必去之地。[①]

（一）东京时尚文化和时尚教育的特征分析

1. 东京时尚文化的特征

东京时尚文化既具有和其他地区时尚文化的共通性，也有别具一格的特性。日本设计师和艺术家们都信仰和遵循自己的美学逻辑和哲学，不断地挑战着西方的审美观念，也塑造了今天属于东京的时尚设计风格。[②]

（1）本土文化与西方文化有机结合

近代以来，东京的时尚文化已经成为本土文化与西方文化有机结合的混合体。一方面日本本土独具特色的"卡哇伊"时尚文化柔美亮丽、小巧而精致，追求完美的极致，整体上以柔和简约为外表，这一风格曾在全世界传播。另外，日本动漫和日剧也曾风靡亚洲乃至世界。以深刻精神为内涵是这些风格的特征。另一方面，东京时尚受到西方文化的强烈影响。西方开放的思想早在明治维新之时已经开始慢慢融入并影响日本人的生活。西方立体、开放式的风格也影响着东京的风格[③]。在东京，既有西方化的电影院，也有传统的居酒屋。

不轻视本土文化、地理环境对思想潜移默化的影响，是东京乃至整个日本时尚设计风格独树一帜的重要原因。当全世界的目光都聚焦这个国家，日本更借此机会扩大在世界上的影响力，把弘扬日本文化和吸收新儒学及西方文化的优点结合起来，这种新鲜而古老的东方文化既吸引了西方人的眼球，又迎合了东方人的胃口[④]。

（2）重视材料的应用

日本艺术家、设计师对材料的探究都非常执著。著名的服装品牌三宅一生一直坚持利用现代科技研究布料的质感、肌理，以及寻找代替材料。"纸"这种最普通、最传统的材质经过设计师的手也会呈现多种可能性。著名的产品设计师深泽直人以经过特殊处理的纸为材料，设计制作文件包、书包、笔袋、眼镜袋甚至拖鞋。艺术家大多热爱自然，对天然材料情有独钟。建筑师隈研吾的代表作"梅窗院"用玻璃做建筑外墙，"竹屋"则直接将竹子用在外墙上，使得墙面的肌理产生了丰富的变化。[⑤]

2. 东京时尚教育的特征

日本现代时尚的发展主要得益于服装教育的普及和传播。以文化服装学院为代表的日本现代服装教育，初始于20世纪初叶，到20世纪中叶日本全国在读的与家政服装有关的学生有30万左右，到70年代日本时装冲击世界时尚舞台时，日本已经储备了大批时尚设计人才。[⑥]

（1）政府的重视

日本政府重视设计产业，重视时尚、设计等领域的教育。据统计，在1994年，日本设计专业毕业的人数居世界第一位，其中90%以上日后都从事各种设计职业。

---

① 徐治国.从日本时尚看日本教育［J］.艺术科技，2018（07）：295-296.
② 王时音.日本时尚文化与品牌研究［J］.美术教育研究，2012（05）：52-53.
③ 刘天.上海时尚产业发展模式研究［D］.东华大学，2012：33.
④ 卞向阳.国际时尚中心城市案例：五大国际时尚之都分析[M].上海人民出版社；格致出版社，2010.
⑤ 王时音.日本时尚文化与品牌研究［J］.美术教育研究，2012（05）：54-55.
⑥ 宋杰.日本服装设计的文化性格［D］.天津工业大学，2007.

20世纪五六十年代，全日本有1 000多所各种类型的服装学校。日本大学分国立、公立、私立，日本约有170所大学有艺术设计专业，约2.2%的大学有美术系。例如当2018年三分之一的大学招生不足时，日本的美术教育积极面向社会开放，主要针对成人，大学甚至提出无门槛入学。[①]

东京乃至整个日本时尚产业的发展从深远的角度来看，这是自明治维新以来，日本政府重视学习西方生活方式逐渐与其本土化结合的成果，是其科技、人才以及学习西方过程中所积累的经验软实力的体现。[②]

（2）设计是生产力

东京的时尚设计人才发展道路充分体现了设计就是生产力。日本在时尚产品量与质飞速发展的同时，利用设计创新带来高额附加值、带来产业升级。同时，东京的时尚教育注重学生能力的培养，为学生毕业后从事的职业做准备。院校通过聘请从业经验丰富的教师、良好的教学设备、多种多样的课程和实际的实习项目，为立志于时尚设计的学生提供一条成为服装业和时尚界人才的有效途径。

3. 代表性院校简介

（1）东京艺术大学（Tokyo University of Arts）

东京艺术大学是世界知名的艺术大学，也是日本一所国立大学。它分为美术学部和音乐学部，以培养美术和音乐领域的艺术家为目标，培养了许多知名的艺术家。其中美术学部是日本绝大多数著名画家、设计师的摇篮，在日本被公认为是日本最高的艺术家培养机构。[③]创校130多年来，东京艺术大学坚持在坚守日本传统文化的基础上，学习并融合西洋的思想技术，并尊重自由创造的精神。其以实施世界最高水准的艺术教育，培养兼具高专业性和感性的艺术家及艺术领域的工作者、研究者、教育者为教育目标，重视促进社会对艺术重要性的理解，为形成内心丰富充满活力的社会而努力，创造机会让市民与艺术能够密切接触，用艺术为社会做贡献。

（2）文化服装学院（Bunka Fashion College）

文化服装学院已有80多年的历史，培养了数十万计的毕业生活跃在世界各地的服装领域，已经成为具有较大影响力的世界服装人才培养中心。其以高超的时装裁剪、设计、生产和营销的教学水平享誉世界，是亚洲为数不多的几所重要服装学院之一。山本耀司、高田贤三等享誉世界的大师均毕业于此。教学理念上，文化服装学院重视东西文化的交流，认为文化的碰撞与冲击能产生火花，并对本土传统文化抱有自信，敢于打破主流。这也成为东京乃至日本时装设计的精神内涵。大量的日本时尚设计人才在这里成长，最终走向世界时装舞台。可以说，文化服装学院见证和参与了日本时尚界发展振兴的全过程，也成为东京跻身于世界时装之都的功臣和坚强有力的后盾。[④]

（3）日本Mode学园（MODE GAKUEN College of Fashion Design）

日本Mode学园创建于1966年，在大阪市、东京都和巴黎都设有分校。学校开设服装设计学、服装技术学、服装商务学、装潢学、室内装饰学、视觉艺术学、制造学等课程，是培养服装行业、美发行业、图案设计、装潢业等领域的创造性人才的专门学校。授课讲师具有丰富的实践经验，并活跃在相应领域。学校会举办作品

① 徐治国. 从日本时尚看日本教育［J］. 艺术科技，2018，31（07）：301-302.

② 宋杰. 日本服装设计的文化性格［D］. 天津工业大学，2007.

③ 徐治国. 从日本时尚看日本教育［J］. 艺术科技，2018，31（07）：295-296.

④ 宋杰. 日本服装设计的文化性格［D］. 天津工业大学，2007.

展览比赛，以检验学生的就职能力和创造能力。特别的是，学校采用完全就职保证制度，如果毕业生不能就职，可以免学费继续在学园深造直到就职。日本Mode学园就业率百分之百，也因此吸引着全世界的学生来学校学习。①

（4）东京造形大学（Tokyo Zokei University）

东京造形大学是于1966年设立的日本私立大学，由日本著名设计大师桑泽洋子所创立，是日本第一所以"造形"命名专攻设计与美术的小规模精英大学。东京造形大学的名称和理念来源于继承了德国造形大学包豪斯艺术学院（Bauhaus）理念的乌尔姆造型学院（Hochschule für Gestaltung, Ulm）。学校以培养具有创造性的高端艺术人才为目标，培养出了大量艺术精英，是日本著名美术与设计教育的高等学府，东京五美大之一。②

（二）东京时尚文化和时尚教育的作用

东京优越的地理位置，四季分明的气候，发达的交通运输，强大的经济实力和独特的文化为东京成为国际时尚之都提供了外部条件。20世纪70年代，日本服装设计师对于传统因素的现代表达受到世界的关注，加上当时日本较强的纺织服装产业实力，东京在国际时尚界逐渐拥有了话语权。而日本的电器、电子产品、生活用品等不仅具有深厚的技术含量和精致的做工，还有符合潮流的外观和功能设计，也成为时尚产业的重要组成部分。日本时尚产业的主要公司或将总部设在东京，或在东京设置专门的机构。东京的时尚青年的装扮和生活方式也吸引了世界的目光，这些均使得东京成为国际时尚界的重镇，不仅在亚洲具有很大的影响力，也给一直以来由西方世界所主宰的时尚界带来了不同的精彩。

第二节　上海时尚之都建设：
上海时尚文化和时尚教育分析

一、上海时尚文化和时尚教育的发展现状

上海是中国历史文化名城，同时拥有丰富的创意资源，出版业、动漫艺术业、电影业都在上海迅速发展。上海苏州河沿岸的厂房、码头的建筑物为时尚创意提供了可延伸的空间。上海的现代化公共文化设施提升了上海市的文化底蕴，同时促进了上海与外界文化的交流，为上海时尚产业的发展营造了时尚氛围。上海拥有雄厚的现代化

---

① 百度百科"日本 Mode 学园"词条 [EB/OL].https://baike.baidu.com/item/日本Mode学园/17389113?fr=Aladdin.

② 百度百科"东京造形大学"词条 [EB/OL].https://baike.baidu.com/item/东京造形大/7961368?fr=Aladdin.

大型公共文化设施，与外界有十分频繁的文化交流。中国改革开放以来，上海举办过多次大型文化活动，并建造了多所全国一流的文化设施，包括上海大剧院、上海博物馆、上海图书馆、上海影城等。每年上海还举办艺术节、电影节等文化活动。[①]因此，在上海不仅可以领略中华民族的文化，还可以欣赏到海外文化，这些都为上海时尚产业的发展营造出现代、前卫且不失精神内涵的时尚文化。

二、上海时尚文化和时尚教育的特征表现

（一）上海时尚文化的特征

上海有着深厚的文化底蕴，并以海纳百川、中西交融的海派文化著称。上海在中国江南传统文化的基础上，与开埠后传入的欧美文化等融合而逐步形成，上海时尚文化既古老又现代，既传统又时尚。上海时尚文化区别于中国其他文化，具有开放而又自成一体的独特风格。这种兼容并蓄的历史形成了上海独特的文化——时尚、先进，不同价值观在这里碰撞，各类思潮可在这里寻找到自身发展的土壤。

上海具有很强的吸纳外来文化和紧跟时尚的意识，上海与海外的交流带来了承载着生活方式和价值观的上海时尚文化，多彩的文化和对多元文化的包容正是上海时尚文化的精髓。上海具有发展时尚产业的兼容并蓄的文化特质。开放的上海的国际化程度日益提高，都市的兼容性、宽容性进一步保持和发展，这种多元丰富的文化氛围适合时尚产业的发展[②]。

（二）上海时尚教育的特征

时尚教育涉及的不仅仅是设计人才，还包括时尚营销、时尚管理、时尚传播、时尚科技等与时尚产业相关的方方面面。上海作为中国时尚的风尚标，自由开放的环境吸引着众人的目光。如何使这里的时尚人才引领中国时尚发展，成为时尚产业发展的聚焦点，是时尚教育的重中之重。通过对目前上海时尚教育现状的研究发现，目前的时尚教育主要是"以院校教育为主，社会教育为辅"的教育模式，形成了注重传统、勇于创新、接轨国际的特色，上海时尚教育不仅将本土文化与国际视野结合，宏扬海派文化，还推送优秀作品走向世界舞台，更是与互联网结合，丰富了时尚教育的形式。

三、上海时尚文化和时尚教育的现存问题

（一）上海时尚文化现存问题

从世界五大时尚之都的形成来看，其时尚产业各具特色。而上海的时尚产业在经历市场的涤荡的过程中，尚未找到特色鲜明的、不可替代的、结合自身文化背景的风格定位。有句话一针见血地点出目前上海时尚文化存在的问题："上海到目前为止还只是一个时尚消费之都，而不是一个时尚创造之都。"[③]

时尚文化的特性决定了它与城市特色、地域特点、历史文脉、产业资源、学科

---

① 沈滨.时尚之路——上海国际时尚之都建设的新探索[M].北京：经济管理出版社，2017.

② 杨柳，张金鲜，刘燕萍.时尚创意类大学生创新创业教育提升途径探析——以东华大学服装与艺术设计学院为例[J].新西部，2019（23）：55-56.

③ 同上.

构成等环境与基础要素关联密切，需要天时、地利、人和的共同条件。[①]由于时尚教育是本章探究的重点，因此这里主要讨论"人和"，即时尚教育及时尚人才培养方面的内容。

（二）上海时尚教育现存问题

海派文化中很重要的一个特点即为服饰文化，可以说上海是中国具有时尚服饰文化的城市之一。与之相关的时尚教育，在上海乃至全国目前都主要以服装与服饰设计专业、服装设计与工程专业等为主体。

1. 教学内容固化且粗放

在上海，时尚相关的设计专业教育依然存在教学内容固化的特点。时尚的最大特点就是无时无刻的变化。在十分强调速度和新鲜感的时尚行业，教学的内容和方式是不应当长久、大范围固化的。但目前，在一些专业基础模块的教学中，有一些课程甚至一直不变的可以从20世纪80年代末教授到今天。例如，现在甚至还可以看到某些课堂上学生在完成平面构成的"渐变"、"发射"等作业。[②]

我国的服装设计教育基本上是一种重视理论型和绘画型的教育，理论与实践分开，不注重服装本身集合多重技术、多重艺术的综合性特征，这种教育模式下培养出来的学生能力单一，实践能力先天不足，专业上缺乏现代化操作理念及品牌运作意识。[③]以服装专业课程为例，除去基础通识课程，在专业方向课程上，国内服装设计专业课程主要包括服装设计基础、服装色彩、服饰图案、服装系列设计、服装平面制图、服装工艺等传统服装课程，大约占总学分的50%，即使分专业方向，专业方向的课程数量不会超过10门。[④]与时尚之都意大利相比，上海（或者说整个国内）的服装专业教育重视基础训练和知识的传授，而意大利更重实践能力与创新型思维的培养。若能吸收其优势，对上海的服装设计教育将大有裨益。[⑤]

2. 人才培养层次不明确

人才培养层次是教育层次结构设置的依据，合理的教育资源供给应当与产业人才端的层次对应配给。现存问题中，人才培养目标不稳定且多变。培养"高级专门人才""高级复合型人才""应用型高级人才"等众多目标影响了人才培养的长期性、稳定性。[⑥]并且各类层次的人才规格，目前并不能满足产业人才的梯次平衡。目标含混、课程针对性不明、重本轻专、重艺轻技等倾向较为明显。

3. 院校教育与企业相隔

国内服装设计教育与企业实际需求间仍存在距离。虽然一些服装院校已意识

---

① 王朝晖.服装设计专业课程创新型教学模式的构建［J］.纺织教育，2011,26（04）：274-275.

② 同上.

③ 曾丽.中美应用型院校服装设计专业学分制对比研究［J］.深圳职业技术学院学报，2013，12（04）：21-25.

④ 吕学海.服装教育与产业背景下的人才培养——由日本东京文化服装学院教学模式引发的思考［J］.设计艺术，2005（01）：14-15.

⑤ 孙超.意大利艺术设计教育教学体系的启示与思考——以佛罗伦萨大学与POLIMODA时尚学院为例［J］.邢台职业技术学院学报，2018，35（03）：35-40.

⑥ 彭龙玉，郭平建.北京与纽约服装设计师培养机制比较［J］.山西师大学报（社会科学版），2013 40（S1）：58-60.

到了问题，逐渐开始增进与企业的联系，但大都停留在请设计师做讲座或带学生去企业参观等层面，既未能使学生真正参与企业的实际工作，也没有让品牌企业里经验丰富的设计师在教学中发挥作用。事实上，国内有着丰富的服装企业资源，尤其是长三角地区在企业资源上有着全国领先的优势，这些宝贵资源不应该被院校所忽视。增加与企业的交流合作，积极地让学生尽早接触行业，特别是常常邀请设计师走上讲台，充分利用他们的实践经验，使其与专职教师们一起培养未来的时尚人才。①

时尚设计高度市场化和产业化的特性，决定了产学研互动应该是时尚设计教育的一个基本办学模式。时尚教育要以国际化的视野、前瞻性定位为引导，遵循行业企业的标准、要求，依据产业科技和文化的走向和动态，按照产业当前和发展的需求，培养专业型、应用型的设计人才。②

四、上海时尚文化和时尚教育发展的对策路径

（一）注重教学的与时俱进和实用性

设计专业学生的眼界和知识水平决定了他们的今后发展，所以在教学中应不断给学生注入新的知识，才有可能挖掘出他们的创造性思维。应该摒弃掉千人一面、固化的教材、教学思维和课堂教学方式，大量引入国际最前端的时尚教育类教材、资源库、数据库等。

在课程设置上，可以学习国外时尚类院校的模式。例如，日本文化服装学院根据行业背景，结合人才需求确定培养目标来设置课程，强调知识的针对性和应用性。他们认为服装行业的职业分工将越来越细化，无论多么优秀的人都不可能独自承担设计、生产、管理及营销任务，多职业种类的人们通力协作，是未来时尚行业必然的发展趋势。③

在教学方式上也应加以改革。例如，日本文化服装学院根据课程特点，确定除了少量的必修课是在教室里采用常规授课方式外，大部分课程是在工作室或实习车间里授课，采用理论与实践相结合的教学方式，学生边学习边实践，在实践中验证理论，用理论指导实践，这种教学方式既能加深学生对理论的理解，又能提高操作技能。④

另外，完善教学实验室、引进专业先进设备，为学生提供技术上的支持，这是将学生在课堂上所学的知识转化为实践、创新能力必不可少的教学条件。注重完善图书馆馆藏和相关领域的稀有书刊和特殊收藏，并确保学生能够方便地借阅，不要只是束之高阁作为摆设。⑤

还可以引进发达国家先进教育模式与教学方法，加快培养国际化外向型服饰艺术设计人才。通过中外合作办学，引进国外投资，引入国外教育资源，借鉴国外办学模式的长处，引进先进的专业课程，加快现有专业的改造。⑥

---

① 齐冀.米兰欧洲设计学院服装设计专业创新型人才培养的实践教学［J］.装饰，2014（04）：102-103.
② 王朝晖.服装设计专业课程创新型教学模式的构建［J］.纺织教育，2011 26（04）：274-275.
③ 方刚.以时尚为核心的专业建设［J］.商场现代化，2017（24）：23-24.
④ 同上.
⑤ 彭龙玉，郭平建.北京与纽约服装设计师培养机制比较［J］.山西师大学报（社会科学版），2013，40（S1），58-60.
⑥ 曾丽.中美应用型院校服装设计专业学分制对比研究［J］.深圳职业技术学院学报，2013，12（04）：21-25.

（二）明确不同层次时尚人才培养目标及培养方法

在本科人才培养中，应用型和素质型人才的培养都应得到重视。前者侧重于培养适应产业需求的卓越岗位技术人才，后者侧重于培养具有发展潜能的知识与能力兼具的研究型人才。本科人才可侧重于时尚品设计与传播、设计文化与趋势、设计方法与实践等教育；高职人才可侧重于设计技能与手段、设计工艺与流程等教育；中专中职人才可侧重于岗位技能和工艺手段教育；继续教育人才可侧重于职业培训与素质提升等教育[①]。

"艺工融合"整合资源，培养交叉复合型人才也是一个很好的思路。在充分利用各院校的基础优势和平台的前提下，在设计、材料、商业化等领域设立"工业设计"实验班、"纤维与时尚设计"实验班、"广告"实验班等[②]，院系之间交叉授课，共同组织时尚艺术活动，整合时尚资源，形成共享空间。学生交叉学习，跨专业组建创新团队，发挥不同学科背景优势，结合新媒体和互联网的发展大势，助力培养具备专业知识和产业实践能力的复合人才。

同时，还需要选拔创新研究型人才。以培养学生一流的科研能力为目标，更要注重学生国际视野的培养，打造国际时尚的中心、聚集国际水平的师资、构建中外合作培养的环境。

（三）完善产学研一体化

完善产学研一体化，加强校企联动，以产学研协同机制培养有特色的应用型人才，实行校企协调培养，强调应用型特点。院校注重与时尚企业的合作与联系，设立较固定的实习基地，使得与企业的合作关系成为吸引学生就读的重要因素之一。聘用企业中富有经验的行业一线人员，在企业和高校中进行身份转换。国际时尚品牌大多在中国有分支机构，这是巨大的时尚行业资源。学校可以尝试与这些国际时尚企业建立稳固的联系，建设实践基地和就业平台。积极组织优质企业走进校园，宣传展演，让在校生熟悉了解企业运作模式。通过校内校外的课题和项目带动应用型人才培养，是一种嵌入式的无缝对接。

设立专项基金支持大学生依托专业开展创新创业。在这一点上，有些院校已做出了示范：2018年东华大学服装与艺术设计学院与上海新因子众创空间管理有限公司、上海环东东华智尚源投资管理有限公司开展合作，建立文创实践基地，帮助大学生解决创意过程中遇到的问题。[③]

还可以依托高校资源，以校企合作、产学研结合的方式设立时尚培训机构，开展时尚行业学历教育，培养时尚产业的经营管理人才。设置时尚行业人才职称，培训时尚行业策划师、咨询师和培训师等，建立和完善时尚产业的人才管理体系。[④]

（四）完善行业协会的支持作用

像伦敦时装协会一样，上海的时尚行业协会与相关组织需要和企业加强合作，辅助年轻设计师的培养。伦敦时装协会的这种模式可以被借鉴于上海的时尚教育当

① 王朝晖.服装设计专业课程创新型教学模式的构建［J］.纺织教育，2011 26（04）：274-275.

② 同上.

③ 贾荣林.时尚设计教育发展面临的环境和对策［J］.艺术设计研究，2016（03）：105-109.

④ 杨柳，张金鲜，刘燕萍.时尚创意类大学生创新创业教育提升途径探析——以东华大学服装与艺术设计学院为例[J].新西部，2019（23）：55-56.

中来。如今的上海应该着力于构建一个完善设计师培养的平台环境，这需要由政府、行业协会、设计师、院校、媒体等构成一个有机结合的合作体系，在这个体系内相互协作，解决时尚行业发展中遇到的难题。

由于时尚产业要求具备较强的资源整合、整体规划和综合服务能力，以推动城市时尚产业的发展。为此，上海要加强对现有各分散行业组织的指导，完善行业组织结构，以行业龙头为主体，以社会化、市场化运作为机制，以共性化服务平台为纽带，加强专业协会之间的联动与合作。①

（五）重视时尚传播的作用和价值

时尚媒体是宣传品牌、推广设计师、引导大众时尚消费的绝佳渠道，其既有评价职能，也有宣传的职能。加强上海本土时尚品牌、时尚企业、时尚文化的宣传，通过各类新媒体、电视、专栏、访谈、论坛、大会、展览、出版物、公共活动等手段，宣传上海时尚产业的文化底蕴和综合实力，引导全社会增强时尚品牌意识和营造自主品牌市场氛围，同时注重向海外的传播②，讲好中国故事，讲好上海故事。上海的专业时尚人才和拥有国际影响力的本土品牌是"时装之都"获得国际认可的先决条件。让时尚媒体担任传播时尚讯息的先锋，是宣传设计师和作品的有力措施。

通过以上分析发现，上海的时尚教育与国际上先进的院校相比还存在着较大差距。但同时上海也应当看到自身的优势。第一，我国的服装产业在世界上占据非常重要的地位，对于时尚人才的需求与日俱增，这将为时尚教育提供广阔的发展前景。第二，我国时尚教育的生源充足，质量优良。近几年许多院校的服装专业增加了理科生，这不仅能够促进学科间的相互渗透，同时也有利于学生间的优势互补，为培养艺术创新与职业技能兼备的复合型人才创造了有利条件。第三，近几年国际间的合作交流加快了教学改革的步伐，国外设计教育的先进经验不断的被国内院校消化吸收，上海的时尚教育正朝着国际化的目标迈进。③

当然我们也必须清醒的认识到，上海的时尚教育还面临着重重挑战。现代时尚产业的发展，对时尚教育提出了新的人才观，院校要顺应行业发展的潮流，加大教学改革的力度，要向世界先进的时尚类院校学习，加强与世界知名院校的合作，尽快实现教育观念国际化、教学模式科学化、教学手段现代化，培养出适应产业发展的多元化的人才。④

上海不能，也不需要完全照搬他处的教学模式，但可以虚心吸取成功经验，注重教学的规范性，同时也强调灵活性和应变性；注重学科背景下的人才培养，但决不能忽视产业背景下的人才培养⑤。

① 杨柳，张金鲜，刘燕萍.时尚创意类大学生创新创业教育提升途径探析——以东华大学服装与艺术设计学院为例[J].新西部，2019（23）：55-56.

② 同上.

③ 方刚.以时尚为核心的专业建设［J］.商场现代化，2017（24）：23-24.

④ 同上.

⑤ 同上.

第一节　五大时尚之都时尚产业链管理分析

一、巴黎时尚产业链管理分析

(一) 巴黎时尚产业链的发展现状

巴黎作为花都，在时尚界的领头羊地位是不容置疑的。巴黎是高级定制的发源地，把时尚产业作为第八艺术，是时尚的风向标，是奢侈品的聚集地，更是社会名流最为活跃的场所。巴黎时尚产业的设计、制作、销售中的每个环节都极具特色。巴黎除了纺织服装业的蓬勃发展以外，化妆品、香水、配饰等各类品牌都在世界时尚产业中拥有自己的一席之地。总之，巴黎的时尚产业链非常完善，加之政府适当的政策扶持以及时尚教育的推进，它总能给人们带来欣喜与振奋，吸引了一批又一批来自世界各地的优秀人才。

巴黎的时尚产业链构成非常完整，大的产业链涉及服装、香水、化妆品、皮具、工业设计的各个环节，小的产业链则从原料、开发设计、生产制作到销售，均有其独特的特点。巴黎是整个法国时尚产业的设计中心，云集了来自世界各地的著名设计师和才华横溢的年轻设计人才。值得一提的是，巴黎时尚产品大多在其他国家进行生产和加工，例如面料的生多集中于葡萄牙、西班牙和北欧，服装的生产多集中在土耳其、摩洛哥、波兰和印度，皮革的生产多集中在越南，而珠宝的生产多集中在南非、菲律宾等地。巴黎服装产业的分销和零售聚集现象突出，相反服装制造工厂却很分散，在巴黎的服装工厂的聚集地又以巴黎城郊为主。法国中南部集中着众多的面料供应商，他们在巴黎一般都会开设办事处和展示厅，但是分布比较零散。大部分的真丝生产厂家以及供应商多在里昂。[①]

时装业不仅仅是巴黎的第一产业，同时也是巴黎的第三产业。一些与其相关的艺术类工作诸如刺绣工坊、文具商、绢花的制造商、帽商等也得到了长足的发展。此外，造型、设计、美工等环节催生出了时尚业的服务性。它们是一系列的活动，诸如服装秀、展览、舞台布置、秀场管理、模特、化妆师、理发师等，尤其是媒体（电视、杂志、网络等）也带来了成千上万的工作岗位。

服装产业也涉及室内装潢、家用电器、电子信息、以及玩具和汽车等行业，这些行业的产品越来越受到时装效应的影响，在现代社会中它对应了一个资金的流向。

服装业作为巴黎经济的支柱产业，经过百年发展，以服装业为中心，不断带动着其他相关时尚产业的发展。纺织业作为服装业的上游产业，在高级时装时期就表现出极高的配合度，积极配合时装设计师进行新面料的研发和技术的改进，使纺织业由劳动密集型的产业变为技术密集型的产业，服装设计、培训产业也在服装业的带动下得到快速发展，服装设计的基础课程已经被纳入国民教育之中，服装设计学院与时尚企业建立长期良性合作，企业为学院学生提供实操性实习的机会，学院不断为时尚企业输送优秀的设计师资源。除此之外，与服装业相关的化妆品、香水、珠宝首饰、鞋帽等产业也得到发展，现生产能力的提升速度已经赶超服装业的发展

---

① 李璐. 法国时尚产业研究 [D]. 首都经济贸易大学，2012：22.

速度。巴黎一年举办数百场时装发布会上述产业，这在宣传时装的同时也促进了巴黎旅游业的发展。据统计，仅每年举办的时尚展览会就接待了近百万的参观游客以及近万家参展企业，其中绝大多数是国际游客和参展商。

法国的香水产业有60亿欧元的盈余，而供法国市场上销售的基本款式的服装却大量从其他国家进口。格拉斯这个法国南部的小城是法国香水的摇篮，至今依然是法国香水的重要产地和原料供应地，法国80%的香水都在这里制造，风靡世界的香奈儿5号就诞生于此，格拉斯也为法国赢得了"香水之国"的美誉。

尽管如此，随着时尚全球化趋势的愈演愈烈和各国时尚产业的不断发展，巴黎时尚产业的巨头地位不断受到威胁，虽不至于影响其领先地位，但还是存在一定的威胁。从巴黎时尚产业自身来说，国际设计师集聚巴黎，人才汇聚，许多巴黎时尚品牌也比较青睐国外的设计师，如迪奥就聘请了英国设计师约翰·加利亚诺，使得高贵优雅的巴黎时尚变得国际化，但缺失了本身的特色。从国际时尚产业来说，许多城市在自身经济实力雄厚、时尚消费能力突出的基础上大力发展时尚产业，纽约、东京、首尔等时尚产业新势力的异军突起也对巴黎的地位造成了一定的威胁。

当今，巴黎时尚产业已经形成产业集群，规模效应达到新的高度，其产业布局已经由原来的法国本国扩展到世界各地。巴黎的时尚品牌往往会为了降低成本将产品生产转移到劳动力价格低廉且原材料资源丰富的地方，越南、土耳其、菲律宾等地成为了许多时尚产品的生产地。而巴黎由于配套设施完整、产业基础雄厚和时尚资源丰富，时尚品牌的总部和研发中心仍保留在巴黎，作为企业的大脑，支配整个庞大的时尚帝国。巴黎整个时尚产业链长且复杂，各环节之间有序合作，时尚产品品类丰富，这些都是巴黎稳坐"国际时尚之都"的有力支撑。

（二）巴黎时尚产业链管理的特征分析

法国时尚产业的稳健发展，与政府的政策支持、协会的管理协作以及企业的运营管理密切相关。

1. 政府管理和产业政策

政府管理和产业政策是巴黎时尚产业能够很好发展所不可缺少的支持条件。

法国财经就业部企业总署负责规划法国工业发展策略，其中消费品处下设立纺织品、服饰及皮件（THC）工业发展处，规划相关产业策略。和很多国家的政府支持国际品牌在本地发展不同，法国政府非常注重扶持中小企业以及家庭企业的发展，意在改变它们原有的传统经营模式，创造更多的利润。法国国际企业发展局就是政府用来帮助中小企业走出国门，发展国际贸易的机构。

自17世纪以来，法国为发展巴黎时尚业出台了众多政策，以下仅列举若干纺织服装业的典型政策。

（1）纺织服装业的政策措施

法国是欧洲重要的纺织服装大国之一，随着全球化和国际分工的发展，面对新兴国家低廉劳动成本的竞争、国际原油价格的攀升和环保呼声高涨等重大挑战，法国近年来陆续推出多项振兴纺织服装业的发展策略，将纺织服装业定位为"未来产业"。近年来，法国政府颁布以下措施对纺织服装业进行扶持。

A. 政府设立专职负责机构

法国财经就业部2008年2月在负责规划法国工业发展战略的企业总署内设立负责纺织服装和皮件工业发展处，规划相关产业政策和战略。由于法国纺织服装业大部分以中小企业和微型企业为主，为联合厂商整合供应链，政府支持企业界成立相关产业协会和商会。

B.出台纺织服装科研税收奖励政策

为鼓励厂商开发新产品和新原料，相关企业研发投入经费可获得科研税务贷款（CIR）优惠，这是法国首创的专门针对企业科研创新的特殊公共财政补偿机制，已实施了多年，经过数次修改和完善，对鼓励企业研发创新以及吸引研发型外资项目起到了积极作用。此外，企业对于设计师、绘图师、模特等有关创意发展的投入支出，也可享受创意税务贷款（CIC）。

C.强化产业集群力

法国在2005年就成立了两个纺织服装竞争力中心，分别为北方的北加莱海峡大区（Nord-Pas de-Calais）和东南方的罗纳阿尔卑斯省（Rhone-Alpes）"竞争力中心"，重点发展新技能、多功能服饰，纳米材料面料回收和农作物纤维的开发及大众消费行为研究。

D.扶持中小和微型企业发展

为协助中小企业获得资金和减少繁复的行政流程，业界要求法国政府为中小企业提供单一窗口办理行政手续，成立"共同基金贷款"解决上述企业的资金需求。

E.加强职工培训以提升适应新市场的能力

法国，为纺织服装业员工在职培训专门成立了一个组织——欧洲工会联合会（FORTHAC），资金来源为政府补助、会员会费及自愿捐助。2006年该组织受政府委托经历3年，完成了6 500人次、33万小时的职业培训，提升了在职员工创新、营销、市场化、运筹和管理的能力，提高了员工素质。

F.协助企业建立品牌经营模式

法国时尚业极为发达，五大知名品牌卡地亚、香奈儿、迪奥、鳄鱼、路易威登在全球市场已有极高占有率，为协助其他品牌针对不同市场建立经营模式，法国财经就业部资助成立了纺织服装创新网络（R21TH），以推动产品创新，加强业界合作。该网络结合区域政府8大竞争力中心、400多家厂商和大学专科学校等，自2004年起推动20多项创新计划，协助法国服装界建立了30个不同的品牌，提高了产品的附加值。

G.协助厂商建立符合环保和节能的生产模式

由于纺织业与石油化工密切相关，欧盟推动了一系列包括新化学政策、清洁生产模式等策略，法国政府成立了有害风险物质产品评估办公室，协助厂商分析原料化学成分，加强节能产品的研发，并监控进口纺织原料的质量。

H.加强打击名牌服装的仿冒品

法国海关为进一步杜绝仿冒品，将五大品牌列为加强缉查对象，并联合全国反仿冒委员会（CNAC）加强向消费者倡导"拒绝买仿冒品"活动，设立专属网站及咨询电话，协助消费者从产品购买地点、质量、价格、标志、包装等方面辨识仿冒品。

（2）高级时装的保护和扶持政策

高级时装是法国的国宝，法国政府早就把高级时装视为自己的文化遗产，对高级时装实施了保护与扶持政策。

A.设立卢浮宫高级时装展示中心

法国政府将过去分散进行的时装发布会集中到世界闻名的卢浮宫美术馆广场举行。这一举措极大地方便了设计师的展演、交流，也便于各国观众、客商及媒体记者观摩、认购与采访宣传。

B.对外开放高级时装展示会

在一年两次的时装展示会期间，法国政府欢迎世界各国的年轻人到巴黎展示自己的作品，为所有的设计师创造了平等竞争的环境和机会，形成了"只有在巴黎取得认可，方能名扬天下"的重要氛围。

（3）其他纺织品补助政策

1950年，由高级时装协会主席黑蒙德·巴尔巴建议的"纺织品补助方案"实施，将政府资助分配给那些竭尽全力继续发展的品牌，实施方法也与战争年代的援助形式类似。该方案至1960年中断。

1969年，法国政府制定了一个新的扶持方案："创意纺织与高级时装补助"，实施管理机构为"纺织工业革新委员会"，在原理和操作方法上都相当于1960年中断的纺织品补助计划的延续，但只占"纺织工业革新"补贴的3%，年150万法郎，它作为广告投资预算被通过。1979年又因采用法国原产面料的比例微弱而被取消。

1980年"纺织业推广补助"方案重新启动，金额与之前一样，相当于250万新法郎。这项补助由法国高级时装与面料协会用于对法国面料的宣传，将当季最受媒体追捧的10位设计师的杰作搬上广告栏目。

由此可见，政府一直鼎力支持巴黎时尚产业的发展，这些政策也在特定的时期对巴黎时尚业的发展起到了很好的扶持作用。

2. 协会机构及其职能

巴黎的时尚产业公共管理比较完善，各行业都有属于自己的行业协会，引导和规范着本行业的发展。

（1）法国时装公会（The Fédération française de la couture，du prêt-à-porter des couturiers et des créateurs de mode）

法国时装公会成立于1973年，其前身可追溯至1888年创办的高级时装协会。公会由4家联合会组成，分别为：高级时装协会、高级成衣和设计师协会、高级男装协会和手工艺及相关职业联合会。

高级时装协会（The Chambre syndicale de la haute couture）成立于1868年。其成员是获得"高级时装"标志和称号的品牌公司，这是一个受到法律保护的称号，只有被批准的品牌才能允许使用。随着各国服装产业的兴起和高级成衣的出现，高级定制逐渐萎缩，由原来的100多家缩减到只剩十几家，而全球客户也缩减到不足500人。

高级成衣和设计师协会（The Chambre syndicale du prêt-à-porter des couturiers et des créateurs de mode）成立于1973年，由高级成衣品牌及设计师品牌组成。

高级男装协会（The Chambre syndicale de la mode masculine）成立于1973年，主要成员为高级男装店和高级男装设计师。名誉主席为皮尔·卡丹（Pierre Cardin）。

手工艺及相关职业联合会（National Couture Craft Industry and Related Activities Union）从1975年起加入法国时装公会，成为其下属的第四家联合会。

法国时装公会的主要职责是宣传和推广法国的时装，保护相关知识产权，培养服装设计师以及为会员企业提供服务。包括组织一年两次的高级时装发布会和赴国外进行法国高级时装表演展示、审定参演企业资格、联系新闻媒体等。该协会还办时装学校，拥有会员100多名，所有成员都是在全球享有盛名的国际品牌单位。协会的官方网站是http：//www.modeaparis.com。

（2）法国工业面料联合会（Union des Industries Textiles）

法国工业面料联合会下设棉、麻、毛、丝、针织、化纤、抽纱、纺纱等10个分支协会以及9个地区分会，代表着法国1 300家纺织企业，12万名员工。其中针织协会下还有专业展览公司（Eurovet），每年承办8个著名的纺织服装面料专业展览会。该联合会的职能主要有三方面：一是制定行业发展战略和行使行业发言人的作用；二是为纺织业营造有利的发展环境；三是在企业间推广行业技能。

该联合会也是总部设在布鲁塞尔的纺织服装行业组织——运动沙漠企业基金会（MEDEF）的成员之一，同时还是欧盟棉、毛等纺织专业联合会的成员之一。该联合会的官方网站是http://www.textile.fr。

（3）法国品牌服装联合会（Feh）

法国品牌服装联合会，原称为法国服装连锁经营商联合会（Cnsh）。据法国《纺织报》消息，2003年全法国共有300多个连锁经营服装品牌，1 200多家服装连锁经营商店，营业额160亿欧元，占法国市场营业额的36%。作为法国服装连锁经营领域中最主要的行业组织，法国品牌服装联合会代表着92个连锁经营服装品牌，如艾格（Etam）、塞里奥（Celio）等，总计有9 500家连锁经营服装商店以及9万多名员工。

（4）法国服装联合会（Union Française des Industries de l'habillement，Ufih）

法国服装联合会下设有五个服装协会：法国女装协会（FFPAPF，Fédération Française du Prêt à Porter Féminin）、法国男装协会（FFIVM，Fédération Française des Industries du vêtement Masculin）、法国内衣和泳装协会（FFLB，Fédération Française de laLingerie et du Balnéaire）、法国衬衫工业协会（FFICL，Fédération Française des industries de la Chemiserie Lingerie）、法国多种服装工业协会（FIDH，Fédération des industries Diverses de l'Habillement）。法国服装联合会还有22个地区工会，代表着法国5 900家服装企业和约8万名员工。

（5）法国鞋业皮革技术中心（CTC）

法国鞋业皮革技术中心是专门从事鞋制品及皮革皮具的技术检测和质量认证的欧盟技术机构，有100多年的历史，主要为国际贸易商提供鞋类、皮革制品的检测，验货，验厂等服务，为包括路易威登、香奈儿、乐飞叶（Lafuma）以及其乐（Clarks）等在内的全球知名采购商提供技术服务，并作为法国国家指定机构直接参与欧盟鞋业技术准入标准的制定。

法国鞋业皮革技术中心在中国的分支机构分别设在上海、广州、成都和香港等地，可以提供鞋和皮革皮具的专业检测服务，发放国际认可的检测报告，测试项目包括化学测试（偶氮、六价铬、镍含量、甲醛含量等）及物理测试（磨损度、弯曲性、抗撕裂度）等。此类技术检测文件被采购商和海关广泛认可，可以证明鞋产品的质量符合欧盟和国际技术质量标准。

（6）法国鞋业协会（La Fédération des Détaillants en Chaussures de France）

法国鞋业协会成立于1965年，现拥有会员50个。该协会是国际鞋业技术联盟（UITIC）的成员，也是欧洲一支重要的鞋业力量，在国际上享有很高的声誉。法国鞋业协会下属有四个鞋业分会：西部分会、西南部分会、东北部分会和东南部分会。协会的目的在于促进鞋业产业技术交流，通过在特定的时间组织访问和会议，加强会员之间的信息交流，促进技术和生产分享。每个分会每年组织两次关于鞋业发展的讨论，这个讨论会已经成为了展现最新技术的舞台。该协会的官方网站为http://www.chaussure.org。

（7）法国香料生产企业协会（Provarom，National Association of Fragrance Manufacturers）

法国香料生产企业协会主要为其会员提供市场推广及企业海外权益保护的服务。其中的Asfo-Grasse协会培训中心是在法国香料生产企业协会的倡导下，于1972年建立起来的一个专业培训中心，专注于精细化工和香精香料领域，协会的董事会由众多企业的代表组成，并为其会员提供各个领域的培训课程。

二、伦敦时尚产业链管理分析

（一）伦敦时尚产业链的发展现状

英国曾经是世界制造大国。进入后工业时代后，英国开始调整经济产业结构，强调生产高附加值产品，为国内劳动力提供更多更好的就业机会。在这一背景下，英国成为世界上最早将"通过发掘个人创造力、技能和天赋的经济属性来创造财富和就业机会"的所谓文化创意产业作为发展战略的国家之一，实现了英国经济从"制造型"向"创意服务型"的转型。2017年英国创意产业创造的产值达920亿英镑，英国创意产业的就业人数为190万人，几乎有三分之一（31.8%）的创意产业工作集中在伦敦。在英国向世界推广创意经济的过程中，伦敦则凭借自身无可取代的优势扮演了核心角色。伦敦创意产业得以如此迅猛发展，与20世纪80年代以来英国宏观产业结构转型有直接因果关系。①

克里斯托弗曾经以服装和纺织为例解释什么是产业链："（产业链）是各组织通过上下游的连接形成的网络，他们在不同阶段和生产活动中创造出以最终消费者所得到的产品和服务为表现形式的价值。以一件衬衫为例，纺织和面料生产处于产业链的上游，分销商和零售商则处于产业链的下游。"

1.产品供应商

英国服装制造业从20世纪初开始到现在正在逐渐衰退。据迪思（Deane）＆科尔（Cole）估计，在1923年英国服装纺织行业从业人员达到195万人；不久，纺织行业从业人员降至130万人，而服装生产行业从业人员只有65万人；1995年，纺织业从业人员只有18.8万人，而服装生产业从业人员只有17.8万人；而到了2002年，纺织业从业人员人数减少到12万，服装业从业人员也只有7.8万。伦敦目前基本上已经没有纺织和服装加工企业，他们的零售服装大都从欧洲或者世界各地更加廉价的生产基地采购而来。

2.零售

英国的零售商在时尚产业链中拥有更多的话语权，时尚产品尤其是服装销售也以零售为主。目前，英国零售业态主要有以下六种类型：

（1）以配送中心为基础的大型连锁超市，主要是通过配送中心辐射一批超市，形成区域化经营网络。英国的连锁超市相当发达，在全国零售业销售总额中占比近20%，名列销售总额前5名的零售商中有3名是连锁超市，其中乐购（TESCO）以年销售额近160亿英镑名列第一。

（2）以市场导向为基础的大型百货商店，主要是通过树立主力商品概念，明确市场定位，并及时调整营销策略来满足顾客的购物需求。

（3）集购物、休闲、娱乐、商业观光、文化于一体的大型购物中心，主要是通过购物中心的所有者、管理者、经营者相分离，高效率、高质量、低成本地满足顾客购物、餐饮、娱乐、休闲等"一站终点"的购物需要。目前，英国20%以上的购物中心位于郊区，其数量呈不断上升趋势。

（4）集商品销售与商品储存于一身的仓储式商场。仓储式商场于20世纪60年

---

① 文创前沿.[EBIOL]. http://www.sohu.com/a/272711362_488939

代起源于荷兰，70年代后迅速波及欧美，英国第一家仓储式商场CARGO CLUB，占地面积达1万平方米以上，实行会员制。此经营方式的人均、地均效益都高于经营同类商品，其以薄利多销的特点对英国大型综合性商场构成了一定的威胁。

（5）以中小型超市、便民店、折扣店、专卖店等形成的零售经营网络，主要是通过连锁化经营，极大地满足不断细分的消费者需求。

（6）以邮购、直销、电话订货、电视销售为主的无店铺经营。

3.时尚产业链上的其他环节

除了制造供应商和零售商之外，政府部门、教育机构、模特公司、媒体、各类公关公司和推广机构也是伦敦时尚产业链上的重要环节之一。

（二）伦敦时尚产业链管理分析

21世纪的今天，英国的时尚产业已经成为影响国民生产总值的重要杠杆。它是在全球化的消费社会背景中发展起来的，是推崇创新、强调文化艺术对经济发展的支持与推动的新兴思潮的经济实践。它不仅仅是一个理念，也是巨大经济效益的直接体现，从国际时尚产业的发展来看，英国更是时尚产业的典范国家之一。英国的时尚产业有自己的发展特色，并且产生了巨大的经济效益。

1.政府管理和产业政策

时尚产业在英国经济中发挥着越来越重要的作用，它的发展和成就是英国政府所乐见的。为了保证创意产业的蓬勃发展，英国政府积极与各行业合作，颁布发展框架，制订政策。除此之外，英国政府还一直与多个公共和私人机构团体合作，参与创意产业、促进区域经济发展、推动产业升级，使英国成为全球创意中心。

（1）政府管理体系

就伦敦市而言，伦敦市长代表整个伦敦政府行使职能，旨在促进伦敦政治、经济和文化的繁荣。大伦敦警署、伦敦消防和紧急救济局、伦敦发展局、伦敦文化协会和伦敦交通局都直接向伦敦市长负责。同时，伦敦发展局与英国政府其他职能部门合作，成立了更细分的组织机构，负责推动伦敦整个经济和时尚产业的发展。

从国家范围来讲，一般是由英国文化媒体体育部制订方针政策，由政府的不同机构部门贯彻实施，这些机构部门主要包括：英格兰艺术理事会（Arts Council of England）、英国国家科技艺术基金会（NESTA）、英国产业技术协会（包括Skillset协会、创新文化技能协会、Skillfast-UK协会）、各行业理事会（含电影、设计、时尚等行业的理事会）。英国文化传媒与体育部还与英国税务及海关总署（HM Customs and Excise and Inland Revenue）通力合作，保证对创意产业在税收和法律上的支持。同时，该部还与政府其他部门和组织，包括英国贸易投资总署（UK Trade and Investment），英国外交及联邦事务署（British Foreign& Commonwealth Office，FCO）及英国文化协会主管创意产业、电影和音乐表演各部门合作，共同致力于让创意产业走出国门，走向世界。而设计者论坛（Designer Forum）、英国时尚协会（British Fashion Council）和英国时尚出口协会（UK Fashion Exports）则主要致力于推动英国时尚产业的发展。

（2）不同时期的典型政策

为了确保英国成为全球创意和时尚中心，英国文化传媒与体育部和其他相关机构成立并制定政策确保创意产业和时尚产业的蓬勃发展。例如，创意英国——新人才、新经济计划（Creative Britain-New Talents for the New Economy）明确列出 26 项承诺和举措，彰显政府采取行动促进创意产业发展的决心。这些举措促使创意人才打破禁锢，促进创意产业蓬勃发展。同时，这些政策措施明确了创意产业作为经济发展的核心地位，确立了英国作为世界创意中心的重要地位，并提出了与时俱进的建议和承诺。除了相关举措之外，为了促进地区及全国创意产业的更好发展，不断地在英国各地展开创意活动，并得到来自各级政府、地区发展机构、艺术委员会、产业协会组织以及个人的鼎力支持、英国政府的扶植措施主要集中在支持创意产业从业人员技能培训、企业财政支持、知识产权保护、文化出口扶持等方面。同时，英国时装理事会还推出了一系列扶持时尚设计师的政策。

A. 与创意产业相关的产业政策

加强创意产业的基础研究。英国对创意产业进行了大量基础研究，除了 1998 年和 2001 年发布的两份《创意产业图录报告》（*Creative Industries Mapping Documents*）外，1998 年出版的《出口：我们隐藏的潜力》（*Exports: Our Hidden Potential*）研究了创意产业的出口政策与做法；1999 年发布的 *The Regional Dimension* 研究了创意产业的地区发展；2000 年发布的《下一个十年》（*The Next 10 yers*）从教育培训、扶持个人创意及提倡创意生活等方面研究如何帮助公民发展及享受创意：2004 年《创意产业经济评估》（*Creative industries Economics Estimates*）公布了创意产业产出、出口、就业等统计数据，介绍了产业的发展现状；2005 年再次更新了创意产业的相关数据。

培养公民创意生活和创意环境。政府在从产业角度推动创意产业的同时，也意识到公民创意生活的重要性，因此采取了一系列措施：通过开放更多的博物馆、将所有数据档案数字化、教育培训、支持公民与创意接触的机会等措施，使人们可以享受到创意生活，为文化创意产业的发展提供坚实的基础。

重视数字化对创意产业的研究。近年来数字化技术的快速发展，对创意产业产生了深远的影响。为了顺应数字化的发展，英国政府采取了一系列措施：1998 年，政府对下议院特别委员会所提出的"多媒体革命"做出响应，开始积极应对数字化潮流：2000 年，研究数字对音乐消费的影响及知识产权保护的重要性；2000 年创意产业专家小组对互联网的影响进行了研究，并提出若干建议，政府于同年做出反应，提出了相应的具体做法；2002 年，研究数字对电影生产及销售的影响，并提出对应数字化发展趋势的电影产业政策。

积极探索国际合作和交流。英国致力于寻求国与国之间的交流与合作。英国政府认为本着平等互利的原则加强英国与其他国家在创意产业领域的合作，促进不同国家创意产业从业者之间的交流，可以消除国与国之间的贸易壁垒，产生互补的效果，有利于本国创意产业的发展。

为中小企业筹措资金。1998 年成立的英国创意产业局是政府扶持的一个民间机构，下设风险投资机构和咨询评估机构。至 2005 年，培育了 12 万家创意文化企业。英国文化媒体与体育部出版的指导手册 *Banking On a Hit*，帮助相关企业或个人从金融机构或政府部门获得投资援助。英国科学技术及艺术基金会对于具有创新点子的个人提供发展基金。

英国政府为帮助小公司集资，推出"创业投资计划（Enterprise Investment Scheme）"，根据此计划，投资者在所得税方面最低可得到 1 000 英镑的免税。英国很多电影制作与戏剧演出项目成为此项政策的主要受益者。

欲将英国建设成为"创意文化中心"。2006 年 6 月 16 日，英国政府提出要把英国建设成为全球"创意中心"；2005 年 11 月 4 日，英国文化传媒与体育部发布了"创意经济计划（The Creative Economy Program）"，意在对创意产业的支持、发展及提高生产力方面建立一个更好的框架。该计划关注的焦点主要集中在 7 个领域，每一个领域都将由一名专家领衔，这是英国完成"全球创意中心"所走的第一步；2006年2月7日，英国文化传媒与体育部成立专家组，让7名专家负责创意产业的7个发展方向。

B. 针对设计师的扶持政策

BFC/ Vogue Designer Fashion Fund基金。BFC/ Vogue Designer Fashion Fund基金作为BFC25周年庆典后续项目之一，成立于2008年9月，创始人是BFC主席哈罗德·蒂尔曼（Harold Tillman）。基金的支持者包括：新百通集团、柏帛丽、康泰纳仕出版集团、哈罗斯、汇丰银行、耶格/雅格狮丹、玛莎百货、保罗·史密斯乐购服饰、汤尼英盖和韦斯特菲尔德购物城。

基金会提供给英国设计师高达20万英镑的奖金以及高水准的专业指导和支持，决赛选手还会获得额外的奖励和商业支持。该基金的目的在于扶持有天赋和商业成长潜力的英国设计师，帮助他们把所创立的处在成长阶段的创意企业打造成国际化的时尚品牌。

申请该基金的设计师必须拥有自己的企业。同时，这些设计师必须是在英国注册、他们的企业在英国或国际上有合作的零售商，同时要有英国或者国际主要媒体的支持。获胜者需要阐述未来企业发展的明确目标以及该基金将怎样有利于他们企业的未来发展，尤其是帮助他们打造国际化品牌。

学院理事会（Colleges Council）。学院理事会由英国时装理事会成立于1993年，它是教育界和产业界之间的一座桥梁，为学生提供包括举办活动和比赛以及提供奖学金等机会。他们每年提供的机会包括：Graduate Preview Day、Portfolio奖、Heads of Course Seminar课程讲座、伦敦发展局提供的MA奖学金，曾经举办过Max Mara设计大赛和Warehouse设计大赛。

时尚前沿奖（Fashion Forward）。时尚前沿奖由顾资银行赞助，由伦敦发展局支持，创立于2006年，专门帮助那些已经在伦敦时装周上崭露头角，但是尚处于个人事业起步阶段的英国新兴设计师。时尚前沿奖将赞助这些设计师参加伦敦时装周以及帮助他们发展自己的企业。

设计人才甄选计划（NEWGEN）。英国时装理事会在1993年创立了设计人才甄选计划，它是世界上第一个新兴设计师帮助计划，也是世界上最受国际认可的人才识别计划之一，并开创了如亚历山大·麦昆等顶尖设计企业的事业。英国最大的服装零售商Arcadia集团旗下快速时尚品牌Topshop。自2001年开始成为NEWGEN的赞助商，这一计划的设计师会获得5 000至10 000英镑以支付他们的秀展费用，同时会获得销售和市场方面的支持和商业建议。这一计划已经成为参加伦敦时装周的国际时尚媒体和买家关注的焦点。

新晋男装设计师项目（NEWGEN MEN）。该项目成立于2009年8月，是设计人才甄选计划的"姐妹篇"，致力于扶持新兴的男装设计师，为他们提供商业等各方面的支持。新晋男装设计师项目为男装设计师提供秀展资金以及在伦敦时装周上使用英国时装协会官方秀场萨默塞特宫（Somerset House）的机会。

普林格设计大赛（Pringle Design Competition）。设计类学生可以申请参加该项设计大赛赢取奖金，以开展自己的事业，获得产业经验。大赛奖品包括一个为期6个月的带薪设计岗位，可以与普林格创意总监克莱尔·韦特·凯勒（Clare Waight Kelier）一起工作，以及1 000英镑的现金奖。

国际青年时尚企业家奖（International Young Fashion Entrepreneur award，简称IYFE）是一个英国时装理事会设立的奖项，目的是为了褒奖活跃于时尚产业内的创意从业者。这一奖项是创意经济实体和设计团队成员共同合作的结果，为国际时尚产业创新提供展示的舞台。

C. 金融危机后的伦敦时尚产业扶持政策

2009年危机无疑给了伦敦的高街消费一记重创，玛莎百货、耐斯特（Next）和约翰·刘易斯（John Lewis）发布的圣诞节后销售数字显示，伦敦消费者主要集中在一年一度的打折季购物。未来几个月的零售情况仍不容乐观，人们因为经济困难而缩减开支。玛莎百货由于在金融危机前过度扩张，现在也不得不关闭其旗下的部分零售店。很多时尚品牌都推迟了海外扩展计划，大幅削减广告费用。

面对金融危机，虽然各国领导人都宣称反对贸易保护主义，但是，一些保护本国产业的"新保护主义"却有所抬头，在英国时尚产业界也有迹象表明保护主义在抬头。随着经济衰退、失业率增加，越来越多的英国人开始支持国货，选购本国品牌。在伦敦的各大商场可以明显感觉到英国本土品牌受到了更多的关注。

英国时装委员会也期望借助伦敦时装周在经济低迷时期推动服装产业。时尚委员会已从过去办展览和时装秀发展到为明日之星创造机会，其成功的主要原因在于为新设计人才提供支持与帮助。如今，委员会仍在继续支持活跃在伦敦时装界并对整个产业做出贡献的设计师。2009年时尚委员会通过与美术馆、设计师、零售商、赞助商和媒体合作，继续推动针对设计师的企业培训计划和激励年轻人加入时尚业的职业发展计划，努力在经济低潮时期为服装产业提供有效帮助。

2. 协会机构及其职能

无论是英国政府还是伦敦市政府，都对时尚产业的发展提供了大力支持，除此之外，各种与时尚产业相关的协会机构也在时尚产业的发展过程中起着重要的作用。

（1）伦敦要协会机构概述

伦敦各主要协会机构概述。

A. 伦敦电影。伦敦娱乐影视界的战略代理，支持影视、录像、商业广告和互动媒体的成长与发展。

B. 东伦敦发展机构。东伦敦一家致力于在该区域为投资者提供他们最大化机遇和利益所需的一切。

C. 伦敦第一。一家拥有300个首都主要商业团体会员的组织机构，致力于为伦敦所面临的挑战提供切实可行的应对方案。

D. 伦敦高等教育局。是伦敦大学和高等教育学院的"保护伞"组织的代表。

E. 南伦敦发展机构。一家致力于促进南伦敦经济发展的以商业为主导的机构。

F. 西伦敦发展机构。一家代表西伦敦商业发展计划与策略，拥有超过300家会员的会员制的组织。

G. 伦敦零售业协会。全伦敦零售业的代表机构。

H. 文化产业开发代理处。服务对象众多，有个体创意从业者、创意企业和艺术机构。其主要工作包括信息提供、商业扶持、专业培训、关系网络、产品展示和新作品的委托代理。代理处经费来源于不同的私人和公共机构，主要活动都在伦敦地区展开。

（2）英国各主要协会机构概述

A. 设计者论坛。设计者论坛是会员制机构，主要参与英国时尚和纺织品产业发展，涉及领域广泛，包括商业零售、设计师与品牌商标、生产商、个体设计者、自由职业者以及学术界。论坛项目有：潮流动态分析，职业发展建议和扶持，职位招聘，企业如何创立、成长和壮大，培训课程和教育。

B. 英国时装协会。英国时装协会借助行业支持，努力将英国时尚设计推向世界。其主要活动包括：伦敦时尚周、英国时装协会时尚前沿、年度英国时尚大奖和大学协会活动。时装协会还帮助许多设计师发挥最大的潜能，稳步创业。

C. 英国时尚出口协会。英国时尚出口协会为协会成员提供海外销售的扶持和建议。

D. 英国制衣协会。为协会成员提供从经营企业到成衣和针织服装出口全球的全方位的指导和建议。

E. 设计理事会。设计理事会是由英国政府赞助的英国国家战略机构。协会在全英各地各行业和公共服务部门推广设计的运用，以证明设计在加强经济和改善社会生活方面可以发挥至关重要的作用。为检验其工作成效，在2008年至2011年，理事会推出了"优秀设计计划（Good Design Plan）"。

F. 英国电影理事会。英国电影理事会作为英国政府电影战略机构，协助英国成为数字化时代下电影文化丰富多样而充满活力、电影工业繁荣而有竞争力的电影产业翘楚。理事会与政府和电影产业部门密切合作，提供从产业、经济和文化视角影响电影的政策咨询。此外，理事会本身也从事政策制定和专项拨款的工作。

G. 英国文化协会。英国文化协会与国内外建立了长达75年的紧密联系。他们的项目涉及面广，囊括教育、英语、艺术、科学、技术、体育和政府等方面。英国文化协会的创意经济项目将创意产业发展成全球性话题，推广英国的经验，鼓励不同文化的沟通和联系。项目主要集中在建立一个全球创意企业家网络，确立企业家在创意产业的竞争和可持续发展中的主导地位，为企业家在创意人才和消费者之间穿针引线，为创意思路和市场搭桥铺路。英国文化协会的这个企业家网络项目，就是要发现企业家、支持企业家，创造机遇实现商业合作。

H. 音乐产业协会。音乐产业协会是英国乐器行业的贸易协会，其群众基础包括整个行业内音乐教育者、乐器供应商、零售商和音乐出版商及与该行业市场相关的企业。通过教育和各类大众比赛，如 Learn to Play，Get Alive! 和 Weekend Warriors，宣传音乐给人们带来的好处。协会还在各级政府部门如伦敦市政府、英国中央政府和欧盟中为会员争取权益，支持会员企业的发展和盈利。通过支持英国各类音乐活动和广泛联系全世界志同道合者，全面提高英国音乐产业的地位，让大众享受音乐，让会员获得商业成功。

I. Artquest协会。Artquest协会网站是视觉艺术家和手工艺工作者创作新作品、展示和销售、进行职业规划管理和尝试到海外工作时首选的窗口，在这里，你可以得到免费的网上法律咨询和帮助，并有可能得到资金支持。此外，协会还提供丰富多彩的项目活动，包括大型会议、小型研讨会、联谊会和实习项目。Artquest协会网站是对所有人免费开放的，但一些服务仅提供给居住和生活在伦敦地区的专业视觉艺术家和手工艺工作者。

J. 艺术理事会。作为国家级的艺术发展机构，艺术理事会扶持了各类艺术活动的开展，包括戏剧、音乐、文学、舞蹈、摄影、数码艺术、嘉年华活动和手工艺品。从2008年到2011年，理事会投入超过16亿英镑的公共资金（以政府拨款和全国彩票收入的方式获取），让全英各地更多人来体验艺术。

K. 英国产业技术协会。其属下有Skillset协会、创新文化技能协会（Creative and Cultural Skills），以及 Skillfast-UK协会等。他们为企业领导提供有针对性的战略措施，满足本行业的技能和业务的需求，也因为如此，协会获得稳定的公共资金，以及与政府各部门和全英各地公共行业更广泛的接触空间。

① Skillset协会。 Skillset协会是英国产业技术协会属下负责媒体创意的协会，主要负责电视、电影、互动媒体、动画、电子游戏、媒体设备、摄影成像和出版。协会的日常工作包括为产业发展、出版研究、战略指南制订资金和项目计划，并预测行业发展，为未来行业发展潜在的挑战和困难提供信息和解决方案。协会还通过在线网络、面对面沟通和电话等方式，为踌躇满志的职业新人和有所建树的专业人

士提供客观公正的职业咨询服务。

②创新文化技能协会（Creative and Cultural Skills）。该协会网址为www.
ccskilorg.uk。创新文化技能协会是英国产业技术协会中主管广告、手工艺、文化遗产、设计、音乐、表演、文学和视觉艺术的机构。它在工业、教育和政府部门之间穿针引线，引导英国的公司雇主真正重视教育和技能培养。

③Skillfast-UK协会。该协会网址为www. skillfast-uk.org。Skilifast-UK协会是英国产业技术协会属下管理时尚和纺织的协会。作为一个技术协会，他们通过协助雇主雇用娴熟的技术人员、增加产品附加值和提供良好的服务来参与国际市场竞争。

三、米兰时尚产业链管理分析

（一）米兰时尚产业链的发展现状

20世纪，米兰成长为时尚之都经历了开端、发展、确立到继续发展的几个阶段。米兰从最初几十年作为意大利时尚制造的追随者，到20世纪60年代时尚产业重心向米兰转移，20世纪70年代时尚产业登上国际舞台，20世纪80年代时尚品牌的扩张和贸易的增长以及20世纪90年代在时尚产业管理经营上的不断完善，米兰终于在世界上确立了时尚之都的地位，这是一个复杂曲折的演进过程。传统手工艺、创新设计、现代化工业技术以及生产和经营模式在不同时期都发挥着各自的作用并且相互融合，设计师与生产商、工业与文化的有机结合有效地促进了米兰时尚产业的发展。

21世纪以来，米兰作为世界五大时尚之都之一，以其鲜明的色彩、大胆的剪裁和精湛的工艺成为全球时尚产业的引导者。2003年，时尚产业年营业额达820亿美元。据意大利时尚行业著名的信息咨询公司潘比安科（PAMBIANCO）的资料显示，在2004年营业收入排名的全球100强时尚企业中，意大利就有24家，其中总部在米兰的有6家，另外的企业也将米兰作为重要的设计和经营基地。

米兰的时尚产业覆盖了整个意大利。由于在米兰的生产成本过高，所以在米兰的生产型企业非常少。但是，米兰作为意大利时尚产业的龙头，生产、物流分销都在一个更加综合的过程中进行。许多知名企业都将总部设在米兰，而且，几乎所有的意大利著名企业和品牌都在米兰设有展示中心和零售商店。在每年的春夏、秋冬两季米兰时装周的时候，会有世界各地的大量买手来到米兰挑选最新款的服装，许多大牌如普拉达，还会为买手举办专场服装秀，以促进产品的销售。如果说意大利的生产大区是"意大利制造"的制作者，那么米兰就是将"意大利制造"推向世界的推手。

经过多年的发展，米兰的时尚产业已经形成了一套完整的构架：设计独具风格、生产不断创新、销售网络完善，这三大环节相辅相成、互相促进、同步发展。构成产业链的企业之间相互作用，分工明确。大、中、小型企业经过合作共存、协调发展，形成了成熟完整的产业链：大型企业以创新能力、重视面料和加工质量闻名，其品牌遍布全球；中型企业则以灵活性为特色，小型企业致力于在一种或几种产品上，满足不同消费者的需求。在这样的产业链背景之下虽然近两年来该行业在国际市场竞争加剧、产业结构调整及国内消费不振的多重压力下，出现产销下降、就业人数不断下降等不利局面，但出口仍然稳中有升，高端市场的国际竞争优势依然十分明显。

（二）米兰时尚产业链管理的特征分析

米兰的时尚产业链管理有其自身的特点。政府、行业协会在时尚产业的发展中起到了重要的作用。在米兰，以小企业为主，大、中、小型企业构成一个完整的产业链。产业链之间互相协作，形成了产供销一条龙的体系，使得时尚产业的发展充满活力。

1. 政府管理和产业政策

（1）米兰时尚产业政府管理体系

作为国民经济的支柱产业，米兰的时尚产业管理有其自身的特点。米兰政府管理受到意大利政府的监督，意大利中央政府下设大区、省、市（镇）三级地方政权机构。大区是具有自主权力和职能的自治单位，享有立法权、财政自治权等。意大利政府十分注重本国品牌的培养，对于小企业扶持力度也很大，还设立了意大利对外贸易委员会（ICE）。意大利对外贸易委员会是政府机构，管理米兰各个方面的贸易事务，下设时尚产业部门，有专人负责管理时尚产业事宜。

（2）政府的支持

政府一直对时尚产业采取支持的态度，在产业发展的不同时期，政府对米兰时尚产业的扶持有着不同的政策。

A. 政府注重培养本土品牌

20世纪50年代，政府开始注重本国纺织服装品牌的培养。先后由政府资助本国设计师在美国进行巡回表演其设计的服装，旨在宣传本国的文化和设计师。如今，米兰采取了有效的针对性措施，提高了企业的技术和管理水平，扩大了出口，为本国经济繁荣作出了突出贡献。

B. 政府集中精力做好企业的软硬件环境建设

在重时尚产业集群区域内，政府投资建设了水、电、路、信息、通信等基础设施，为企业发展提供了便利条件。同时，政府还全心全意做好了对企业的各类服务性工作，主要包括政策咨询、信息服务、税收服务等，使企业能够全身心投入经营活动而不受外界不良环境干扰。总体上说政府的重点任务不是参与对企业的各类管理，而是为企业的创建和发展创造良好的外部环境。在不同的地域，政府会根据地方特点，通过多方位的研究确定当地的产业重点，并划定产业集群区域。

C. 政府注重劳动力技能培训的提高

政府设立了各类不同层次的职业技能培训机构，并出资对各类就业对象进行无偿培训和各种专业化训练，全面提高员工的就业能力。对申请创办企业者，必须参加为期5周的企业家培训，之后才有资格申请。对失业者有时进行反复多次的培训，直到就业。对在职人员，政府也开展了相应的技能培训，这些措施都从不同层面保障了劳动者的基本素质。同时，政府支持企业开展人员培训、技术开发和技术创新等。对企业研发新技术的投入，政府给予50%的资金补助。对企业引进新技术、新成果的费用，政府给予50%的资助。

D. 政府对于世界金融危机的应对

2007—2009年世界金融危机对米兰乃至整个意大利的时尚产业发展造成了不小的冲击，其中在制鞋业和纺织服装业的表现最为明显。

制鞋业作为意大利的传统优势产业，在经过了2005—2007年历时3年的艰难重组和升级后，已实现了产品层次和行业竞争力的整体提升。2007—2009年世界金融危机发生以来，米兰在缓解制鞋业的危机方面起到了积极的作用。意大利全国鞋业协会在米兰召开年会，意大利经济发展部部长斯卡约拉到场发言。斯卡约拉指出，当今的金融危机对所有的行业企业来说都是一场挑战，政府将尽其所能帮助企业尽快走出危机。针对意大利制鞋业，政府投入了3 500万欧元专项资金，促进该行业创新和出口，特别支持出口信贷。为此，意大利经济发展部、意大利对外贸易委员会和意大利全国鞋业协会三家联合签署了一项合作协议，为鞋业企业提供全方位的支持，促进意大利鞋类产品的市场化。斯卡约拉还表示全力支持原产地强制标识制度和打击假冒伪劣产品。

2. 协会机构及其职能

除了政府之外，米兰的商会和行业协会也是米兰时尚产业发展必不可少的一环，米兰的商会和行业性协会对于时尚产业的发展起到了重要作用。

（1）商会

商会既代表企业利益，为企业发展提供促进和咨询服务，又依法协调规范企业的行为，保证市场经济的有序发展。在米兰，最主要的商会就是米兰商会。

米兰商会的全称是米兰工业、手工业和农业商会（Camera di Commercio Industria Artigianato e Agricoltura di Milano）。它自创建至今已有700多年的历史了，是欧洲最古老的商会。米兰商会现有会员企业约34万家，是欧洲最大的商会。根据意大利相关法律规定，任何参加经济活动的企业和个人，无论是生产型还是服务型，都必须加入商会。因此，米兰商会会员阵容庞大，囊括了米兰省地域之内几乎所有的经营单位。米兰商会的大部分服务职能类似于我国的政府行政管理部门。它受政府委托依法为企业办理事务，其办理机构包括免费服务机构和收费服务机构。免费服务机构包括：企业登记处、环保局垃圾管理处、企业编制处、专利处、欧元处、公证处、环保报告处、电子信箱服务处、市场调节处、破产处、电子商务网络处和企业资产负债表登记处等。收费的服务机构包括：企业信息处（企业更名）、注销登记处、统计信息处、市场信息处等。此外，还提供商品的批发价格信息和每半年提供一次米兰省不动产交易所的不动产价格信息。

（2）行业协会

行业协会承担某些政府职能，做好对企业的咨询服务、信息交流、中介服务等，促进企业间的协作。米兰时尚行业协会主要包括政府机构意大利对外贸易委员会（ICE）、非政府机构意大利纺织服装产业联合会（SMI·ATI）和意大利国家服装协会（CNMI）。

意大利对外贸易委员会（ICE）。意大利对外贸易委员会是政府机构，原名"国家出口协会"，成立于1926年6月25日，当时的职能仅限于促进本国农产品出口。随着意大利经济的发展和对外贸易的不断增长，该协会无论是规模还是职能范围，都有很大发展，分别于1947、1978、1989和1997年进行了4次大的改组。

长期以来，意大利对外贸易委员会以促进意大利产品的出口和推动企业（特别是中小企业）与国外的工业技术合作等活动为宗旨，对意大利对外贸易的发展起到了不可忽视的作用。其主要任务是：全面推动意大利产品对国外市场的"渗透"，促进意大利与各国的经贸关系，为意大利企业尤其是中小企业提供信息和咨询等各种服务，以及提供有关目标市场的前景预测、客户资料、技术和隐形贸易壁垒的规避手段等个性化服务。

意大利纺织服装产业联合会（SMI·ATI）。意大利纺织服装产业联合会是代表纺织、服装、时尚的最大世界性组织之一。联合会以将近2 000家成员企业名义进行运作并为其服务，代表的是一个拥有60万名雇员以及6万家企业的行业，对促进意大利纺织经济和制造有着积极作用。联合会遵循相关法规政策，保护服装纺织领域联合会成员的利益。

意大利国家服装协会（CNMI）。始建于1958年的意大利国家服装协会是一家将总部设立在米兰的非营利性组织，这家非营利性组织在米兰的时尚产业中的地位举足轻重。1979年意大利国家服装协会把发源于罗马坎皮多里奥丘的米开朗基罗星形比萨作为其标志。此机构协调、控制和促进了业界的统一性。2003年2月3日，米兰政府认可了意大利国家服装协会的法律地位，并且于2003年获得了UNIEN

ISO9001: 2000 认证。2004 年，伦巴第大区也承认了该组织运营培训机构的权利。意大利国家服装协会通过与巴黎、纽约和伦敦的销售联盟关系，在世界时装界中扮演着重要的角色。它的主要职责是对于时尚产业进行数据统计、分析与预测，以及举办与时尚相关的活动推动时尚产业的发展。其主办的活动主要有米兰男装周和米兰女装周，以及一些国际知名时装秀、表演等。除了举办众多时装秀和表演，该组织同时吸引了国内外约 2 500 名记者和超过 15 000 位采购商。多年来，意大利国家服装协会还有一个最重要的义务，就是帮助年轻设计师，支持协助他们找到适合自己的工作。

四、纽约时尚产业链管理分析

（一）纽约时尚产业链的发展现状

发达的新闻传媒广告业、兼收并蓄的多元文化和成熟的商业运作理念使纽约成为时尚之都的后起之秀。由于充分认识到制造业对于时尚产业的重要性，纽约通过各种方法来保留曼哈顿的服装成衣中心区，服装制造业在全市保持了适当的规模和可观的产值。这些城市所代表的国家的时尚产业一直没有停止对于制作技术优势的追求。

目前，纽约时尚产业呈现出大量离岸生产和少量小的生产商服务于利基市场并存的局面。利基市场主要由于太小或太具时间敏感性而无法外包。利基市场时尚产品主要有两大类，一类是高等级的时尚产品，需要及时更新技术，由集聚在靠近市场区位的若干中小规模的企业承担；另一类是中低档专业化市场，如手术服装、特大尺寸服装、制服、邮购产品、紧急订单（海外生产延迟或修复运送损坏和返工产品）。在纽约的这类小公司具有高速度、弹性化和高质量的特质。

纽约时尚产业、服装制造部门以及曼哈顿中城社区三者的发展史紧密相连。从产业的空间组织来看，纽约时尚产业目前仍主要集中在服装区内，约占50%，在曼哈顿的中城、下城，皇后区的长岛、瑞吉屋和布鲁克林的日落公园亦有较密集的分布。作为时尚制造业日渐式微的城市，纽约传统的时尚产业聚集区内涌入越来越多的非时尚企业，如四大广告公司之一的IPG集团已进驻纽约服装区，占据了原来几十个小型展厅的空间。目前，纽约服装区内非时尚相关的劳动力数量已高于与时尚相关的劳动力数量。

根据纽约经济发展局的定义，时尚产业分为批发设计、零售以及制造三部分。时尚产业由多个环节组成，既包含传统的制造部门，又涉及设计、销售等服务部门，是劳动密集型和知识密集型产业的结合。

时尚产业产业链的第一环节为原料，据美国纺织品制造机构2000年统计，20世纪90年代后期，美国纤维行业雇用约143 000人次，包括纤维制造、羊的培育、棉花的种植等。另据美国商业局数据显示，1999年皮革和皮革产品货物总量33亿美元，但仅鞣制和修整部门就雇工14 700人次。

在第二环节服装制造方面，纽约曾经是服装制造中心，但是随着经济社会发展，从20世纪中叶以来，服装制造逐渐转移到劳动力成本低的地区和国家，纽约主要负责设计创意，只有少部分高端设计师品牌的制造留在纽约，便于近距离监控指导。

在产业链第三环的销售阶段，纽约无疑是时尚产品的销售中心之一。时尚产业的零售可以分为7类，有百货店、服饰专门店（又分有大型时装店、小型服装店和精品店）、连锁店、折扣零售店、特许经销、购物中心和无门店销售（网络、电视等）。纽约拥有时尚产品的消费人群、时尚产品的顶级卖场、时尚产品的发布渠道，纽约作为时尚都市很重要的一个原因也出于此。

纽约的时尚产品是以服装为核心，以鞋帽、皮草皮具、珠宝饰品、化妆品、香水为主要内容的产品体系。

《时尚产业》一书的作者 Kitty G. Dickerson 曾说："就像石子落入湖水，服装时尚的每一次变化都会在配件和内衣行业激起涟漪。在以服装业为支撑的时尚产业中，我们不可忽视的是配件、内衣、香水和珠宝等产业的构成力量。曾有资料称，纽约的女人们有时候找不到心仪的服装，于是就去买800美元的古驰包袋或者1 200美元的迪奥包袋。现在配件、内衣、香水、化妆品等已经变成时尚产业不可分割的一部分。

在20世纪80年代时，配件行业就有了巨大发展，许多服装公司也增加了饰品线，如唐纳·卡伦（Donna Karan）、汤米·希尔菲格（Tommy Hilfiger）等。2007—2009世界金融危机虽然对时尚配件业有很大冲击，但是物有所值、体现消费者生活方式的时尚产品还是销路不断。据美国消费者配件调查显示，美国大众最喜爱的配饰品牌是蔻驰（Coach）和里兹·克莱本（Liz Claiborne）的包、安妮·克莱因（Anne Klein）和莫尼特（Monet）用来配服装的珠宝等，在美国人的配件包类消费中里兹·克莱本是个主要品牌，而蔻驰则是受欢迎的手提包品牌。

纽约的鞋子市场具大，而且众多生产者在纽约设有永久性陈列室。多年来，34街和第六大道之间一直是鞋业总部聚集区，20世纪70年代以后有所转移，许多公司搬到上城区50街附近，便于贸易节期间外地买手参观。鞋中名品的设计师品牌周仰杰鞋子，于1989年在纽约开分店，通过《欲望都市》中杰西卡·帕科的身体力行，狂销一时。

化妆品行业是最全球化的，全世界前100强公司销售额90亿美元，而美国以多于40%的份额400亿美元毫无疑问地占领头把交椅。据1999年《女装日报》（*Women's Wear Daily*）统计，世界前10强化妆品公司排名中，纽约的雅诗兰黛公司以年销售额42亿美元和雅芳公司以销售额32亿美元榜上有名，而且业绩不凡。

美国珠宝业分为两个类别：纯珠宝和服装配饰珠宝，近年来又出现了介于两者之间的过渡珠宝类型。纽约有众多珠宝陈列室和区域市场。纽约珠宝城位于纽约华埠坚尼街（Canal Street）的珠宝街的黄金位置，比邻坚尼路华埠旅游问询亭，最靠近坚尼路地铁站，位于交通要道，八条地铁线路经过，客流量巨大。珠宝城可以容纳50至100家商户，其经营范围包括金银珠宝首饰、翡翠玉石、手表系列产品、高级水晶产品以及其他高级饰品。为了回馈商家，所有进场商家将获得特价租金优惠。纽约珠宝城负责人符松华先生说，珠宝城的主要客人为大纽约地区数小时车程内的数千万居民，尤其是购买力旺盛的各种族裔，以及每年4 000万到访纽约的世界各地游客。

（二）纽约时尚产业链管理的特征分析

在纽约成为时尚产业的核心地区过程中，多方力量共同推动了这一发展过程：政府通过法律、政策引导纽约时尚产业的发展；行业协会关注现实问题，影响政策制定，鼓励设计本土化，增强了纽约的活力；企业作为产业最重要的行为主体，对时尚产业的发展和布局起着决定性的作用；个人力量一样不容小视，设计师、时尚人士、消费者推动了纽约时尚产业的发展。

1. 政府管理和产业政策

（1）政府管理体系

美国产业经济方面的主要管理机构是商务部、美国纺织品协议执行委员会、美国纺织品制造商协会、国际贸易管理局和出口管理局。商务部是美国主要的综合经济管理部门之一，其下属的经济分析局（Bureau of Economic Analysis，简称BA），功能主要是对国际、国家和地区的经济进行预算和分析，其中以对国民生产总值的预算最为著名，美国商务部还承担着接受美国纺织服装行业协会对于配额管理实施方案的申请。美国纺织品协议执行委员会（CITA）是执行美国商务部对纺织服装行业各种决议的操作机构。美国纺织品制造商协会（AM）是代表美国纺织品服装行业利益的部门，经常代表企业向政府提出各种报告或申请。国际贸易管理局和出口管理局是负责管理国际贸易和促进出口的主要执行机构，其主要职能是实施美国贸易法律法规、拓展贸易、研究与监督多双边贸易协定的实施、进行出口管制等。

在美国服装行业时尚产业属于部分版权产业，1990年美国等国采取了"版权产业"的分类方法，美国知识产权联盟（IIPA）利用了"版权产业"的概念来计算这一特定产业对美国整体经济的贡献，分为核心版权产业、交叉版权产业、部分版权产业和边缘支撑产业四部分。

经济普查是获取美国经济活动详细信息的主要来源，联邦政府将收集和出版经济统计数据的标准化作为一项主要工作来抓。1941年美国预算局（Bureau of the Budge，简称BOB）首次出版了制造业的标准产业分类（Standard Industrial Classification，简称SIC）手册。几年之后，美国预算局也出版了非制造产业类似的分类手册。1954年将两个分类系统合并成一本手册，1987年，对该手册进行了周期的修订和再版。1993年美国预算管理办公室（Office of Management Budget）成立了经济分类计划编制委员会，考虑全面修订标准产业分类体系。经济分类计划编制委员会由经济分析局（Bureau of Economic Analysis，简称BEA）领导，成员由经济分析局、普查局和劳工统计局代表组成。美国经济分类计划编制委员会成立不久，加拿大统计局和墨西哥统计局就加入了关于各自国家产业分类系统调整和联合建立新系统的研究讨论。1994年7月26日美国预算管理办公室宣布讨论的结果，北美国家的统计机构已经同意开发北美产业分类体系（North American Industry Classification System，简称NACS），3个国家使用共同的产业分类标准。

（2）不同时期的典型政策

总体来说，美国关于纺织品服装方面在不同时期采取了不同形式的贸易保护政策。

第二次世界大战前美国采取的贸易保护政策主要是关税措施。1820—1920年期间（除1840年度外），美国的进口关税均高于英国。与当时英国、法国、荷兰等先进的工业国家相比，美国采取了典型的贸易保护主义政策。作为美国工业化先锋的棉纺织业就是在关税保护下发展起来的。

第二次世界大战后美国采用配额作为非关税壁垒。自关税与贸易总协定（General Agreement on Tariffs and Trade，简称关贸总协定，GATT）于1947年制订以来，国际贸易发展到了一个新的阶段。关贸总协定成立的宗旨是大幅度降低关税，推动国际贸易自由化，保证生产要素的有效配置，促进世界经济增长。在此背景下，美国对纺织服装生产的贸易保护，由以前的以关税为主转变为以配额为主、自愿出口限制为辅。1955年，日本纺织服装产品大量向美国出口引发的矛盾是这一贸易保护方式转变的标志。

WTO背景之下，美国采取反倾销与保障措施成为美国对纺织服装业进行贸易保护的主要手段。

A. 国际纺织品贸易协定（MFA）支持下的保护政策

美国、日本、加拿大、韩国、巴西及印度等41个国家，于1973年12月30日签订《国际纺织品贸易协定》，即通称的《多种纤维协定》（Multi-Fiber Agreement，简称MFA），最后于1994年届满。适用的范围则一如其名，包括棉、毛、人造纤维及其制品。国际纺织品贸易协定的宗旨是保障世界纺织品及成衣贸易有秩序地发展，以避免低工资发展中国家的纺织品大量涌入工业国家的市场，以致造成工业国家以"市场干扰"（market disruption）为理论依据，允许工业国家采取暂时性措施，限制发展中国家纺织品及成衣进口的数量，或由发展中国家自行设限，作为工业国家竞争力备受削弱的纺织品及成衣产业提供一个结构性的调整机会，并进而逐步实现全球纺织品贸易自由化的最终目标。

B. 21世纪的支持措施

2001年以来，美国政府采取了一系列措施解决纺织业面临的危机。这些措施包括：政府必须通过一项一揽子刺激经济的计划，其中包括向纺织企业提供更长的税收优惠期限；迫使其他国家向美国纺织产品开放市场而不是单方面要求美国降低关税；政府阐明《加勒比海盆地贸易伙伴法案》和其他一些贸易法案的意图，确保这些法案所涉及国家输入美国的服装产品面料在美国印染和整理；政府允许棉纺厂按照国际市场棉花价格购买棉花；政府避免单方面的贸易让步，不应与其他国家签订可能损害美国纺织业者的贸易协定；政府加强纺织品服装边境监管，杜绝纺织品服装走私和其他海关方面的欺诈行为等。

同时，美国纺织服装行业为增强竞争力及保持市场占有率，采取了很多措施来发展本国的纺织服装行业。其中比较重要的发展策略就是将纺织品和服装生产转移到墨西哥和加勒比海盆地等劳动力价格相对低廉的地区。此外，美国政府拨出专款支持纺织品高科技的研发，不断推出新一代的高科技材料。而且美国在纺织品贸易中设有不平等贸易壁垒。

据中国贸促会纺织行业分会记载，内容主要有：（1）关税及关税管理。美国服装类产品的关税为33.3%，某些羊毛纤维的关税为31.5%。美国鞋类的关税总体偏高。如中国出口到美国的纺织面料鞋平均关税为33%，最高的可达48%。化纤、纯棉面料和PVC面料箱包的关税为19%。（2）节日服饰限制。2002年2月，美国将节日服饰归为服装类产品。随后，美国纺织品协议委员会决定对2004年4月1日以后出运的进口节日服饰实行配额许可证管理，将进口关税由0%提高到15%~20%，并使该类产品由非配额产品变为配额产品。（3）进口限制。美国对部分产品，主要是农产品和纺织品实施配额管理。对中国设置的配额种类最多，数量也控制的最严。（4）特别限制措施。2003年5月21日，美国纺织品协议执行委员会公布了针对我国加入世贸组织工作报告书中关于纺织品进口特别限制措施（242段）的实施程序，当日生效。根据该程序，美国国内符合条件的纺织品服装生产商或其代表，可以提请对从中国进口的纺织品服装实施限制措施。

C. 2007—2008年世界金融危机以来政府的相关扶持政策

2007—2008年世界金融危机沉重打击了金融业，经济不景气的状况也严重影响了时尚产业。纽约市政府积极应对，做了诸多努力，意图拉动时尚产业增长，巩固其作为时尚之都的地位。

2009年2月23日，纽约市政府实行扶持纽约时装批发业发展的方案，吸引全世界的零售商。这个新方案是纽约市时装批发发展项目的研究结果，这一项目由纽约经济发展署委任，目标是使得时装批发交易更加组织化，更易于确定经济发展区域。

2009年2月，纽约市政府批准2010年时尚周将在林肯中心的户外广场举行，使场地更宽广，容纳更多参观者，以期增强纽约时尚的影响力，而且设立了时装信息网站为买手和零售商提供信息。

2009年8月5日，市政府出台五区经济振兴计划，旨在尽快使纽约从当前经济萧条中复苏，该计划包括：为纽约市民创造更多工作机会，实施促进纽约经济增长的长期机会，在每个区建立大众化、颇具吸引力的社区。此计划将会产生成千上万的工作机会，促使纽约走上经济复苏和发展的正常轨道。这一计划在女装市场周期间宣布，市场周从21日到24日，男装和女装市场周一年两次。纽约时装批发市场周每年直接创利180亿美元，吸引参观者50多万人次。经研究证明，纽约仍然是世界主要纺织品批发市场，然而不稳定的贸易展示日程安排、陈列室可获得资讯缺乏、贸易展道路交通不畅等状况，使纽约失去了诸多潜在买手参观者，导致纽约市商业税收有所减少。纽约经济发展署署长 Seth W. Pinsky 说，纽约时装贸易展有 75 场，全市陈列室有 5 000 间，无疑是世界主要批发市场。

2009 年 9 月 10 日时装周期间，纽约市长和 *Vogue* 主编等人，发起"时尚节日之夜"（Fashion Festival Nights）行动，纽约市 5 个区内 800 多家零售店参与，开业至晚上 11 点，进行室内展示促销等活动。同时，纽约经济发展署给时装设计师协会拨款 20 万美元，用于建立服装创业园区，为新秀设计师提供低房租工作室。到 2009 年 10 月份，时装创业园已经建成 4 个。

这些政策的出台，足以证明纽约市政府和社会对时尚产业的关心。

2. 协会机构及其职能

纽约从最初的地区贸易中心，到服装制造城市，再到公认的时尚都市，其间每一步的发展都离不开相关协会的努力。美国是世界上设置纺织品服装行业专业协会组织最多的国家，其专业协会涉及纺织服装行业的各个方面，这些协会在政府和企业之间提供沟通、统计以及生产、贸易、技术和信息的咨询服务及指导。

（1）美国服装设计师协会（CFDA）

美国服装设计师协会是一家非营利性的行业协会，引导整个服装行业的发展。其会员包括超过 350 个女装、男装、珠宝和配饰设计师。一年一度的美国服装设计师协会设计师大奖，选出业内最好的设计人才。除此外，协会还提供专业帮助和各项基金，包括美国时装设计师协会及 Vogue 时尚基金（CFDA Nogue Fashion Fund）、杰弗里比·尼（Geoffrey Beeny）设计学术奖、里兹·克莱本（Liz Claiborne）奖学金及 CFDA/Teen Vogue 奖学金。协会还会通过商业服务网络和一支高素质设计人员为成员提供战略机遇等。CFDA 基金是一个独立的、不以营利为目的的、组织动员成员们筹集的慈善基金。通过基金会，CFDA 创建和管理时尚抗癌慈善基金（Fashion Targets Breast Cancer）。

（2）美国服装鞋类协会（AAFA）

美国服装鞋类协会由美国服装制造业协会和美国制鞋业协会于 2000 年合并成立，是国家贸易协会，代表美国会员在全球市场范围内的服装、鞋类和其他缝制产品企业和他们的供应商的共同利益。协会目前在美国有上千家会员企业，大部分属于销售商和进口商，这些成员企业还拥有美国 80% 左右的服装和鞋类产品的品牌。作为全美最具影响力的协会，美国服装鞋类协会已经发布了限制物质清单（Restricted Substances List，简称 RSL）第 4 版修正稿，包括了各国政府以法律或法规的形式来进行禁用或限制的化学品和在产品中包含的其他物质，其中包括目前已经被世界上大多数国家和地区认为有害的物质，例如甲醛、杀虫剂、重金属、阻燃剂、石棉，也包括最新被欧盟禁用的富马酸二甲酯等物质，涉及的最终产品主要有家用纺织品、服装和鞋产品等。清单的第 4 版更是增加了对纺织品、羽绒制品及塑料部件中铅及邻苯二甲酸盐含量的限定。此外，还增加了对纺织品中重金属的限量要求。

（3）美国色彩协会（CAUS）

美国色彩协会办公室收藏有自 1915 年以来的色彩档案，1915 年之前，美国的裁缝和帽子制造商负责确定本国纺织业的色彩趋势。他们依据从德国得到的原料和从法国得到的时尚信息来判断下一季的流行色。第一次世界大战切断了他们获取信息的路径，无奈之下，美国色彩协会决定自力更生，成立了委员会，从纺织品行业相关公司（包括丝绸、羊毛、针线、纽扣和服装制造商）中，选出代表，判断并预测下一季流行色。建立色卡的提案在 1915 年初付诸现实，并组建了美国纺织品色卡协会（Textile Color Card Association of the United States，简称 TCCA），即美国色彩协会的前身。第一次董事会议在1915年2月19日于美国纽约丝绸协会（Silk Association of America）办公室举行，其作用包括一年两次以色卡的形式发布流行色预测，提供配色方案，并作为色彩中心提供各种色彩服务。

1920年以后，美国色彩协会和美国政府以及美国军方建立了密切关系，依据政府详述把各种色彩进行了标准化。协会还为美国军方指定了标准色用于军服、丝带、装饰物和旗帜中。1969年才发布了整体家具产业色卡，1955年12月1日正式更名为美国色彩协会。自1915年到第二次世界大战，美国纺织品色卡协会主要服务于纺织品和相关女士时尚趋势色彩预测，1945年以后，越来越多的产业部门开始重视色彩趋势。20世纪60年代发布了专门的男士时尚色彩预测。20世纪80年代，随着服装需求剧增，童装市场壮大，美国色彩协会成立了童装色彩预测工作组，并于1985年发布了首个美国童装行业色彩预测。

五、东京时尚产业链管理分析

（一）东京时尚产业链的发展现状

在日本通产省关于文化创意产业的范围分类中，日本的时尚产业包括时尚设计和化妆品。从对世界时尚的影响力来看，东京最具特色的是服装产业和电子产业，因此，从这两个行业的发展可以看出东京时尚产业发展的基本状况。

东京在五大时尚之都中，如果单就时装产业一方面来说，其地位明显不如其他四大都市，甚至很多时尚人士只承认有世界四大时尚之都，而把东京拒之门外。但是现今时尚产业的内涵已经不再拘泥于服装产业，而是一个大的时尚概念，东京被列为时尚之都之一，是有它独到的特色和优势的。

如果说五大时尚之都均有着自己鲜明的特点，那么东京最大的特点就是其时装的独特风格，而电子产品时尚的外观设计更引领着全球年轻人的时尚消费。所以，东京在五大时尚之都中的个性尤其明显，其发展更体现着当今时尚产业的方向——时尚不再拘泥于服饰品一隅，而应该渗透于生活的各个方面。

1. 制造业生产环节的区外转移，形成合理的价值链分工

东京作为东京大都市圈的核心城市，经济活动高度集中，土地紧缺，地价很高，环保和劳动力成本压力巨大，这加速了制造业行业和环节的空间变化，促进了价值链的空间分工。许多制造业公司不得不将生产职能转移到周边地区乃至海外。就产业各环节而言，很多企业都把总部设在东京都核心区域，这里接近金融、政府机构，信息畅通，人才密集；研究所和开发型工厂大都设在中心区或者大学集聚的多摩地区，这里比较接近科研机构、高素质劳动力供应地和新产品的使用者，并且离总部也较近，同时地价相对要低廉一些；大批量生产部门主要设在海外廉价劳动力密集的地区，同时要求要接近原料供应地和交通枢纽。

2. 产业链衔接良好

漫画出版——动画制作播出——版权授权——衍生品生产及销售——部分动漫作品外销授权——动漫产品的深度开发及新动漫产品开发良性再循环，极具品牌价值的可以开发具备混合消费模式的主题园区或主题店。以上模式是日本已经形成的产业模式，也是典型的以漫画为基础发展产业的模式。

之所以说日本动漫产业模式完整，是指上述产业链衔接良好，形成了效益递进的良性循环模式。日本动漫具备了四个产业特点：一是形成了规模。动画播出、漫画销售、衍生品销售、动漫广告在日本随处可见，已影响到日本整个社会生活。二

是复制效果明显。动漫出版物和衍生品是最典型的复制产品，具备产业化基本特征。三是商业模式确立。日本动漫各环节都具备了投入产出良性模式，形成有现金流支撑的产业链模式。四是持续经营。20%~30%动漫作品的成功率保证了创作热情和成功产品的深度开发，动漫产业形成了持续发展势头。

3. 产业链的构成和运作

时尚产业不是一个行业，而是由许多个行业组成的集合体，它们的产业链会有所差异，但是由于日本的政策扶持和导向作用，所以它们之间还是有更多相通之处，比如20世纪80年代产业结构转变，生产加工开始向海外转移，就是在很多行业同时进行的。

以服装行业为例，日本的纺织服装产业由复杂多环节的生产流通过程构成。纺织服装产业按大类可以分为：纤维原料和纱线等纤维材料供应行业，承担纤维材料编织、染色生产工序的纺织行业，对服装产品进行策划或生产再出售给零售商的服装生产行业，把服装销售给最终消费者的服装零售业四大类行业。

日本的服装流通渠道看似复杂，但是其中由服装制造批发商、服装批发商掌握流通主导权，从事商品策划，向生产企业提供面料、附属品等进行委托加工，再向零售商批发或在自己的直营店销售的流通渠道是日本服装最主要的流通模式。近年来，为了更快地获取消费者的信息，有的零售店自己进行商品策划、组织生产，然后在自己的零售店中销售。自有品牌服装专卖店零售商（Specialty Store Retailer of Private Label Apparel，简称SPA）有两种形态：一种是原来为零售企业的生产销售一体化企业，如优衣库、无印良品；另一种是原来为生产企业的生产销售一体化企业，如日本生产袜子的Dan公司。

4. 最主要流通渠道中的领头企业：服装制造批发商

日本的服装制造批发商在20世纪50年代中期以后获得了流通渠道中的主导地位。这主要有两方面的原因，第一个原因是制造批发商从生产企业手中得到了商品企划权。第二次世界大战后，日本的服装业几乎处于毁灭状态。1950年，以战争为契机，服装生产企业首先得到了迅速的发展。在"生产什么就能卖掉什么"时期生产企业掌握了商品企划权，母生产工厂进行商品开发、企划与纱线、面料的采购，子生产工厂从事生产。批发商从母生产工厂提供的样品中挑选产品，然后订货。规模较大的批发商都有自己的产品采购部门。进入20世纪50年代后期，由于消费者开始追逐流行，在生产企业中出现了商品企划成本的提高、预估生产引发的产品积压等问题。而且考虑到商品企划由更接近消费者的批发商进行更加合理，使得生产企业把商品的企划功能转让给了批发商。虽然，企划权的转让有利于生产企业的设备和技术水准的提高从而实现生产的合理化，但是选择面辅料的功能逐步的丧失，使得生产企业渐渐成为批发商的委托加工工厂。第二个原因是批发商与零售商之间形成了一种独特的商业习惯。

20世纪50年代中期是生产企业掌握商品企划的时代，批发商与零售商之间的关系是零售商决定零售价格"自由开放的采购市场""完全买断制"。但是进入20世纪50年代后期，批发商与零售商之间形成了"厂家期望零售价格制""地域限制""退货制"，而且这种商业习惯在20世纪60年代中期被固定下来，后来又形成了"派遣店员制""商品交换制"等多种日本独特的商业习惯。这种在日本仍占主流的商业习惯的形成据说有两个原因：其一是日本的消费者拥有类似的生活模式，所以日本国内市场对服装流行趋势的变化相当敏感；其二是零售业与其他企业相同，追求利润，但是为了扩大销售额，必须在店头设置丰富的商品，并且随着流行趋势的变化，不断更新商品。如果采用买断制，零售店便无法承受商品积压。

据说"退货制""派遣店员制"是由恩瓦德公司首先提出来的。当时的恩瓦德社长这样形容"退货制""派造店员制"的优点："退货制""派遣店员制"能够帮助百货店打破预算主义，而大量采购各种尺寸、颜色的商品。"退货制"只要考虑到被退还后的商品的流通渠道，就不会成为企业的负担。"派遣店员制"能够直接获得消费者的信息，而且通过拥有丰富商品知识的自家店员的推销，能够满足消费者的需求。

5. 主要的零售业态

从1997年到2000年，日本百货商店与专卖店的比例均为30%以上，所以百货商店与专卖店是主要的零售业态。其中，百货商店的构成比有下降的趋势，而专卖店却呈上升趋势。

从服装流通渠道分析东京的产业链，其特征可做以下简单归纳。第一，由于各个环节各种批发商的存在，其流通渠道相对来说比较复杂；第二，服装制造批发商为最主要的流通渠道中的领头企业；第三，生产企业不具备商品策划能力；第四，供应商（服装制造批发商、服装批发商）与零售商之间存在"厂家期望零售价格""退货制""派遣店员制""商品交换制"等商业习惯；第五,百货商店与专卖店是服装零售的主要业态。

（二）东京时尚产业链管理分析

日本是政策导向型的产业发展模式，所以产业的发展受到政策的影响很深。政策的变动也成为影响东京时尚产业发展的重要因素之一，东京和时尚相关的产业的发展受到各个时期不同政策的扶持。

1. 政府管理和产业政策

（1）政府管理体系

日本的时尚产业没有明确地属于哪一个具体的部门管理，但经济产业省作为日本的产业经济管理部门，下属的一些部门对时尚产业的不同行业和不同环节进行着相应的管理，主要有商务信息政策局（主要管理商品的销售、流通）、制造产业局（主要管理具体商品生产及流通交易情况）以及中小企业厅（主管服装类等中小企业的发展）等。

（2）不同时期的典型产业政策

严格来说，日本没有具体的有关时尚产业的政策，关于文化创意产业方面的政策也是主要针对文化产品，几乎没有提及时尚产业。所以这里主要介绍日本纺织服装产业的政策。

A. 20世纪50年代的政策

日本的出口配额、出口自我限制和进口自由并存的政策与欧美国家不同。在欧美国家，通常采取限制进口、鼓励国内企业自主进出口的政策；而日本战后初期则通过立法，采取限制进口、培养民族产业的政策。

纺织服装设备过剩问题在20世纪50年代初期凸显。为此，日本政府通过立法，从1954年开始实行设备登录制度，以限制设备的增添。20世纪80年代后这种限制有所缓和，但此政策一直持续到20世纪90年代初期。

B. 20世纪60、70年代的政策

20世纪60年代初，如何提高纺织服装企业竞争力的问题开始受到重视，1963年的《中小企业近代化促进法》和1967年的《纺织服装业结构调整临时措施法》加深了业界对这个问题的认识，并设立了纺织服装工业结构调整协会（1994年改名为纺织服装产业结构调整协会）作为实施机构。培养竞争力主要是培养企业的出口竞争力，与国外产品抗衡。在限制设备增添的范围内更新设备，快速提高产能和生产效率。

第一次立法（1967年法），与之后的立法大不相同，特点是横向产地联接，即同业横向联接，以产地为单位，通过设备现代化和企业的规模化增强出口竞争力。

第二次立法（1974年法），推行纵向联接（纵向合作）的方法，培养纵向跨行业多元经营的优秀企业集团。这一时期出现了另一种现象，即当企业经营不善时顺其自然淘汰出局。但这种纵向联接对同一企业拥有不同类型的业务以及作为企业归口的行业来说，由于没有经验，实施时困难重重。

第三次立法（1979年法），采用第二次纵向联接与第一次横向联接相结合的方法，形成所谓的斜向调整，但实施时主要还是纵向联接调整。

与此紧密相关的另一个潮流是20世纪70年代以后，政府和业界摸索先进国家纺织服装业应有的形态、与发展国家进行国际分工以及重视内需和国内消费者等课题。1976年纺织服装工业审议会在《纺织服装产业应用的形态》中提到服装业的振兴。这一潮流倡导的"市场向导、创新战略"一直延续至今，但服装企业企划开发能力薄弱的局面直至今日尚未完全改观。

由于纵向联接型结构调整时适用条件苛刻（如进入条件、出口能力、大企业不能加入等）以及债务的连带保证，实施起来困难不少。通过推行第六次临时措施法（1994年法），并与当时的快速反应（QR）活动相互促进，这一难题获得较好的解决。这一政策出台的背景是作为产地组合支柱的设备登录制（企业集中的原因）最终被废止；由于日元升值和泡沫经济破灭，国外产品进口急剧增加，国内企业不断进军海外；日本国内竞争日趋激烈，纺织服装企业不断收缩、停业或破产，一些企业尝试用美国的快速反应系统（QFS）作为发展方向；另外，新型集团与纱线厂家、综合商社联合，并进行积极的债务保证。在快速反应的导入过程中，信息化（标准ED化）日益受到重视。同时1995年纺织服装流通结构改革推进协会（OR推进协会）的修正预算出资25亿日元开始纺织服装产业革新基础事业（Textile Industry Innovation Program，简称TIIP），1996年度追加5亿日元，探索先进国家纺织服装产业应有的形态，主要研究内容有标准信息化（信息化基础设施建设），建立与市场需求相对应的生产体系，强化服装企业企划开发能力及作为支撑的材料创新。

C. 20世纪90年代起的政策

在此期间，日本的纺织服装方面的政策主要以"纺织服装展望"的形式出现，直到21世纪，支持纺织服装业的结构升级的内容纳入《支持中小企业创新》的法律中。

1993年12月出台的"纺织服装展望"。与结构调整因各种矛盾难以推进一样，1993年出台的"纺织服装展望"也存在一些难题：①创新、市场导向、全球化；②关于EDI（电子数据交换）、OR（快速反应）；③日元升值和进口限制。

1998年12月出台的"纺织服装展望"。这一展望认为，随着市场主导、全球大竞争、新领域的发展等时代变迁，日本纺织服装业的市场拓展有以下四个方向：日本创造力引导世界服装贸易潮流；加强与消费者的直接联系，迅速供给商品；建立以亚洲为中心的生产网络；挑战新领域。

2000年12月出台的"纺织服装产业审议会综合部基本政策小委员会报告书"。1999年以后，以服装为中心的纺织服装进口快速增加，日本国内纺织服装企业和产地受到极大冲击。2000年12月，纺织服装产业审议会综合部基本政策小委员会的报告书对此做了总结。撰写这一报告只用了不到50天的时间。报告书可以认为是出于非常时期演变中"纺织服装展望（1998）"的延续，因此，与展望内容相同的部分这里不再重复，主要特点有：①报告书的构成；②内部功能完善化；③QR改为SCM；④明示社会责任；⑤服装配套设计师与创新企业；⑥对政府的期待增大。

日本中小企业政策。长期以来，日本政府不遗余力地推进中小企业发展，基本政策包括：消除不利于中小企业发展的社会因素；确保中小企业的活力和竞争力，推动设备现代化、事业共用化、企业规模适度化；提高中小企业的经济地位和社会地位等。主要特点有：①制定法律，营造有利自由竞争的环境；②培育具有高度活力的中小企业成长机制；③建立辅导中小企业的组织体系；④建立中小企业社会化服务体系。

新纺织服装政策的目的是用新出台的五项措施加强日本纺织服装产品的竞争力。为达到这个目标，日本政府会利用一般的工业政策措施，而与以往有所不同，这一措施包括很多对于边缘企业的支持，例如中小企业、信息技术、环境、能源、工业技术和专利。

在这一原则下，用来支持纺织服装工业的《纺织工业结构促进法》于1999年6月30日取消，同时"纺织工业重组组织"这一法规下曾实行过的各种政策也被废除。

然而，支持纺织服装业的结构升级的内容纳入《支持中小企业创新》的法规中，这是在废除上述法规的同时而颁布的，而且，作为一个过渡性的措施，"纺织工业重组组织"的职能同时转给了日本中小企业合作组织。

D. 21世纪的支持政策

2006年，日本经济产业大臣二阶俊博在经济财政咨询会议上作了题为《经济增长大纲》的报告。报告分短期（1年）、中期（3年）和长期（10年）三个阶段提出了日本纺织服装产业的战略目标。

短期目标：以日本时装周为中心加强面向世界的宣传工作，同时加强服装专业人才培养，强化原材料与制品的规格制定、生产和销售功能，促进新事业的创造；中期目标：促进感性与技术的有机融合，形成具有创造能力的服装产业集群，同时加强对日本服装的宣传，为开拓国际市场做准备；长期目标：加强日本服装产业的国际竞争力，形成能够培育出大批世界级品牌的体制。

作为实现短期目标的具体对策之一，经济产业省确定了2007年度针对纺织服装产业的五个重点支持领域，具体内容为：（1）对中小企业自立项目策划能力、自销能力方面的支援。经济产业省将适时对现有中小企业、科技振兴等政策进行调整，为中小企业申报项目提供便利。（2）对新领域、环保技术开发、产业集群的支援。经济产业省将增加相关预算，促进跨部门、跨行业的合作，促进纺织新材料、环保型纺织材料的开发，促进纺织产业集群的建设。（3）促进原产国标识。经济产业省将与产业界一起探讨原产国标识中存在的问题与对策，寻求向世界宣传日本纺织品服装的优点。（4）促进出口，加强对外宣传。经济产业省将充分利用日本贸易振兴机构的相关支援项目和增强产地活力基金，支援东京时装周，鼓励企业赴外参展。

E. 国际贸易谈判。经济产业省将通过世贸组织多哈回合谈判和经济合作协议谈判缩小各国关税水平的差距。

总之，日本产业政策的发展是一个"扶持→失灵→辅助"的模式，在20世纪七八十年代以前，日本的产业政策一直扶持着各产业的发展，到了20世纪90年代，政策的扶持作用开始减弱和失灵，之后进行的一系列调整也都作用不大，因为一些优势产业已经成熟，政策又无法确定新的扶持产品。所以，日本的各行业发展开始走上了企业相互协助、政策相辅助的道路。

2. 协会机构及其职能

（1）行业协会作用

行业协会（或商会）作为政府和企业的连接机构，积极沟通政府政策和企业经营信息，做到上情下达、下情上传，发挥协会的桥梁作用。根据行业的特征推出相关行业准入制度、完善行业标准、辅助政府和社会实施职称评定、人才培养等。在此基础上促成企业和社会团体积极办学，设置协会主办的职业教育、培训中心或产学研联合办学，制定行业人才的培养计划等。

（2）政府、协会和企业之间的关系

政府、协会一直在推动企业的发展。在发展初期，由于企业的稚嫩和弱小，政府通过政策对企业进行保护、引导和扶持。当企业发展到一定的阶段、趋于成熟的时候，政策的导向作用减弱，政策开始失灵，所以政府开始通过不遗余力地推动协会的作用来对企业进行支持。所以说，时至今日，日本的产业政策对企业的作用已经微乎其微，而各行业形成的协会却显示出更灵活、更有效的作用。

主要协会简介：

①社团法人电子信息技术产业协会（Japan Electronics and Information Technology Industries Association，简称JEITA）。该协会是通过旨在促进电子机械、电子元件健全的生产、贸易及消费的活动，为电子信息技术产业的综合发展做出贡献，以推动日本的经济发展和文化兴隆为目标而设立的行业团体。

②日本化妆品工业联合会。日本化妆品工业联合会设于东京都港区虎之门，建于1959年7月24日。由东序化妆品工业会（1950年2月设立）、近畿化妆品工业会（1995年6月设立）以及中部化妆品工业会（1995年3月设立）三个团体组成。成立日本化妆品工业联合会的目的是加强化妆品生产行业团体之间的关系和联络，保护各团体的共同利益，针对化妆品工业发展需求，求得行业公道，推进行业健康发展，为国家以及国民生活的稳定提高作贡献。①

第二节　上海时尚之都建设：上海时尚产业链管理分析

一、上海时尚产业链管理的发展现状

上海具备远东地区独有的大都市的城市地位，具有发展时尚产业极佳的区域优势，是中国现代工业和商业的发祥地。自20世纪至今纺织业号称是上海的"母亲工业"，继而使得上海服装制造业闻名天下。因此，上海发展时尚产业有着雄厚的基础。同时，上海具有百年海派文化积淀，是一座现代化而又不失中国传统特色的海派文化都市，它背靠内陆市场和资源优势，又直面世界流行风尚和国际交流融合空间的地理位置优势，这使上海对时尚快速吸纳与扩散传播成为可能，具有发展时尚产业兼容并蓄的文化特质。

（一）服装产业链

近年来，上海在持续调整城市发展规划和城市功能与定位，服装业过去重生产质量而轻研发、原创的局面也在悄然发生改变。传统劳动密集型产业偏好于地方

---

① 王革非.服装产业链发展前端导向[J].上海纺织科技，2019，47（07）：59-61.

化集聚，随着2004年后产业转移步伐加快，其区域效应逐渐加强。作为服装区域产业转出地的上海，其服装业加工密集型环节必然要向郊区或外省搬迁，而留下的产业环节则向基于设计、时尚、文化、创意与传播等产业链前端高附加值环节延伸发展。

在基于高附加值环节的时尚设计与文化创意产业链建设中，其主链包括服装的创意资源、材料、设计、生产、品牌、营销和文化传播等环节；其辅链包括政策、公共服务、检测标准、媒体、信息技术、物流与展会等环节。

上海市首先聚焦服装品类打造时尚产业链。目前针对于上海的服装行业主要是线上线下两种消费模式。网络的迅猛发展使人们足不出户购尽天下美物。而线下又分为大型商场、综合性购物中心和小型集成店。2016年新型的服装购买方式——快闪店开始兴起，快闪以一种设计师集成的形式常与大型商场合作，进行无实体店铺只进行短期展示销售的全新消费方式。服装既是时尚产业的核心，同时也是百货商店的核心品类。根据"上海百货店服装品类结构研究"的数据，百货商店服装品类经营面积占比均超过50%，其中都市休闲型百货店的服装品类经营面积占比超过60%，综合时尚类占比50%，女性潮流类占比80%，儿童主题类超过60%。[①]同时，对于服装行业来说，时尚潮流的形成几乎都离不开百货商店的推波助澜。百货商店既是世界级服装品牌的重要销售场所，同时也是市场和潮流的重要展示场所。

另外从商贸环节来看，服装产业链的主链各环节之间愈发趋向于以信息为依托进行逆向整合。服装商贸是服装产业链中重要的终端环节，它对于产业链的其他环节的发展及产业链的整体发展有很强的带动作用。某种意义上说，商贸的规模和水平决定着该产业的绩效。并且随着消费升级，商贸零售企业通过升级服务，有效增加了产品的价值。在"消费者为中心"的价值链背景下，服装商贸在服装产业中将发挥越来越大的作用，并以满足需求出发，运用大数据等现代化信息手段收集从产品购买、使用及售后的反馈信息，将信息进行整理后再次反馈至服装生产的各个环节。

目前我国服装商贸已形成一定的规模，各层次服装市场定位逐渐明晰，但相较其他成熟的时尚之都，我国服装商贸的发展水平还较低，市场不具备鲜明的特点，也尚未形成以服饰影响文化生活的氛围。因此，需提高自身在时尚产业链商贸环节的经营能力塑造。

（二）珠宝首饰产业链

作为改革的试验区，珠三角地区虽然在很多产业政策上都在全国率先实施，但近十年来，我国区域发展政策对长三角地区的倾斜更为明显。在珠宝首饰方面，上海先后成立钻石、黄金、银全国珠宝交易中心，使其作为国际金融中的优势地位更为巩固。举办世博会、开启迪士尼项目吸引了全国各地的游客，诸暨和苏州珠宝国际交易中心项目的确立也进一步提高了长三角珠宝首饰产业的竞争力，显著拉动了该区域的珠宝首饰消费。长三角地区之所以能够孕育出老凤祥、上海老庙黄金、上海亚一金店等一批中国知名珠宝首饰企业，主要靠的是消费。我国珠宝界广为流传这样一句话："加工在广东，消费在上海"。2006年上海黄金珠宝首饰总销售额占全国10%以上的份额，共计160亿元。而根据中国时尚指数研究报告（2006年），上海居民在2006年的珠宝消费平均支出为5 198.3元，位居第二的杭州珠宝消费平均支出为4 451.3元，明显高于其它城市。旺盛的消费不仅带动了本国企业的快速发展，同时也会吸引更多国际品牌对其投资，从

---

① 万艳敏，李婧莲，蒋莉.上海百货店服装品类结构研究[J].商场现代化，2011（15）：55-58.

而提升整个区域的产业竞争力。[①]

（三）化妆品产业链

为了推进美丽健康产业的发展，2017年9月，上海市印发了《关于推进上海美丽健康产业发展的若干意见》，明确指出：将美丽健康产业作为上海大健康产业发展的重要支柱，将奉贤"东方美谷"作为上海大健康产业的先行先试核心承载区推进升级为"上海东方美谷"，把奉贤区"东方美谷"作为上海美丽健康产业核心承载区先行先试。其中化妆品就包含在美丽健康行业中。

化妆品从品类上可以划分为护肤品、彩妆、护发、洗浴、口腔护理、婴童护理、男士护理、香水等多个领域。个护品类在国内的发展早于其他品类，起于20世纪90年代后期，目前已进入低位增长、高渗透率、绝对龙头出现的成熟期。由于国际化妆品品牌企业普遍成立时间早，具有深厚的化妆品产业链经验积累，拥有具有影响力的品牌线和若干名声响亮的明星单品。在20世纪八九十年代先后进入中国市场之后，雅诗兰黛、欧莱雅、路威酩轩、资生堂等基本垄断国内化妆品高端市场；而本土品牌依托性价比优势，借助大众化妆品品牌化、新兴渠道和新兴品类展的东风在大众市场取得突破，上海上美、百雀羚、伽蓝集团、上海家化四家企业已在大众化妆品市场占有率前十中榜上有名。

在整个化妆品产业链中，生产研发环节的水平，包括研发能力如何、生产周期长短、产品品质是否稳定、品控是否严格等关键因素，决定着化妆品企业是否具有稳定地更新产品、输出品牌的能力，决定着旗下产品品质效果是否能支持其成为多年不倒、稳步向前的老牌企业。

在化妆品研发环节，国际化妆品巨头通常在全球主要市场分布6~9家研发中心或实验室，耗费大量资金进行基础成分研发、配方应用研发、产品测试以及包装设计，研发费用率基本分布在2%~3.5%之间；国内化妆品企业的研发费用率虽然与国外龙头企业差距不大，但由于收入体量的差异，实际投入金额相差甚远，同时研发能力也相对薄弱，这成为本土企业在高端市场不得法门的重要原因之一。在化妆品生产环节，大部分品牌都采用委托生产（即代工）模式，少数实力雄厚的企业自建工厂，实现自行生产，自行生产方式更能把握生产工艺控制与产品质量检测等，但对产能和工艺的要求也更高。化妆品委托生产的主要形式是OEM和ODM两种，前者只负责来料加工，后者则在品牌商的策划下完成配方研发、生产测试、包装贴牌等更完整的生产环节。被广泛应用的委托生产模式也为本土品牌的崛起、新锐品牌甚至跨界品牌的进场提供上游机会。

销售渠道方面，在线下，化妆品品牌商通过直营或经销的方式直接或间接地对接百货、商超化妆品专营店、专营店/连锁商场超市等终端零售网络。百货以带美容导购的专柜形式较好地提供体验咨询服务、品牌形象宣传和产品展示，其本身也有可选消费和形象价值的准入门槛，这一优势使其吸引了中高端护肤品和彩妆产品（尤其是国际品牌）的入驻；大型连锁超市、卖场渠道则更适合具备快消品特点的个护、大众护肤品销售，陈列品牌数量较多，且摆放按品类区分，无明显的品牌分隔，价位多在几十元至两三百元之间；专营店是专门进行化妆品销售的零售终端，在渠道管理、品牌代理和会员经营上有很大优势，店内化妆品品牌通常在10个左右，目前既有主营中端品牌的、又有主营中高端品牌的，且通常会内置自有品牌化妆品同时售卖；单品牌店是近来国内势头较好的线下渠道补充，有着品牌商直供的供应链优势，在销售产品之外，单品牌店更重要的

---

① 蒋亮智. 我国珠宝评估及珠宝产业发展的经济学研究[D]. 中国地质大学，2015：55.

作用是借助互动体验提高消费者驻足时间。与线下渠道相比，电商渠道具有广泛品牌覆盖、充沛流量获取、优惠折扣给予、信息传播分享等优势，已经随着近年来国内网络零售的强势渗透快速发展了起来。[①]

二、上海时尚产业链管理的特征表现

上海是全球著名的金融中心，是全球人口规模和面积特大的都会区之一。在经济发展的同时时尚产业也日益成为上海这座都市的新兴重点产业。上海的时尚产业发展离不开国家及地方政府的支持和引领，更与协会管理和企业运作有密切关联。

上海市的时尚产业发展政策主要是由国家引领，辅以上海市制定的具有更明确针对性的公共管理方案。

（一）政府管理和产业政策

十八届五中全会指出，必须把创新摆在国家发展全局的核心位置，不断推进理论创新、制度创新、科技创新、文化创新等各方面创新，让创新贯穿党和国家一切工作，让创新在全社会蔚然成风。2016年国家连续出台了融合发展、众创空间、"一带一路"、"中国制造2025"、"互联网+"、供给侧结构性改革等相关的政策文件和实施意见，为科技创新和文化创意两轮驱动的上海创意与设计产业发展带来强劲动力。

1. 设立专职的负责机构

2010年9月，中共上海市委办公厅发文《关于建立上海市文化创意产业推进领导小组及办公室的通知》，成立上海市文化创意产业推进领导小组及办公室。

上海市文化创意产业推进领导小组下设办公室，主要职能是研究编制全市文化创意产业发展规划、政策，协调推进本市文化创意产业发展，编制全市文化创意产业年度工作计划并组织实施等。

2. 提供资金及税收支持

为推进上海文化创意产业发展，推动小微企业发展，上海设立了文化创意产业财政专项扶持资金，用以扶持与文化创意、设计等一系列时尚相关行业的中小企业发展。每年一月至二月选择优秀的方案进行无偿资助或贷款支持。2016年财政部、海关总署、国家税务总局联合发布通知：关于动漫自主开发、生产动漫直接产品所需的进口商品全面实行免税政策。

3. 强化产业集群产业聚集园区建设

上海作为优秀文化的聚集地，在国家政策和区域政策的支持下，大批文化创意时尚类园区得以发展，上海市先后两次遴选出上海优秀示范产业聚集区，为时尚产业的发展提供了样板性项目范例。

在经济新常态下，各个社会群体都呈现出个性化、多样化的消费趋势，质量型、差异化、时尚性的竞争态势日益明显。这也是推进供给侧结构性改革的空间所在、动力所在。无论是研发设计、时尚创意，还是质量提升、品牌建设，创意与设计产业都在新常态下得以全新的发展，这既是机遇，也是挑战。时尚产业将从低成本的规模竞争走向品牌化的价值竞争，提升供给结构的有效性和针对性，这会给上海创

① 宋欣.屹立、颠覆与新生：化妆品产业链下的多方云涌[J].现代商业银行，2019（05）：60-67.

意与设计产业发展带来巨大的市场空间。

2016年10月上海发布《上海创意与设计产业发展"十三五"规划》规划中与中国纺织工业联合会、中国轻工业联合会等国家级机构建立战略合作关系，集聚国内外时尚产业发展资源，着力推进上海国际时尚之都建设，不断扩大提升上海国际时尚之都的影响力和话语权。组建中国时尚产业发展有限公司，以市场化方式推进时尚产业发展。设立中国时尚趋势研究院，开展中国色彩流行趋势、中国化纤流行趋势、中国纺织面料流行趋势、中国服装流行趋势以及中国家纺流行趋势等研究。与国内外信息和科研机构合作，开展中国消费品发展趋势和发展导向研究，加强行业基础性研究和建设。推进国际和全国性轻工领域专业设计机构落户上海，推动全国轻工领域重点企业在沪设立研发中心和设计中心。

另外，上海市积极推进国家级时尚产业基地建设，不断集聚国内外优秀品牌发展，加强中国色彩研究应用中心、中国流行面料发布展示中心、中国时尚信息服务中心、时尚设计师俱乐部等公共服务平台建设，推进中国时尚艺术中心等载体建设，着力打造一批国家级大师工作室。

中国轻工业联合会支持国家乃至世界级轻工行业发展基地落地上海，发挥辐射效应，带动产业转型升级。共同培育产业集群，共建若干个以轻工行业集聚为特色的产业（文创）园区，重点支持世界手工艺产业博览园等项目建设并力争产生世界辐射影响力，支持上海创建文化创意设计与科技创新融合的轻工特色小镇。依托"上海制造"知名度高、美誉度好的历史积淀，重新打造竞争力强、附加值高的产业集群区域品牌。

4. 建立品牌服务平台

上海市在整合社会资源、发挥市场力量的前提下，探索成立上海品牌交易评估中心，对品牌价值进行货币性评估；评估结果提供银行、担保等金融机构，开展品牌所有权质押融资；协助开展品牌企业的资本对接，并试点开展上海老品牌所有权的转让等。

共建国家级品牌专业服务联盟，集聚国内一流的战略咨询、营销策划、检测评估、创新研发、培训推介、两化融合、指数发布、标准研究、中介交易等方面的专家和专业机构，通过线上线下形成与国内企业对接的服务网络，建立质量品牌建设的长效机制，为全国品牌培育管理体系的实施和推进提供培训、咨询等服务。

（二）协会机构及其重要职能发挥

在上海的时尚产业发展过程中各种与时尚产业相关的协会和机构也起到了至关重要的作用，成为联系政府与企业间的桥梁。与上海时尚产业密切相关的协会机构如下：

1. 上海纺织协会（Shanghai Textile Association）

上海纺织协会成立于2008年12月17日。有上海纺织（集团）有限公司、上海东方国际（集团）有限公司、东华大学等27家发起人单位，为上海市纺织服装行业的企事业单位及相关事业单位自愿组成的跨地区、跨所有制的非赢利性的行业性社会团体法人。上海纺织协会入会数从创立之初的250家发展至目前超过500家。会员涵盖上海纺织全部12个大类行业，涵盖制造业企业、贸易类企业、科研院校、行政事业单位和社团机构等多种经济类别，并辐射至长三角，具有较广泛的行业覆盖面和代表性。

2. 上海服装行业协会（Shanghai Garment Trade Association）

上海服装行业协会成立于1986年3月，是本市服装行业企事业单位自愿组成的跨部门、跨所有制的非营利性的行业社会团体法人。

3. 上海钻石行业协会（Shanghai Diamond Trade Association）

上海钻石行业协会成立于2001年4月。是从事钻石的饰品、工具生产、经营、加工、贸易以及相关的学校、检测鉴定的企事业单位组成的具有法人资格的社会团体。协会现有会员单位50余家，会员单位占本市本行业企业总数60%，销售总额约9亿元，占本市全行业销售总额的75%，出口创汇额占本市全行业的80%左右。

4. 上海市轻工业协会（Shanghai Light Industry Association）

上海市轻工业协会成立于2007年6月，是依照《社会团体登记管理条例》的规定，由上海市轻工企事业单位以及相关社会组织自愿组成的联合性的非营利性社会团体法人。协会的业务范围是：从事规划、政策建议，举办展销会、培训，从事职称评审、中介咨询、品牌培育、国内外交流和政府委托或授权服务。

5. 上海工艺美术行业协会（Shanghai Arts and Crafts Association）

上海工艺美术行业协会成立于1996年2月，为本市工艺美术生产、经营、科研、教育、设计及服务行业企事业单位自愿组成的跨部门、跨所有制的行业性社会团体法人。协会现有各种所有制会员单位300余家，其中副会长单位13家，理事单位62家。协会下设上海市红木家具标准化技术委员会、红木雕刻专业委员会、旅游纪念（礼）品专业委员会。

6. 上海市宝玉石协会（Shanghai Gem and Jade Association）

上海市宝玉石协会成立于1996年5月，首任会长刘振元，现为协会名誉会长。2006年8月，上海市宝玉石协会和上海珠宝玉石加工行业协会合并重组为上海宝玉石行业协会，主管单位上海市经济与信息化委员会。协会具设计制造、商贸会展、鉴测评估、行业标准、教育培训、文博收藏等服务功能。

7. 上海日用化学品行业协会（Shanghai Daily Chemistry Trade Association）

上海日用化学品行业协会于2005年12月9日成立，为市级社会团体组织。协会覆盖化妆品、香精香料、洗涤剂（粉）、牙膏等四大日化行业，会长、副会长单位为上海家化、上海白猫、上海爱普香料、上海制皂、上海华银、上海香料研究所、上海日化开发公司、上海轻工业研究所、上海美容博览会、伽蓝集团、上海轻工等10家。会员单位有强生中国、联合利华、芬美意香料、花王中国、资生堂、露华浓、自然美、中国日化研究院、上海质检院、国家香精香料化妆品质量监督检测中心、SGS、TUV、欧陆检测等近200家。协会秉承"服务企业、规范行业、发展产业"的办会宗旨，为会员提供服务，维护会员合法权益，保障行业公平竞争，沟通会员与政府、社会的联系，搭建企业与企业、企业与消费者交流平台，促进上海日用化学品行业经济发展。

8. 上海市家用纺织品行业协会（Shanghai Home Textile Trade Association）

上海市家用纺织品行业协会于1987年经上海市纺织工业局批准成立。由1992年12月经上海市民政局批准更名为上海市家用纺织品行业协会。协会现有团体会员

120余家，85%为民营企业。上海一大批颇具规模的企业都加入了上海家用纺织品行业协会，长三角和其他省市的一些家纺企业也参入了上海家用纺织品协会。协会下设床上用品、毛巾、布艺三个专业委员会。

9. 上海国际时尚联合会（Shanghai International Fashion Federation）

上海国际时尚联合会成立于2004年8月，是由与时尚产业相关的社会团体、企事业单位及时尚产业从业者个人自愿组成的联合性、国际化的社团法人组织，主管单位为上海市商务委员会。上海国际时尚联合会下设设计师委员会、现代艺术委员会、演艺文化委员会、时尚传媒委员会、时尚品牌委员会、时尚美妆委员会、高级定制委员会。

10. 上海海派旗袍文化促进会（Shanghai Qipao Culture Promotion Association）

上海海派旗袍文化促进会是为促进海派文化的传播、促进女性文明素养的提高、促进海派旗袍文化品牌的战略发展提供服务的非营利性社会组织。由上海市文化广播影视管理局、上海市妇女联合会主管，承担使海派旗袍文化不断走向时尚化、礼仪化、国际化的工作。促进会于2014年9月19日经上海市社团管理局批准成立。其主要职能是：组织海派旗袍文化展示活动及学术研究、开展海派旗袍制作技艺交流资讯、提供相关业务培养、开展相关技术评比等。

11. 上海市家具行业协会（Shanghai Furniture Association）

上海市家具行业协会成立于1994年，是由上海及周边地区从事家具及相关行业的生产、销售、科研、检测业务的企事业单位自愿组成的行业性社会团体法人。协会经上海市社团管理局核准成立。协会的主要职能是负责制订上海家具行业规则，组织或参与国家、行业、地方标准的制修订，配合政府相关部门开展对家具业的指导监督工作，维护会员企业的合法权益，促进行业信用体系建设，进一步推动家具市场的规范与诚信；召开各类培训研讨、专题报告、行业论坛等活动，为会员企业提升管理技术、人才培养、推广新设计新工艺提供服务支持；定期做好行业数据的收集汇总、科学分析，通过协会刊物和网站发布，为企业发展和政府决策提供信息参考；借助国内外展会、考察、贸易技术交流等平台，促进产业内外的商务技术交流与合作，为会员企业开拓市场、推广产品、设计与工艺革新创造条件；对关乎行业发展的重要课题开展调查研究，为政府相关产业项目提供技术论证与咨询；向政府部门建言献策，反映行业诉求，传达政府导向，谋求家具产业的长远健康发展。

12. 上海服装鞋帽商业行业协会（Shanghai Garment Headnear and Shoes Commercial Association）

上海服装鞋帽商业行业协会成立于1988年10月，是在市经委、市商务委、市社团管理局的指导和监督管理下，根据行业特点自愿组成的跨部门、跨所有制的社会团体。协会是本市商业行业岗位资格考核站、学生服装质量社会监督站、国家服装鞋帽商业行业标准归口单位。它对全市服装鞋帽行业进行指导、协调、咨询、培训和服务。协会的功能：积极开展创优评优、标准制订、技术咨询、商务展览、行业培训、经营管理、行业统计、产品推荐、信息交流，承办政府和上级部门委托的有关业务事项，充分发挥协会在社会主义市场经济中的积极作用，使之真正成为行业的代表。

13. 上海市服饰学会（Shanghai Fashion Accessories Society）

上海市服饰学会成立于1985年6月，是在上海市民政局注册，具有独立法人资格的学术性社会团体。学会挂靠于东华大学和上海纺织控股（集团）公司，是中国服装服饰界成立的第一家服饰专业社团。学会在全国第一个策划并举办了服装设计大赛、第一个组织时装模特队到国外举办时装秀、第一个把我国用传统工艺制作的手绣衣服推到国外高档百货公司、第一个引进国际最著名时装设计大师进入我国时装界和百货业。无数次的第一开创了学会的光辉历程，奠定了上海市服饰学会深厚的历史积淀与文化底蕴。

三、上海时尚产业链管理的现存问题

目前国内时尚产业仍呈现割裂态势，时尚产业的各分支产业之间尚未建立完整有序的产业链。

（一）内部规模经济仍需加强

上海发展时尚产业的条件较为优越，但是上海时尚产业目前还处于小规模零打碎敲阶段，至今未有集约化、规模化的领衔行业与领军企业。时尚的各个分支产业之间需要互相支撑或者是相互联合进行产品创新和营销创新，然而，时尚产业的创意、设计、制造、营销、推广、培训等诸多环节割裂，各类资源要素分属不同行业，跨越不同部门，均在寻求各自的利益最大化，导致文化与时尚、时尚与创意、设计与市场、产业与活动之间的联动不够，亟待整合成相对完整的产业链。[1]

（二）市场结构层次打造不够清晰

分析国外时尚产业的发展共性可以发现，世界各大时尚之都各自都拥有一批稳定的顾客群体，以及相应的分销渠道和销售场所，从而形成了多元化的市场结构。但是上海发展时尚产业，还未建立与需求结构相匹配的市场结构，缺少成体系的科技创新和研发力量，高级工艺制造能力、营销渠道、专业信息、资本的支撑不足，未能明确不同层次产品之间的关系和对发展时尚产业所起的作用。

（三）缺乏独特风格的塑造

上海的时尚产业在市场涤荡过程中，虽然近年来已经有诸如之禾（ICICLE）等上海品牌越发成熟，但本土的时尚创造者和引领者仍显匮乏，虽然国内创意设计人才不断涌现，但还缺乏有影响力的创意人才和能引领世界时尚风潮的本土顶尖设计师；且在上海文化的传承和发展上，也没有涌现出很好的时尚品牌，难以体现与海派文化相关的潮流趋势、消费理念和时尚特色，而这些都是建设时尚之都不可或缺的品牌元素。

（四）高端时尚创意设计人才资源匮乏

时尚产业需要好的创意和好的产品，人才资源无疑是实现这一目标的关键因素之一。目前，虽然国内时尚创意设计人才不断涌现，但仍然缺乏有影响力的创意人才和能引领世界时尚风潮的本土顶尖设计人才。

---

[1] 宋煜，胡晓鹏.浅析上海时尚产业发展路径选择[J].企业经济，2011，30（10）：130-133.

四、上海时尚产业链管理发展的对策路径

随着上海经济发展的进一步提升，上海的时尚消费能力将进一步增强。与此同时，上海积极举办的"上海时装周"、"上海国际服装服饰博览会"等展会活动，更进一步的提升了时尚消费人群在全部消费者中的比重。因此在本阶段，上海应首先通过时尚消费驱动的时尚产业的发展，在此过程中吸收和借鉴成熟时尚之都在设计、制造方面的经验做法，辅以政府在政策法规、资金、人才培养等方面的扶持，以增强自身创造时尚的能力，最终达到时尚消费带动时尚生产，时尚生产刺激新时尚消费产生的发展方式。

（一）明确发展重点，提升时尚产业制造能力

时尚产业可以细分成众多产业，这些产业势必在上海的发展会相对不平衡。为了更好地发展上海时尚产业，提高时尚产业对上海经济的贡献率，上海应从实际情况出发，选取上海具有优势或一定基础的产业——纺织产业、服装服饰行业作为优先发展的重点。通过自主研发、引进国外先进技术提升制造能力，同时，通过第一阶段时尚消费过程中带动的设计能力的提升，此外采取多种措施予以重点扶持，力求在较短的时间里成为上海时尚产业中的核心力量。

（二）培育本土原创设计力量及品牌

上海时尚设计人才的培养可以依托学校的品牌优势和大学科技园的平台优势，通过改进高校的管理方式提升管理水平、调整学科结构，积极培养学生的创新意识和创新思维，形成与时尚产业相关的专业群，制定完善的人才培养方案。另外，实践证明，产学研一体化是培养创意产业人才的有效方式。出类拔萃的设计人员通常是很难仅通过一些专业课程的学习和对于理论的初步实践就能培养出来的，而是同企业家一样需要在一定的专业基础之上，通过自身努力、专业培养和实践三者结合的积累经验过程中锻炼出来的。因此，高校培育的服装专业人才只有通过在企业中不断积累经验与实践和对自身有目的的培养，才能逐步磨练成符合企业所需的人才。因此高校应定期聘请一些服装企业家，与时尚行业中的相关企业个体成立专业教学改革指导委员会，参与到教学改革工作的全过程中，以便及时把时尚产业中的新动态、新规范、新设备、新工艺、新管理机制等纳入教学内容中，使教学与生产实际相结合。

纵览国际时尚之都，都有其代表品牌。发展上海时尚产业、将上海建设为世界第六大时尚之都就必须加快由价格竞争向质量和品牌竞争的转变，培育具有国际竞争力的区域品牌，尤其是要发展国际知名品牌，实现从贴牌加工到自创品牌的飞跃。要实施名牌战略，创造世界名牌，必须严抓质量。可以采取和国际品牌联合或买断、收购国外品牌等方式，培育具有国际竞争力的区域品牌。

（三）政府的大力推动和积极扶持

从时尚之都发展时尚产业的经验来看，政府的引导是推动时尚产业快速发展的一个重要动力。上海市政府在消费聚集引导、重点产业发展选择以及设计人才培养方面都有着积极的引导作用。此外，上海还应发动社会力量，通过行业协会、社会团体等在咨询策划、规划研发、调研培训、交流合作、会议展会、市场推广、知识产权维护和信息技术服务等方面促进时尚产业发展。由于时尚产业中的企业大多数都是中小型企业，或者是个人组织者，他们都恰恰缺乏资金、信息、管理经验和业务渠道，再加上时尚创意产业的风险不确定，因此，政府尤其应该在相关时尚产业

专项资金的利用上，着重在企业培育、融资等方面给予扶持，同时利用其自身的服务平台为创意设计企业在市场整合、政策资询等方面提供帮助。[1]

---

[1] 刘天. 上海时尚产业发展模式研究 [D]. 东华大学，2012：55.

第七章
上海时尚之都建设的建议

第一节　上海时尚之都的建设基础

一、政策基础

近年来，上海市相关政府部分推出了一系列重要政策与举措，积极推动上海时尚产业快速、高质量、可持续化发展。上海市关于时尚产业的政策环境日益完善，大部分时尚产业的运营项目得到了上海相关政策的支持，对上海发展时尚产业起到有力的政策保障，为上海时尚产业的发展打下了坚实的政策基础。

（一）政府统筹，促进时尚产业协调发展

政府放手让非国有资本进入时尚产业这一完全竞争性领域，让各种经济成分在投融资、税收、土地使用和对外贸易等方面，与国有企业享受同等待遇。支持并鼓励国外的时尚品牌进入上海，支持以都市工业园区的形式为时尚产业"筑巢"。现已建立了上百个工业园区，让小型的时尚企业以较低的成本进入，并在政策上予以适当的优惠，以减少其创业初期的负担和风险等。

政府积极统筹，搭建时尚产业各类载体，促进上海时尚产业各环节协同发展。时尚产业与制造业和服务业发展息息相关，近年来，上海市正在加快经济社会发展方式的转变，以建设时尚之都、品牌之都、设计之都为目标，探索推进时尚之都的功能、载体、人才和品牌的四位一体的建设，重点发展时尚展示传播产业、时尚设计产业以及时尚零售贸易产业，协同发展时尚旅游、餐饮住宿、休闲娱乐等时尚消费服务衍生产业，配套发展金融服务、评估咨询、专业培训、知识产权法律服务及时尚服务等支撑产业，从而构建时尚产业体系，形成融合联动、统筹发展的时尚产业发展格局。[①]

（二）加速引进、培养时尚产业高端人才

创新是文化时尚创意的本质特征，是推动时尚产业繁荣发展、提高国家软实力的不竭动力。创意人才的原创力成为时尚产业最重要的发展因素。上海正加大力度引进高端创意人才，同时计划培养国内领先的时尚创意人才。以上海市长宁区为例，根据长宁区区委数据，到2020年11月，长宁区已集聚了3 500多家时尚创意相关企业和创新创意人才，42个文创园区。此外，为了培养创意产业人才，上海市经信委已在中国浦东干部学院、上海交通大学、同济大学、东华大学等地正式挂牌成立了5个创意产业人才培训基地。为推出更多的设计新秀和设计师人才，上海世贸商城特意组建了"时尚设计谷"，吸纳国内知名设计师入驻。与此同时，服装行业协会培训部主办的"服装制作技能培训师""服装设计培训师""服装管理培训师""服装营销培训师"等课程也相继开课。此外，"中华杯"男装、女装、童装、内衣等项国际性权威大赛，均力挺本土设计师，希望从中挖掘、培养具有潜力的优秀设计人才。[②]

---

① 共赴上海时尚盛宴，打造世界时尚之都 [EB/OL].https://www.sohu.com/a/106549523_119865.
　2016-07-19
② 高骞.上海打造国际时尚之都的探索与实践 [M].上海格致出版社，2010：75-76.

（三）"十四五"规划中涉及时尚产业的相关政策

《中共中央关于制定国民经济和社会发展第十四个五年规划和二〇三五年远景目标的建议》中多处提及了时尚产业相关内容。"十四五"时期是我国全面建成小康社会、实现第一个百年奋斗目标之后，乘势而上开启全面建设社会主义现代化国家新征程、向第二个百年奋斗目标进军的第一个五年。

在第十四个五年规划中提出了要畅通国内大循环，提升供给体系适配性；加快培育完整内需体系，全面促进消费；打造数字经济新优势，推进产业数字化转型；加快数字社会建设步伐，促进公共服务和社会运行方式创新；深入实施区域协调发展战略，鼓励东部地区加快推进现代化；提高社会文明程度，传承弘扬中华优秀传统文化；提升公共文化服务水平，完善公共文化服务体系；健全现代文化产业体系，坚持把社会效益放在首位、社会效益和经济效益相统一，健全现代文化产业体系和市场体系。扩大优质文化产品供给，实施文化产业数字化战略，加快发展新型文化企业、文化业态、文化消费模式，壮大数字创意、网络视听、数字出版、数字娱乐、线上演播等产业。实施文化品牌战略，打造一批有影响力、代表性的文化品牌。

上海市"十四五"规划提出打造"3+6"产业体系，时尚消费品首次成为支撑未来上海发展的六大重点产业之一。以时尚消费替代传统的轻工业，符合产业发展和新兴消费趋势，内涵也更为丰富。根据这一战略性定位，上海时尚消费品将在传承中创新，引领新消费需求，提升供给侧水平，重点发展时尚服饰、绿色食品、美妆护肤、珠宝首饰、智能家居、时尚数码、运动健身、适老及婴童用品等特色行业，延伸发展创意设计、时尚体验等服务业，并形成时尚消费的高端产业集群。[①]

（四）近年来上海时尚产业相关政策

1.《上海市时尚消费品产业高质量发展行动计划（2022-2025年)》

2022年9月，由上海市经济和信息化委员会等六部门印发的《上海市时尚消费品产业高质量发展行动计划（2022-2025年)》，是为贯彻落实有关文件精神，加快发展时尚消费品产业，全力打响上海"四大品牌"，助力提升城市软实力，持续增强城市竞争力和美誉度，特制定的行动计划。

该计划的发展目标为到2025年，确立上海引领时尚、定义潮流的"时尚之都"地位，打造具有示范引领作用的时尚消费品万亿级消费市场，打响一批领军级名企名品，形成一批融合性消费场景，布局一批示范性产业名园，集聚一批国际化时尚人才，使上海成为时尚出品地、潮流集聚地、创新策源地、消费引领地，实现产业能级高质增长、产品美誉不断提升、供需对接数字融合、布局优化集聚成势目标。

以需求牵引供给侧结构性改革，瞄准前沿消费升级趋势与产业升级方向，聚焦"时尚八品"——服饰尚品、化妆美品、精致食品、运动优品、智能用品、生活佳品、工艺精品、数字潮品，围绕关键提升路径打造高质量创新供给体系，面向新需求推动产业品种、品质、品牌升级，进一步推进时尚消费品产业强链补链固链，满足终端消费者需求，实现高质量发展。[②]

---

① 中华人民共和国国民经济和社会发展第十四个五年规划和2035年远景目标纲要[EB/OL]..http://www.moe.gov.cn/jyb_xwfb/xw_zt/moe_357/2021/2021_zt01/yw/202103/t20210315_519738.html

② 上海市经济和信息化委员会等关于印发《上海市时尚消费品产业高质量发展行动计划（2022-2025年)》的通知[EB/OL]. https://www.shanghai.gov.cn/nw12344/20221215/c43c0a976d6f475ca564624e5a3b7aac.html

2.《激发创新动能引领时尚潮流　加快上海国际消费中心城市建设的若干措施》

2022年8月，为对标国际最高标准、最好水平，积极打造消费新场景，丰富品牌供给，建设高标准的现代流通体系，推进商业数字化转型，全面激发创新动能，更好引领时尚、定义潮流，全力打响"上海购物"品牌，加快建设国际消费中心城市，提出《激发创新动能引领时尚潮流 加快上海国际消费中心城市建设的若干措施》。包括持续办好"五五购物节"，坚持"政策+活动"双轮驱动；打造国际化、多层级、特色化城市商业空间体系；放大中国国际进口博览会溢出效应，支持国内外知名品牌在沪开设首店、旗舰店；支持具有引领性的本土品牌在境外开展具有影响力的营销活动；支持智慧零售、跨界零售、无人零售、绿色零售等新模式、新业态加快发展；贯彻落实国家和本市扩大汽车消费政策；打造国际美食之都；积极创建"绿色商场"；支持企业以多种方式发放消费优惠券；鼓励支持金融机构搭建支付为民等金融助力上海国际消费中心城市建设合作平台；实施本市高精尖紧缺人才引育各项政策和计划；持续发布重点商圈"上海购物"诚信指数报告。①

3. 全力打响"上海文化"品牌 深化建设社会主义国际文化大都市三年行动计划（2021-2023年）

2021年7月，为进一步贯彻落实市委、市政府关于全力打响"四大品牌"的决策部署，持续推动"上海文化"品牌建设向纵深发展，深化建设社会主义国际文化大都市，进一步提升城市文化软实力和竞争力，制定本行动计划。

在全力打响"上海文化"品牌第一轮三年行动计划（2018-2020年）的基础上，以推动高质量文化发展、引领高品质文化生活、优化高水平文化供给、实现高效能文化治理为导向，以用好用活红色文化、海派文化、江南文化资源为主线，把牢主攻方向，通过实施新一轮三年行动计划（2021-2023年），全面助力上海城市软实力提升，深化建设更加开放包容、更富创新活力、更显人文关怀、更具时代魅力、更有世界影响力的社会主义国际文化大都市。

行动计划提出在红色文化传承弘扬中彰显"上海文化"品牌建设凝心铸魂作用。在海派文化传播提升中彰显"上海文化"品牌建设聚力汇智作用。在江南文化发掘创新中彰显"上海文化"品牌建设培根固本作用。②

4.《上海市促进在线新经济发展行动方案（2020-2022年）》

2020年4月，上海市政府正式印发《上海市促进在线新经济发展行动方案（2020-2022年）》，方案明确提出，聚焦一年，着眼三年，实现集聚"100+"创新型企业、推出"100+"应用场景、打造"100+"品牌产品、突破"100+"关键技术等行动目标，其中，打造"100+"品牌产品是指打造美誉度高、创新性强的在线新经济品牌产品和服务，推动一批新产品先行先试，加快创新产品市场化和产业化，不断推陈出新、迭代升级。此外，方案还要求推动各类专业化会展线上线下融合发展，推进智能化会展场馆建设，放大"6+365"进博会一站式交易服务平

---

① 关于印发《激发创新动能 引领时尚潮流 加快上海国际消费中心城市建设的若干措施》的通知 [EB/OL]. https://sww.sh.gov.cn/zwgkgfqtzcwj/20230128/41de53fc4e84481cad230e936ddf262f.html
② 全力打响"上海文化"品牌 深化建设社会主义国际文化大都市三年行动计划（2021-2023年）[EB/OL].https://www.shanghai.gov.cn/nw12344/20210730/999a70f5b0ad438da219325461b00e03.html.

台效应。推动大型展览展示企业和知名云服务企业共建云展服务实体，打造云会议、云展览、云走秀、云体验等系列活动。结合5G互动直播，加快VR/AR技术应用，拓展网上"云游"博物馆、美术馆、文创园区等，建设数字孪生景区，打造沉浸式全景在线产品。①

5.《促进上海创意与设计产业发展的实施办法》

2018年6月，为加快上海市创意与设计产业发展，根据国家和本市相关文件精神，市委、市政府15个相关部门共同制定了《促进上海创意与设计产业发展的实施办法》。《办法》中提出将设计之都建设、时尚之都建设和品牌之都建设作为发展目标，坚持"创新、协调、绿色、开放、共享"的发展理念，推进上海市创意与设计产业健康快速发展，提升上海国际设计之都、时尚之都、品牌之都建设水平，打响上海"服务、制造、购物、文化"四大品牌。在全市文化创意产业发展中发挥主力军作用，力争未来五年，创意与设计产业增加值增速快于全市生产总值增速2~3个百分点；到2030年，成为卓越全球创意城市。

《办法》中提到时尚之都建设目标：加快消费品产业向时尚产业转型升级，未来5年，消费品工业产值占全市工业产值比重达到20%。推进时尚产业价值链中设计、品牌、贸易、市场、零售、展示、人才等各环节有机融合。进一步提升上海在全球时尚领域的地位，基本建成品牌荟萃、市场活跃、消费集聚、影响广泛的国际时尚之都。②

6.《关于加快本市文化创意产业创新发展的若干意见》

文化创意产业创新发展的灵魂和根基，是提升城市吸引力、竞争力、影响力和软实力的核心要素。文化创意产业是国民经济和社会发展的重要支柱产业，是推动上海创新驱动发展、经济转型升级的重要动力。2017年12月，上海出台了《关于加快本市文化创意产业创新发展的若干意见》。

《意见》中提到未来五年，上海市文化创意产业增加值占全市生产总值比重达到15%左右，基本建成现代文化创意产业重镇；到2030年，本市文化创意产业增加值占全市生产总值比重达到18%左右，基本建成具有国际影响力的文化创意产业中心；到2035年，全面建成具有国际影响力的文化创意产业中心。《意见》旨在发挥市场在文化资源配置中的积极作用，推动动漫游戏、网络文化、创意设计等重点领域保持全国领先水平，实现出版、艺术品、文化装备制造等骨干领域跨越式发展。意见提出加快文化旅游、文化体育等延伸领域融合发展，形成一批主业突出、具有核心竞争力的骨干文化创意企业，推进一批创新示范、辐射带动能力强的文化创意重大项目，建成一批业态集聚、功能提升的文化创意园区，集聚一批创新引领、创意丰富的文化创意人才，构建要素集聚、竞争有序的现代文化市场体系，夯实国际文化大都市的产业基础，使文化创意产业成为本市构建新型产业体系的新的增长点、提升城市竞争力的重要增长极。

《意见》着力推动文化创意重点领域加快发展，在深化国际创意设计高地建设中提出，国际时尚之都建设，需加强时尚服装、饰品产业原创设计、工艺改进、品牌

---

① 上海市人民政府办公厅关于印发《上海市促进在线新经济发展行动方案（2020-2022年）》的通知 [EB/OL]. https://www.shanghai.gov.cn/nw48503/20200825/0001-48503_64687.html

② 上海市经济和信息化委员会等关于印发《促进上海创意与设计产业发展的实施办法》的通知 [EB/OL]. https://www.shanghai.gov.cn/nw12344/20200813/0001-12344_56214.html

定位和商业模式创新，重点布局环东华时尚创意产业集聚区、上海国际时尚中心等公共载体。支持贵金属首饰、宝玉石、陶瓷等工艺美术业规模化、精品化发展，重点布局世界手工艺产业博览园、上海木文化博览园等公共载体。聚焦东方文化特色的护肤、彩妆产品和环保可降解的护理、洗涤产品，大力发展符合东方文化特质的美丽产业，重点布局以"东方美谷"为核心的"一核二片五联动"美丽健康产业集群。打造以海派家具、家纺龙头企业为主体的时尚家居产业集群。大力发展智能可穿戴设备、智能健身运动器材等，培育时尚数码产业集群。培育促进时尚消费，把上海时装周打造成为具有国际影响力的中外时尚设计师集聚平台、时尚品牌国内外发布推广平台和时尚产业"亚洲最大订货季"平台。加强上海时尚之都促进中心等平台建设。推进时尚设计咨询、贸易流通、时尚传播、流行趋势和指数发布等时尚服务业发展。[①]

7. 近年上海各区发展时尚产业的相关政策

2021年12月，普陀区文化和旅游局等7部门发布《普陀区加快发展文化创意产业实施意见》。为加快推进普陀区文化创意产业的发展，促进区域经济转型，结合本区实际，设立"普陀区文化产业发展专项资金"，对工商税务注册登记在普陀，具有独立法人资格，信用记录良好、符合区域文化创意产业导向的企业和园区，及经认定作出突出贡献的团队和个人进行扶持。扶持方式包括支持重点产业项目、支持引进领军企业、支持平台的培育和运营、支持优秀内容生产、支持版权交易和服务、支持文化装备研发和制造、支持文化创意产业衍生品开发、支持文化创意产业重大活动、支持文化创意产业园区建设、支持互联网影视产业发展、支持网络音频产业发展、支持电竞产业发展、支持数字广告产业发展。[②]

2021年7月，静安区商务委员会发布《静安区文化创意产业发展"十四五"规划》。提出凸显文创品牌效应，坚持品牌带动，以点带面全面提升，形成了上海时装周、上海设计周、电竞上海大师赛、国际电影节亚洲新人奖、上海国际茶文化旅游节、"福布斯·静安南京路论坛"等一批在国际、国内有竞争力的知名活动品牌，做精做优"浓情静安·爵士春天"音乐节、郁金香花博会、静安现代戏剧谷等一批具有区域影响力的优势文创品牌。拓展"文创+""数字+"策略，探索文化创意与科技、大数据、商业载体等领域协同发展。以新文创赋能老字号，对老字号企业提供品牌管理、品牌升级等服务，促进老字号品牌的年轻化和文创产品销量的持续增长。[③]

2020年12月，上海市长宁区商务委员会印发《长宁区支持时尚创意产业融合发展的实施办法》。对有自主创意设计能力，拥有时尚创意产品知识产权（如国内外知名品牌等）的单位总部或地区总部、业务中心，以及新引进的时尚创意单位，推动产业集聚发展并取得良好绩效的，经认定符合条件，按其对区域经济社会发展综合贡献给予一定的运营扶持。对符合条件的单位给予办公场所租赁补贴、投资项目补贴、产业项目扶持、市级专项配套扶持等，支持旅游融合发展活动、会展融合发

---

① 上海印发《关于加快本市文化创意产业创新发展的若干意见 [EB/OL].https://www.whb.cn/zhuzhan/kandian/20171214/113230.html

② 普陀区加快发展文化创意产业实施意见 [EB/OL]. http://service.shanghai.gov.cn/XingZhengWen DangKuJyh/XZGFDetails.aspx?docid=REPORT_NDOC_008086

③ 静安区商务委员会关于印发《静安区文化创意产业发展"十四五"规划》的通知 [EB/OL]. https://www.jingan.gov.cn/govxxgk/JA3/2021-08-23/384906e0-a2b2-4b44-b9d3-d9030b97f502.html

展活动、综合服务组织、大师或名家工作室落户等。①

2020年5月，上海黄浦区商务委员会发布《黄浦区推进品牌创新发展实施意见》，提出支持建设品牌高地，大力发展品牌经济，优化品牌发展环境。对新获得上海品牌认证的自主品牌企业，及首次获得中国驰名商标认定保护的自主品牌企业给予一次性奖励。对自主品牌企业在国外成功注册商标，按照注册成本给予一定比例的资助。对在本区设立品牌连锁总部的知名品牌企业，积极开拓全市和全国市场，营业网点数量有新增、建立电商平台等新的销售渠道，按照固定装修（建设）成本给予一定比例补贴。②同年，上海市黄浦区商务委员会和财政局联合发布《黄浦区促进时尚产业发展专项资金使用和管理办法》，提出鼓励具有良好声誉的时尚类活动，对占地面积3 000平方米（含）以下的项目，一次性最高支持20万元；对占地面积3 000平方米至5 000平方米（含）的项目，一次性最高支持40万元；对占地面积5 000平方米至7 000平方米（含）的项目一次性最高支持80万元；对占地面积7 000平方米以上的项目一次性最高支持120万元。鼓励时尚贸易平台建设，对具有全国影响力的项目一次性支持50万元；具有国际影响力的项目一次性支持70万元。鼓励权威时尚指数发布，对具有全国影响力的项目一次性支持20万元；具有国际影响力的项目一次性支持30万元。对于能充分提升黄浦区时尚影响力的权威时尚指数，增加支持金额10万元。鼓励时尚企业参与有影响力的时尚榜单评选，鼓励具有良好社会效益的时尚综合服务，支持大中型商业综合体开展促进黄浦区时尚产业发展的商旅文化活动。③

2019年9月，《上海虹桥商务区关于文化和创意发展的扶持政策》中提到，支持文化和创意产业发展，对新引进的年营业收入在5 000万元人民币（含）以上或者实现年经济贡献300万元人民币（含）以上的演出经纪、文化交易企业、策划创意公司、知名或者由知名专业人士创办原创的文化工作室、设计工作室、时尚创意中心，给予最高不超过50万元人民币开办资助。④

二、教育基础

时尚教育是时尚产业持续发展的推动力。时尚人才的储备对于国际时尚之都的建设至关重要。随着中国时尚产业的不断壮大，时尚领域的不断深化，对人才的要求也越来越高，时尚人才涉及的领域也不仅仅局限于设计人才、时尚营销、运营管理、时尚传播、时尚科技、时尚文化等与时尚产业相关的方方面面。上海作为中国时尚的风尚标，自由开放的环境吸引着众人的目光。如何使这里的时尚人才引领中国时尚发展，成为时尚产业发展的聚焦点，是时尚教育的重中之重。⑤

在上海38所本科高校当中，有23所高校设置了时尚艺术设计类专业，占总比例的61%。其中，各高校在专业方向上注重与自身传统优势学科相结合，如东华大

① 关于印发《长宁区支持时尚创意产业融合发展的实施办法》的通知[EB/OL].http://zhengsoso.com/static/310105/2/5960.html
② 黄浦区推进品牌创新发展实施意见[EB/OL]. http://www.ssme.sh.gov.cn/public/product!serviceDetail.do?productId=2c91c287749b972e0174b44b5ef14103
③ 黄浦区促进时尚产业发展专项资金使用和管理办法[EB/OL].http://ssme.sheitc.sh.gov.cn/public/product!serviceDetail.do?productId=2c91c287749b972e0174b45c778d4285
④ 上海虹桥商务区关于文化和创意发展的扶持政策[EB/OL].http://dhqonline.com/news/show.php?itemid=1446
⑤ 沈滨.时尚之路 上海国际时尚之都建设的新探索[M].经济管理出版社：北京，2017：153-154.

学与时尚纺织领域结合，开设服装设计、艺术设计、表演等特色专业，培养时尚产业专业人才。此外，上海部分高校根据时尚产业发展趋势开始设置珠宝设计、商业策划设计、时尚设计与传播、文化产业管理等特色专业。未来，可进一步丰富专业特色方向，充分满足时尚产业链延伸过程中的人才需求。

上海的时尚教育院校分为独立时尚类教育机构和综合类院校里设立的与时尚相关的院系。独立时尚类教育机构代表有上海国际时尚教育中心（Shanghai International Fashion Education Center）和以东华大学服装与艺术设计学院、同济大学设计创意学院、上海大学美术学院为代表的综合类院校的时尚相关院系，其学科设置更多样，师资力量更强大，教学体系更完善。

（一）上海国际时尚教育中心（Shanghai International Fashion Education Center）

上海国际时尚教育中心依托于上海纺织集团（SHANGTEX），是少数拥有完整时尚产业链背景的国际时尚教育机构，对接世界五大时尚之都的上海国际时尚教育中心（SIFEC），通过多种形式引人世界领先的时尚教育资源，如设立上海总部、举办学术与研究交流会、国际讲学、国际实训等，为全新时尚理念和体验式教育的完美结合提供了全新的发展模式，致力于成为具有国际影响力、具有中国及上海时尚特色的时尚教育人才基地。通过资源共享和模式创新，集聚形成有特色、有规模、有底蕴的时尚专业教育，培养时尚产业的新型人才。

（二）东华大学服装与艺术设计学院和上海国际时尚创意学院（Shanghai International College of Fashion and Innovation）

东华大学服装与艺术设计学院是全国最早建立服装类专业的高等院校之一，其中"设计学"被列为上海市重点学科、上海市一流学科，是全国32所首批设立"艺术设计"专业硕士学位授予权院校之一。拥有"现代服装设计与技术"教育部重点实验室。在我国发展创意产业的时代背景下，学校特色学科链在"创新驱动、转型发展"中实现了突破，服装设计特色学科联动相关配饰设计、纺织品设计、图形设计、工业设计、环境设计等学科共同发展，逐步形成了具有东华时尚特色的设计学科。2014年成立的上海国际时尚创意学院，是东华大学为时尚人才培养做出的里程碑式的贡献。该学院的办学特色在于以设计、管理、时尚等学科为特色，围绕时尚创意，本土教育与国际合作交融，理论与实践并重，引进国际一流教育体系，会聚国际一流师资，缔造国际一流时尚创意学科，培养国际一流时尚创意人才，为上海乃至全球的时尚产业发展提供有力的智力支持。

（三）同济大学设计创意学院（College of Design and Innovation）

同济大学作为全国高等教育的领军院校，为社会各行各业输送了各种各样的高端人才。2009年，同济大学借鉴世界设计与创新学科的最新理念与模式，在艺术设计系的基础上，成立了"同济大学设计创意学院"（College of Design and Innovation）。目前该学院的本科设计教育主要着重于以下三个专业：工业设计/产品设计、环境设计、媒体传达设计。硕士学位时尚教育主要包括：工业设计、媒体与传达设计、环境设计、交互设计、产品服务体系设计、人工智能与数据设计、设计战略与管理、设计历史与理论、创新设计与创业。通过与国内外著名设计院校进行学术合作与交流，使学科保持了前沿性和很高的国际学术声誉。在由"中国制造"向"中国智造"转型的时代背景下，该学院制定了以可持续时尚和可持续创意为导向的学科发展战略。同时，该学院注重国际合作，与国际顶尖设计院校合作办学。

2010年，同济大学和芬兰阿尔托大学合作成立"同济阿尔托设计工厂"和"同济大学中芬中心"，通过"设计思维"整合设计创意、科学技术和经济管理学科，成为全球知名的国际化、跨学科、开放创新平台，以培养具有国际视野，创新型、前瞻型、研究型、综合型的新一代设计人才与设计管理人员为目标，致力于建设在国内外具有广泛社会影响力和产业趋动力的世界一流设计学院。

（四）上海大学美术学院

上海大学美术学院是上海办学历史最悠久的艺术类高等院校，学院历经了社会的变迁和时代的洗礼，为上海国际化大都市的文化建设培养了大批美术创作人才，涌现了一些具有全国乃至国际影响的艺术家，创作出了大量优秀的美术与艺术作品，对提升上海的城市文化形象做出了重要贡献。学院现有中国画、绘画、雕塑、美术学、视觉传达设计、环境设计、艺术与科技、数学媒体艺术、建筑学、城乡规划、艺术设计学、产品设计、工艺美术、实验艺术14个本科专业。学校坚持海派美术教育思想，面向多元、启发个性，为努力实现"继承和发扬'上海美专'精神，造就海派艺术领域的一代大师"而努力。[①]

三、消费基础

（一）疫情防控常态化下消费稳步回暖

社会消费品零售总额反映一定时期内人民物质文化生活水平的提高情况，也反映社会商品购买力的实现程度以及零售市场的规模状况。

根据上海市统计局数据，2019年，上海市全年实现社会消费品零售总额13 497.21亿元，比上年增长6.5%。[②] 2020年初受新冠肺炎疫情影响，上海市社会消费品零售总额大幅下降，随着疫情逐步得到有效控制，市场有序恢复，上海市社会消费品零售总额在5月份以后逐步恢复增长态势。2020年全年上海实现社会消费品零售总额15 932.50亿元，比上年增长0.5%。[③] 2021年全年上海实现社会消费品零售总额18 079.25亿元，比上年增长13.5%，比2019年增长14.1%。其中，商品零售快速增长，餐饮消费基本恢复。2021年，上海市服装鞋帽类零售额比上年增长12.1%，比2019年增长11.8%。此外，改善型生活用品消费旺盛，在线上教学和居家办公带动下，文化办公用品类零售额比上年增长40.1%，金银珠宝零售额增长30.3%，化妆品零售额增长15.7%，通讯器材类零售额增长14.8%。[④] 2022年，上海市春夏季，新冠肺炎疫情对我市消费品市场带来短期严峻冲击。2022年，上海市实现社会消费品零售总额16 442.14亿元，比上年下降9.1%。但生鲜平台零售额快速增长，"叮咚买菜"、"盒马鲜生"和"美团买菜"通过网络实现的零售额合计增长25.9%。

新冠肺炎疫情带来了上海消费市场的起起落落与不确定性，但在疫情防控常态化下，一方面上海市社会消费品零售总额逐步回暖，另一方面上海市消费结构也在不断更新发展，促使时尚产业线上新经济蓬勃发展，为时尚产业领域互联网经济品

① 沈滨.时尚之路 上海国际时尚之都建设的新探索 [M].经济管理出版社：北京，2017：154-155.

② 2019年上海市国民经济和社会发展统计公报 [EB/OL]. https://baike.baidu.com/item/2019上海市国民经济和社会发展统计公报/24621091?fr=Aladdin.

③ 2020年上海市国民经济和社会发展统计公报 [EB/OL]. https://m.thepaper.cn/baijiahao_11765409.

④ 2021全年本市消费品市场运行情况与特点.[EB/OL].https://tjj.sh.gov.cn/tjfx/20220124/2dbf0a7b70d94398a959e205bf686c77.html

牌赋能，牵引线上时尚产业与线下时尚产业融合发展。

（二）消费结构优化，推动时尚产业快速发展

随着上海市经济快速发展，上海市居民人均可支配收入及消费支出呈快速增长趋势。收入增长是拉动消费的关键要素，在收入平稳增长的情况下，上海市城乡居民消费能力得到显著提升。2020年全年上海市居民人均可支配收入72 232元，比上年增长4.0%。[①] 2021年，本市居民人均可支配收入78 027元，比上年增长8.0%。[②] 2022年居民人均可支配收入79 610，同比增长2.0%。[③]

未来随着上海市开放度和便利化水平不断提升，新型消费潜力进一步释放，上海时尚配饰、时尚箱包、时尚服饰、时尚家居以及时尚产业供应链等相关产业的发展潜力将会十分可观。同时，伴随着全市居民消费结构不断优化升级，消费结构由基本生存型向发展享受型转变，主要表现为发展性及享受性消费支出增加，如教育文化娱乐支出、其他用品及服务支出等，消费结构的升级和优化能有效推动上海市相关产业供给侧结构性变革，并逐步改善消费市场供给质量，加快时尚产业等相关产业投资增长，进而带动上海时尚产业的发展。

（三）消费观念转变，激发时尚产业发展新动力

1. 绿色时尚消费理念

根据《新纺织经济：重塑时装的未来》报告显示，在世界范围内，服装的使用率（一件服装在废弃前的平均穿着次数）比15年前下降了36%。虽然许多低收入国家的服装使用率相对较高，但在其他地区这一数据非常低。例如，美国的服装使用率仅为全球平均值的四分之一左右。在中国也出现同样的趋势，过去15年间，中国的服装使用率下降了70%。当前服装行业的浪费和污染极其严重，对环境和社会都造成了诸多负面影响（图7-1）。[④]

随着人们环保意识的增强，消费观念也在逐步更新，绿色时尚正快步迈入人们的生活。如今的消费者对时尚的追求已不仅仅是款式新颖、做工精细，还需要能穿出品味、穿出健康，并开始注重该时尚产品是否具有安全环保、能保护身体免受外来侵害、无毒副作用等"绿色功效"，注重打造时尚绿色健康产品，推广绿色环保、节能、可持续的时尚理念，扩大时尚产品绿色消费对促进上海时尚产业的发展会起到积极推动作用。

① 2020年上海市国民经济和社会发展统计公报（摘要）——居民可支配收入及消费支出数据[EB/OL]. https://new.qq.com/rain/a/20211103A09MOU00

② 居民收入稳步增长 消费支出继续恢复——2021年本市居民收入和消费支出情况[EB/OL]. https://tjj.sh.gov.cn/tjfx/20220117/84dffd93cbe3486d8dda224d824828f5.html

③ 2022年居民人均可支配收入及消费支出[EB/OL]. https://tjj.sh.gov.cn/ydsj71/20230118/5d288f12efbc4c9298d7babbf1b1b7a7.html.

④ 艾伦·麦克阿瑟基金会.新纺织经济：重塑时装的未来[EB/OL].http://www.ellenmacarthurfoundation.org/publications，2017.

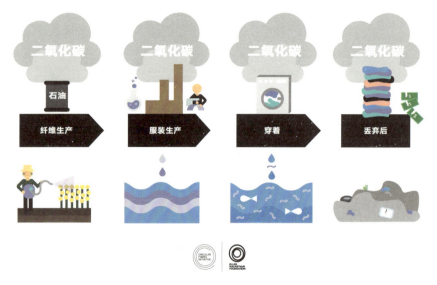

图 7-1　服装系统造成资源压力、环境污染及负面的社会影响
（引自《新纺织经济：重塑时装的未来》第 19 页）

2. 消费理念升级转向

在消费模式由线下转为线上和线下融合的背景下，上海市城乡居民消费观念也逐渐趋向一致，其对健康型、休闲型、享受型商品和服务的消费需求也在不断增加，促使旅游、文娱、便捷服务、健身美容、养生保健等行业成为消费市场聚焦点。人们希望时尚产品在带来愉悦的同时，也能带来健康的享受。可见，健康时尚、休闲时尚将成为未来时尚行业的发展趋势。时尚产品不仅是一件衣服、一块手表，它更是健康的监视器和疾病的治疗师。①

此外，随着上海市居民消费理念不断转变，上海市居民整体消费结构也在从实用型消费向品质型消费升级，传统消费领域开始焕发新的活力，人们对消费多样性、体验性追求更高，对共享消费、循环消费等新型消费理念的接受度亦在日益加深，这些给上海市时尚产业带来挑战的同时，也为时尚产业发展增加了新动力。

四、产业基础

上海具有发展时尚产业必需的精密制造工业基础，并且轻纺工业基础好。另外，上海作为全国最大的服装设计、生产、销售、贸易中心，在生产组织、工艺流程、人员培训等方面，可与长三角地区的纺织服装产业集群形成有效协同与配合。

此外，在创新型、服务型、开放型、总部型、流量型经济不断发展的大背景下，凭借上海的政策优势以及深厚的文化底蕴，伴随人民精神生活需求量激增，上海时尚产业围绕服装服饰产业集群、电子数码产业集群、美丽健康产业集群、珠宝产业集群等时尚相关诸多领域集群以及其他时尚延伸服务产业集群，不仅极大地发展了上海时尚创意产业的构成，同时还逐渐形成了自身特色，迈向成熟。

（一）服装服饰产业集群

服装服饰是时尚产业的核心。巴黎、纽约、伦敦、米兰和东京五大时尚中心的时

---

① 沈滨.时尚之路 上海国际时尚之都建设的新探索 [M].经济管理出版社：北京，2017：126-127.

尚文化还是时尚产业，都是以服装作为支柱。经过20世纪的百年蜕变，服装业逐渐被历史证明是具备最成熟的流行引导能力及最广泛影响力的时尚产业。

一项新闻报道指出，上海以新生代人均1 093元的"潮"消费额，领先北京、天津和重庆，排名全国第一女装、美妆个护、玩具乐器等潮流消费均实现数倍年增长。[①]服装服饰产业作为当下"潮消费"的主力领域是上海时尚产业发展的重中之重，上海时尚产业的发展需要以服装服饰产业为领军，提高整个时尚产业的形象与水平。

当前国内服装服饰行业整体处于完全竞争状态，伴随居民收入水平的提高以及时尚消费偏好与审美不断提升，品牌竞争逐渐代替价格竞争。在这样的背景下，也促进了上海服装服饰行业的持续发展和加大了转型升级的力度。一方面从文化注入、价值观注入、服务升级等方面持续深化品牌建设；另一方面强调科技运用，积极进行数字化转型，打开了以数字技术为基础的时尚新局面；同时，在文化引领与技术进步的双轨运行下，进行产业链重构以及商业模式等方面的探索创新，逐步提高产业整体附加值，如应用大数据技术进行供应链管理优化升级、加速线上渠道布局，通过直播带货、粉丝经济等新业态提高服装零售规模。

另外，从行业类别结构上看，由于女性与生俱来的爱美、爱时尚的特征，目前女性依然是服装服饰消费的主要力量，女性消费者比以前更加注重在不同的场合下变换时尚着装风格，但时尚媒体对服饰流行越来越多的宣传也使中国的男士开始更加注重在衣着上体现时尚品味。未来上海服装服饰产业的发展，将更多地通过时尚消费者洞察，分析各类消费与社交数据所得出的消费者审美偏好，针对多元化的人群创造更多个性化服饰设计。

（二）电子数码产业集群

近年来，数码技术给时尚产业注入了新的活力。人类生活正在向数字化方向发展，现代时尚的新观念层出不穷，新的消费需求不断产生、不断细化。电子数码产业成为当代社会时尚产业发展最新的消费热点、最为活跃的领域之一，特别是日本电子数码产品以时尚的外观设计几乎让全世界的消费者为之疯狂。手机、电脑数码相机、PSP等电子时尚产品在东京国际时尚之都的成名过程中功不可没。今天，包括动漫游戏产业在内的电子数码产业已成为时尚产业一个不可忽视的重要领域。

消费电子产品替代更新速度加快。由于技术更新快，功能不断增强，品种快速翻新，短时间内换购数码产品已经成为很多消费者尤其是年轻消费者的普遍做法，手机从简单的通讯工具转变成一种炫耀时尚、多用途的产品，带动了电子数码产品从耐用消费品向快速消费品转变。

多样化发展造就差异化竞争趋势。随着时尚与IT数码产品的结合成为趋势，未来电子数码产业的多样化和差异化将会随着技术进步和个性化消费需求而进一步凸现。这在手机、电脑、动漫、游戏以及PSP等产品领域显得尤为突出，手机市场已从单纯的价格战演变为从产品概念设计到功能使用的激烈竞争。如何针对消费者的细分需求，提供差异化、个性化的产品与体验，将是未来的主要趋势。

上海电子数码时尚产业发展的最大优势在于庞大的消费市场基础，吸引到一批电子产品销售企业都将其营销中心和物流中心放在上海，如京东商城将其华东总部和超大物流中心迁入上海。上海举办的历届中国电子产品展览会是国内最具权威的

① 新生代人均"潮"消费额全国第一！这些潮人喜爱的品牌都来自上海[EB/OL].https://export.shobserver.com/baijiahao/html/596076.html

综合性专业电子展，正在成为亚洲和国内电子、通信领域最具代表性，最大规模的电子通信博览会，博览会吸引了数以十几万计的国内外客户到场洽谈、交流。

上海在电子数码产品技术研发和创新方面也拥有一定的竞争优势。张江、漕河泾园区企业拥有一大批国内最具核心价值、最具发展潜力的相关技术，主要包括微电技术、计算机技术、网络技术、通信技术、软件技术和显示技术等。但受商务成本高等制约因素影响，大多数技术成果转化或产品生产都已经转移到周边地区，使得技术优势不能得以充分体现。

（三）美丽健康产业集群

美丽健康是以创造美、欣赏美、健康美为目的，而进行的相关经济活动。美丽健康产业具有高成长性、高品牌附加值、高创新创意等特性，同时也高度契合上海国际大都市的城市特质。从20世纪80年代初中期起步，中国美容化妆品业从简单的"一把剪刀闹革命"与"雪花膏润肤、凡士林护肤"发展到现在集美容、美发、浴足、医疗美容、保健美容、造型设计、美容教育，以及专业美容产品研发、生产、销售于一体，生产与服务并行的庞大产业链。[①]"美容经济"消费的大幅度增长逐渐成为不容忽视的趋势，并成为继房地产、汽车、电子通讯、旅游之后的国内第五大消费热点。

上海在美丽健康方面的消费一直处于全国领先水平。中国化妆品民族品牌伽蓝、上美、百雀羚，生物医药领域龙头企业药明康德、上海莱士和黄药业等均已落户上海，强生、飞利浦等国际排名前20的医疗器械企业也大多分布在上海。奉贤区作为上海市规模最大的化妆品集聚地，在政策的推动下，已经聚集了大量国内领先的化妆品企业。

目前，上海美丽健康产业的发展特点主要表现为：一，高科技化不断渗透，化妆品迭代更新水平提升。近十年来，如生物工程技术、生物化学技术、医药科学技术、电子计算机技术等高新技术引入到化妆品产业后，使化妆品的产品结构、功能、品质发生了巨大变化，为化妆品行业的竞争赢得了高点。二，在健康中国战略的稳步推进下，上海居民对健康的重视度持续提高，居民积极预防的健康理念越来越深入人心，治未病、亚健康调理、精准康养等需求持续提升。三，随着消费结构的改变，越来越多的人希望通过外在形象的改变提升自身竞争力，对化妆品、医美需求持续提升。四，自然环保意识不断增强。伴随着中国消费者对美容产品认知的深入，消费者更加关注护肤品的安全性、健康性、有效性。

改革开放以来，面对国外化妆品品牌对国内化妆品品牌的冲击，上海美容化妆品行业可以说经历了从辉煌到衰落再到振兴的发展历程，也逐渐形成了一批以上海家化为首的本土化妆品龙头企业，这些企业通过结构升级、多样化品牌塑造，走出了一条新的发展道路。而未来，随着美丽与健康产业的融合，上海不断在研发设计、智能制造、检测检验、展示体验、平台交易等美丽健康产业产业链环节完整布局，从单一的美业朝多元综合的高品质美容健康业延伸。"东方美谷"作为上海大健康产业核心承载区，化妆品企业数量占全市的25%以上，化妆品生产销售占全市比重超过40%，已经形成了涵盖日化、生物保健、医疗器械多领域的产业集群。[②]

---

① 刘颖.中国美容化妆品业发展报告 [J].日用化学品科学，2005（05）：8-13.
② 新民晚报.上海美丽健康产业健康发展到2025年将形成千亿规模产业 [EB/OL].（2020.11）.https://baijiahao.baidu.com/s?id=1684586059281492685&wfr=spider&for=pc

（四）珠宝产业集群

以首饰、珠宝、纪念币、黄金制品、手表等为主体的珠宝产业集群发展，一直是时尚产业不可或缺的组成部分和重要标志。

我国珠宝、钟表业有着悠久的历史。但是，国内珠宝企业多数只具备中小规模，设备陈旧，技术、工艺落后，生产效率不高。长期以来，我国珠宝加工业是以国内巨大的市场需求赖以生存的，而不是依靠自身的实力与竞争力。中国珠宝市场的对外开放，为中国珠宝业的发展带来了前所未有的机遇，同时对竞争日趋激烈的国内珠宝业传统品牌形成了严峻挑战。

改革开放以来，我国珠宝首饰业得到前所未有的发展，从产值1亿元发展到今天的近1 000亿元，从业人员从2万人发展到200万人；我国已成为世界上最大的铂金消费国，年销售铂金量达140万~150万盎司；我国是亚洲最大的钻石消费市场之一，年消费钻石达11亿美元；我国还是世界上第四大黄金消费国，年黄金首饰需求200吨左右；同时我国还是世界上最大的玉石和翡翠消费市场。[①]

随着中国经济的崛起，人们的购买力得到极大地提升，与此对应，中国珠宝产业已经得到相当程度的发展，上海也逐渐成为世界珠宝消费的中心之一。从整个珠宝首饰行业来看，珠宝产品开始由仿制向创新设计转变，首饰设计及制造水平不断提高，将珠宝首饰的国际时尚元素与民族文化有机结合起来，创作出了许多优秀的作品，诞生了一大批自主品牌企业。

上海黄金珠宝首饰迎合世界新潮流，款式新颖，设计工艺高超，在全国首饰消费市场具有良好声誉。老字号品牌具有悠久的历史和较高的美誉度，但也面临着国外品牌的汹涌冲击。目前，上海珠宝市场上主要有老凤祥银楼、老庙黄金、城隍珠宝、张铁军、亚一金店、东华钻饰等本土品牌。其中"老庙"、"老凤祥"荣获全国驰名商标、上海著名商标，"亚一"、"城隍珠宝"为上海著名商标。根据中国连锁经营协会发布2019年中国时尚零售百强榜显示，老凤祥股份有限公司以496.29亿元的营收位列榜单第二，排行第十的则是上海豫园黄金珠宝集团。"老凤祥"黄金珠宝首饰品牌创始于1848年，是家喻户晓的"中华老字号"，拥有网点3 700余家（其中境外19家），是国内黄金珠宝首饰行业的龙头品牌。[②]

上海也是亚洲和我国的钻石中心，早在2000年10月就成立了的钻石交易所是经国务院批准的全国唯一的国家级钻石要素市场。自2006年7月国家实施以降低税收为核心内容的钻石税收新政策以来，通过上海钻石交易所海关报关的钻石进出口和钻交所所内交易总额呈现出持续快速增长势头，上海钻石中心的知名度与影响力不断提升。

（五）时尚延伸服务产业集群

时尚产业的市场规模主要取决于大众消费者对时尚的认知程度。从国际经验来看，时尚产业发展与大规模的媒体宣传、产品推介、营销活动等是分不开的。因此，上海打造时尚之都，推进时尚消费向时尚产业的优化升级，除了前述四大产业外，同样离不开时尚传播媒介、时尚事件、时尚空间配套等延伸服务产业的发展。

---

① 中国珠宝行业分析报告[EB/OL].https://www.diyifanwen.net/c1xjg15r3169y6ym8c7oz9pugm7qnnb00f4a_1.html

② 中国时尚零售百强榜出炉，黄浦在"十强"中占三席[EB/OL]. https://www.163.com/dy/article/FF1JIULC0514IGIT.html

1. 时尚传播媒介

时尚产业的发展非常依赖广告、杂志、报纸、新媒体、购物频道等各类媒体资源的倾斜。我国时尚产业长久以来都十分注重品牌宣传与推广活动，出现了一批专业的时尚媒体、报刊、网站。而在新时代背景下，时尚与新媒体的互动关系越来越密切，时尚新媒介的蓬勃发展掀开了各类型时尚传播平台、时尚类主播、时尚意见领袖的新篇章。

当下，时尚新媒体不仅只是单纯的工具和手段，而是逐渐形成了一种跨界融合的新业态，打通了创意、生产、营销及消费等环节，引领了时尚传播方式的创新，是宣扬上海时尚理念、繁荣上海时尚文化、发展上海时尚经济的重要途径和关键手段。其中一大类就是以社交通讯APP、直播APP短视频APP、社交电商APP为主的社交媒体，如上海行吟信息科技有限公司（小红书）、上海哔哩哔哩科技有限公司、各大时尚类微信公众号等，它们作为时尚传播的重要载体，凭借广泛覆盖的移动终端和先进的数字技术，快速实现了时尚的大众传播，形成了大众对时尚产品、文化、理念的大量追随。此外，在全媒体时代下，传统媒体也正逐步推进数字化转型，以增强全平台的传播能力及全方位的经营能力。

2. 时尚事件

时尚事件是指以时尚为内容，在技术、呈现方式等方面具备创新特色模式、创新呈现的各类时尚事件、活动。其作为城市时尚产业发展的催化剂，对时尚产业的发展具有巨大的推动作用。五大国际时尚之都在其发展过程中，国际性的时尚活动都起到了巨大的推动作用，例如时装发布会、时装周、时装博览会、时尚展示、流行色发布会等都是国际时尚界的大事件。开展国际性的时尚活动也是各大时尚城市高度重视的事件。

目前，上海时装周作为上海时尚产业的重要组成部分，以"立足本土兼备国际视野"和"创意设计与商业落地并重"为特色定位[①]，将在上海发展时尚产业中发挥重要作用，其既是国际品牌辐射中国的集聚地，也是国内品牌国际化的服务平台，以及本土品牌和原创设计师的孵化基地。即便是面对新冠肺炎疫情，上海时装周出于防控目的也展开了积极应对措施，品牌结合数字技术，以"云上"形式与观众见面，大众可通过"云走秀＋云直播＋云逛店"的独特形式参与到时尚活动中。

此外，以"快闪店（Pop-up）"延伸的时尚事件也成为当下上海时尚品牌创意营销的重要方式。快闪店是一种"突然出现又突然消失"的零售形态，指在商业发达的地区设置临时性的铺位，供零售商在比较短的时间内推销其品牌。因店铺性质的临时性，快闪店内的装修可以呈现更强烈的视觉冲击、更丰富多元的形式，为消费者制造新鲜感，更容易吸引年轻消费者。可以看到，现下上海各大"网红"马路、商场都不断更迭着不同时尚品牌的"快闪"事件。

当然，还有许多以不同产品主题为特色的时尚集会，比如咖啡文化周、时尚夜市、二手产品交换市集等。这些创意市集的开展也是疫情后在上海形成的重要时尚特色事件，在这些有趣的市集中，往往集了许多小众创意者、艺术家的精致作品，让人们在此交流创意、感受艺术，提供了一种"看、逛、购"一站式的服务模式，成为上海市民休闲娱乐的新去处，让时尚点亮人民美好生活。

应当看到，尽管当前上海有电影节、艺术节、旅游节等很多文化活动与事件，但还没有哪个活动能在国际上产生足够的影响。这类活动同五大时尚之都相比，仍有不小的差距，各类时尚事件的绩效和持续性有待提升。近年来上海时尚产业形式

---

① 上海时装周官网 - 关于我们[EB/OL].http://www.shanghaifashionweek.com/page/shfw/about

的创新演变，时尚特色事件的集聚充分对应了上海时尚产业前进过程应对消费者不断变化的需求或突发性事件所做出的的创新性改变，未来时尚事件的形式还将持续演进。

3. 时尚空间

时尚空间同样也是时尚与创意产业的现实载体，上海积极展开各类时尚空间的打造，目前，形成了时尚创意园区、城市商业综合体、休闲娱乐空间、文艺展示空间四大类时尚特色空间，这些时尚空间具备多种功能于一体、文化与商业并重的特质，为上海时尚产业的发展提供有力支撑。同时，这些时尚空间常常因为具备历史文化的特色、时尚雅致的特征以及前卫时髦的魅力而引人注目，其中的一部分已逐渐成为"城市网红打卡地"，不仅为城市景观发展提升影响力，也带动了周边的一系列时尚生活消费，为上海城市文脉的延续革新、上海城市空间结构的优化作出了贡献。

第二节
上海时尚之都建设的对策建议

一、以科技创新驱动上海时尚之都建设

科技创新是未来时尚产业发展的主要动力。上海想要突出重围，成为国际时尚之都，新科技是一个重要的突破口。与时尚产业相关的科技创新包含许多方面，如将科技创新融入到时尚产品的设计、生产环节；将科技创新渗透进时尚品牌的推广、传播环节；将科技创新与时尚产业深度结合等。上海发展时尚科技，以科技创新为抓手，加速时尚产业的发展，提高产业竞争力，对上海发展成为国际时尚大都市具有重要意义。

（一）加快时尚科技成果转化，推动新兴产业发展

加快推动与时尚相关的新兴产业的发展，使上海时尚始终保持旺盛的生命力和绝对的引领性。深化供给侧结构性改革，坚持科技与时尚融合的成果转化，坚持时尚产业创新驱动发展，扩大时尚产业有效供给，提高时尚产业服务效率和服务品质。

在5G+AI的智能时代，建设以紧贴民生、衣食住行、悦己健康等需求为基础，以智能制造为核心，以高端设计、科技时尚为高度的上海时尚产业格局。加快共性关键技术攻关，破解创新发展难题。例如以设计洞见未来，加强针对未来健康、未来智能、未来能源、未来空间、未来材料等方向的一系列时尚设计；以及重点关注生命健康、高端装备、先进材料等产业领域的设计研发，包括针对特殊群体、银发群体等的智能可穿戴设备、大数据与人工智能设计、智能辅助设计、社会设计、服务设计等。

在传统设计门类中注入科技新动能，通过交叉研发，推进创新供给与创新需求

的有效对接，加快时尚科技成果的有效转化与应用，推动新兴产业壮大发展，以高科技、高原创、高品质、融时尚的设计标准引导时尚产品的开发与时尚产业新格局的重塑，实现科技创新与时尚审美的双向驱动，使上海时尚走出中国，加速成为国际科技时尚创新的策源地，共同推动中国科技时尚创新产业的发展。

（二）优化时尚科创平台建设，协同产业转型升级

科创赋能的另一个着力点即是对传统时尚产业的转型升级。上海"十四五"规划着重指出，要充分发挥海量数据和丰富应用场景优势，促进数字技术与实体经济深度融合，赋能传统产业转型升级，加速传统产业数字化、网络化、智能化发展升级，催生新产业、新业态、新模式，壮大经济发展新引擎。因此，成立一个专门负责时尚科创产业发展规划的权威机构十分重要。机构首先需要为时尚科创产业的发展提供行动纲领和指南；其次也需要搭建并不断完善时尚科创产业的公共信息服务平台。

基于上海目前的情况，需要优化时尚科创平台建设，延展平台职能，协同产业转型升级。具体可从以下六方面展开：

①充分发挥现有时尚科技公共服务平台（如上海国际时尚科创中心）的作用，借助服务平台在产业方面的实体能级，开展以数字化内容、时尚和科技相结合的产业发展为特点的合作，打造优势产业集群模式。助力上海时尚产业实现跨越式发展，达到时尚产业科技化和科技产业时尚化。

②打造时尚科技示范园区，集聚时尚、科技相关生产要素。以科技创新为主题，通过对时尚产业进行合理规划，结合各生产要素，聚集发展时尚科技的核心力量，荟聚时尚科技人才，实现时尚科技的整体协同发展。

③平台与企业、相关政府职能部门、投资机构、各大高校及科研机构之间形成优势互补。时尚科技的整体发展应大于各个生产要素发展的简单总和。资源的有效整合、合力发挥必然由简单到复杂、由从单一要素独立驱动到多要素混合驱动稳步发展，为上海时尚产业的发展提供源源不断的动力。

④多方打造时尚行业和科技行业间跨界合作的模式。可通过举办科创时尚展会、时尚科技成果展、时尚科技评选等大型科技类时尚活动，集中展示时尚产业科技化的发展成果。吸引国际重要的时尚科技活动来沪举办，支持企业参与国内外大型跨界时尚活动。

⑤引入多元业态，如科技时尚概念店业态、可穿戴科技或时尚品牌实体店、科技与时尚企业跨界合作品牌店、快闪店等，实现社交功能、文化功能的提升，从而达到时尚和科技创新的跨界合作。

二、以数字创新赋能上海时尚之都建设

数字创新本身也是一种科技创新，结合数字技术开展的时尚产品、项目、事件等是疫情后催生的时尚新业态，使时尚与数字科技的融合创造潜力无限。

（一）快速嫁接数字渠道，开拓时尚传播思路

疫情下的社交隔离突出了时尚传播中数字渠道的重要性，加速了时尚传播路径的数字化改造。同时，"元宇宙"的概念也为时尚产业带来了新方向和新体验。需要开拓传统的时尚传播思路，积极应用CG、AI、VR、AR、虚拟成像等数字技术，将传统走秀、视觉推广以及体验模式迅速嫁接至数字渠道。丰富时尚传播的视角与场景，形成沉浸式的数字化时尚空间、时装展演与互动体验。推升品牌数字化运营能

力的增值服务。结合电商平台、社交媒体，进一步做大 C 端即时销售，产品信息传播的同时快速将曝光转为购买率。积极与全球时装产业链的各种行业和品牌的产、供、销数字化平台对接，将数字渠道用好用活，创造价值。

（二）持续丰富数字新时尚，构建产业新特色

在时尚产业链与数字科技持续并轨的趋势下，产出更多具备创意的数字时尚内容显得尤为重要。具体可从以下三方面展开：

①联动多方，加强数字技术的学习培训。需要与高校、科研机构和互联网企业的深度合作，加强培训时尚设计专业学生和时尚从业者充分利用数字交互设计、数字媒体设计以及大数据、机器学习、人工智能、AR、VR等各种新技术和新工具，在文字、图片和视频数字化展现的初级形式之上，进一步探索数字虚拟人物、数字沉浸体验、数字互动营销等多种数字化时尚表达新方式，提升上海时尚内容的创意性、体验感与互动感，指引上海时尚产业的数字化发展。

②重点发展数字互动营销。时尚传播可以通过数字技术突破场景限制得到有效发展，同样地，时尚与大众的距离还可以借助多元的数字内容一步步拉近。结合上海在"十四五"期间着力打造"电竞之都"，将游戏与玩家的高互动性转化为营销工具。积极推动游戏与时尚的跨界合作，集聚年轻消费人群，以游戏中的虚拟服饰、虚拟活动等一切数字化属性内容的开发，开拓数字消费市场，并强化与线下活动的联系。此外，继续发挥社交媒体的传播功能，挖掘热点话题和极具潜力的社群互动力，形成时尚品牌与消费者的持续互动。

③对标时尚消费品中"数字潮品"的发展方向，继续研发、产出一批数字精品、数字潮品。打造上海"潮流数字推荐官"品牌形象。上线个性化、高流量、多接口的虚拟应用。推动消费品与教育教学、音乐艺术、网络文学、动漫电竞等数字内容产业融合。支持发展用户生产内容（UGC）、专业生产内容（PGC）、职业生产内容（OGC）等创作者经济和创客文化，探索建立规范化、透明化、特色化的交易市场。

三、以品牌提质增效上海时尚之都建设

上海时尚之都建设相较于国际五大时尚之都还存在着一定的差距，最直接的问题是上海仍然缺乏具有国际影响力的时尚名牌。为了改变现状，成为国际时尚之都，通过提升上海时尚品牌的整体品质格调，聚焦本土时尚品牌革新、提升时尚品牌美誉度就显得尤为重要。

（一）聚焦传统时尚品牌革新，使其焕发活力

上海本身就有创立多年、品质良好、被人信任的与时尚相关的传统知名品牌。在时代快速发展，消费者群像愈加复杂等诸多因素下，这些传统知名品牌也必须直面探索品牌转型革新的发展道路。

需要抓住转型机遇、利用新兴技术，在设计、生产、运营、管理、服务等环节贴近最新市场需求，制定出个性化、多元化、智能化、可持续性的发展战略，来适应竞争激烈的本土时尚行业。对于传统时尚品牌，在当下的市场环境中，应当借助新型信息技术及科技的力量，协助品牌创造更大的经济价值。基于大数据的数据分析，将海量、高增长和多样化的信息转化为精确的市场信息，能够准确洞察消费者的行为习惯，从而对用户进行精准定位，提升品牌触达率，帮助品牌实现准确的市场定位。支持品牌提升数据管理、数据分析、优化流程等数字化管理能力。

除此之外，坚守本土传统时尚品牌本身具备的文化基因，推动时尚与传统文化

结合的品牌向纵深发展。深度挖掘"上海文化"的内核和外延，把握时尚传统品牌独有的"上海文化"表达，持续用好用活红色文化、海派文化、江南文化等地域文化资源，精准定位、守正出新，打造精品力作。将"科技"与"文化"、"现代时尚"与"文化雅致"并举，聚力汇智，聚焦上海本土传统时尚品牌的革新与重塑，打造更多具有上海文化标识度的传统时尚品牌。

（二）提升新锐时尚品牌规模与美誉度

政府与行业推出的一系列政策为上海营造了良好的时尚品牌孵化环境，同时巨大的时尚消费需求、大量的潜在消费群体、不断开拓的国际市场均提供上海时尚新兴品牌发展的契机。

首先，明确时尚类品牌的重点领域分类，持续扩充上海新兴时尚品牌的规模，推动品牌创新成果发布。联合上海时装周、大型展会、中国品牌日、中国品牌经济论坛等相关机构与活动，对时尚新兴品牌的发展提供支持与服务。以设计引领性、文化彰显度、品牌成长性为基础，建立时尚品牌评估标准，对于其中潜力巨大且处于发展初创期的品牌提供针对性的有效服务，助力初创小微时尚品牌朝更高层次发展。

其次，在上海这片时尚热土上，携手本土传统时尚品牌和本土时尚新兴品牌共同发展，强化品牌辐射效应，拓展对外文化交流、宣传和贸易渠道，使上海时尚品牌的美誉度不断提升。充分发挥各层次媒体功能，依托跨境电商、社交电商等资源，鼓励本土时尚品牌加入国际市场竞争，在境外重点商业地标开设品牌旗舰店或开展营销活动，推动一批上海时尚品牌走向国际。不断加大对上海时尚品牌的宣传推介力度，重点助推和宣传具备上海城市精神品格、城市形象、地域文化的行业优势品牌，力求百花齐放的品牌格局，早日形成一批具有品质认可度、时尚流行度、文化魅力度、市场反应优秀的代表上海时尚生活、地域特色的本土品牌集合，同时也进一步扩大上海设计、上海制造、上海品牌在国内外的影响力。

四、以可持续时尚强化上海时尚之都建设

时尚产业已成为仅次于石油化工产业的全球第二大污染源产业，时尚产业的可持续发展是上海时尚产业能够持续、快速发展的必然趋势。2019年10月底，国务院正式批复了关于长三角生态绿色一体化发展示范区总体方案。这对于上海以及长三角一带可持续时尚产业的发展非常有利。

上海作为长三角地区的核心城市，作为大力发展时尚产业的一线大都市，时尚相关企业、机构应带头承担推进时尚产业可持续发展的社会责任，并深入挖掘"以可持续发展"为前提的全新时尚和设计消费潮流，利用一切手段，在设计、制造、消费等环节上促进时尚产业创新化、可持续化。

（一）主张从设计到制造的绿色生产流程

在一份《新纺织经济：重塑时装的未来》的报告中，参照循环经济的原则，提出对新纺织经济的四大愿景，大致内容总结如下：第一，逐步淘汰使用有害物质，创造安全的材料循环，杜绝微纤维释放。第二，改变服装的设计、销售和穿着方式，提升高档耐用服装的吸引力，打破用后即弃的模式。第三，改变服装的设计、收集和再加工方式，大幅提高回收利用率。第四，有效利用资源，实现向可再生资源的

过渡，从而让整个纺织系统共同受益。[①]

此外，2020年香奈尔正式对外发布了名为"Chanel 1.5℃气候使命"的环保承诺，旨在通过自身力量，将全球平均气温的上升幅度控制在1.5℃之内，并针对未来10年做出承诺，未来将从细节如香水产品包装、秀场布置，到结构性如原材料采购、供应链调整等，全方位加速向低碳模式转型。[②]因此，在全球都齐齐践行时尚产业的可持续化的发展下，上海更需要实现时尚的可持续发展，将"绿色设计""绿色制造"贯穿整体生产流程。

首先，针对"绿色设计"，需要在设计标准中考虑到环境因素，要将大的"生态设计"的概念置于各类时尚产品设计的构思环节。在满足时尚产品的功能、外观的合适与美观基本标准之上，再从环保、简约和自然三理念考虑。比如，以减少污染为目的，使用可循环材料进行设计，回收旧材料、旧衣物，巧妙构思重新加以利用，积极开发和使用新兴环保材料。同时，反对铺张浪费，减少对材料资源的需求，将设计简单化，以用最少的素材发挥最大的效应。在产品设计上可多使用天然、朴素的造型以及以自然色彩为主色调的设计等来体现人与自然的和谐，通过绿色设计倡导绿色消费理念。

其次，发展"绿色制造"，实现时尚可持续。2016年，国家"十三五"规划纲要草案提出实施制造强国战略，深入实施"中国制造2025"战略，促进制造业朝高端、智能、绿色、服务方向发展。第一，时尚企业要关注时尚产业链的绿色制造，实现全流程控制，包括新材料技术、生产清洁技术、节能技术以及产品的回收、安全处置与再利用等。第二，积极培育节能环保等战略性新兴产业，进一步降低企业能耗、物耗等生产成本，加快增加绿色产品供给。第三，构建绿色制造体系的重点是以企业为主体，以标准为引领，开发与建设绿色产品、绿色工厂、绿色工业园区、绿色供应链，以绿色制造服务平台为支撑，发展绿色消费。第四，还需鼓励环保型时尚企业的发展，逐渐形成时尚企业可持续发展的行业评级标准，对发展可持续时尚的企业提供奖励及政策支持。

（二）让绿色消费观念深入人心

"绿色时尚"俨然成为全世界范围内的时髦风向和关键词，绿色材料、绿色设计、绿色生产、绿色工艺、绿色营销、绿色供应链都将获得广阔的市场潜力和空间。可持续时尚除了需要围绕生产设计源头上的发展，另一方面，更需要从技术源头转向市场导向，向消费者大力推广和宣传绿色消费理念，告知消费者绿色消费的重要性。

提倡绿色消费，不仅是时尚理念的创新，也是经济呈现良性发展、社会可持续发展的必由之路。时尚品牌应注重"可持续性"形象的打造，严格控制循环利用材料的安全性与品质，并且将时尚供应链转型为更系统化与透明化的供应链体系，让消费者亲眼可见绿色材料、工艺、技术，通过绿色消费的传播对消费者产生影响，将可持续时尚转化为未来持续发展的重要商机。在产品消费中，用绿色消费引导绿色生产和绿色设计，支持百货商场、超市、电商平台积极举办各类与绿色消费相关的购物优惠活动，用理性的消费行为、高端的消费理念促进上海时尚产业经济的良性发展，使绿色环保理念更加深入人心，使持续时尚成为消费者主动追求的趋势与潮流。

---

① 艾伦·麦克阿瑟基金会.新纺织经济：重塑时装的未来[EB/OL].http://www.ellenmacarthurfoundation.org/publications，2017

② WWD国际时尚特讯.香奈儿发布重磅环保宣言，"绿色"才是全球时尚圈普及"流行色"[EB/OL].https://baijiahao.baidu.com/s?id=1661489785724843583&wfr=spider&for=pc

五、以消费推动上海时尚之都建设

伴随主力消费群体的迭代，民众对时尚消费的需求日益高涨，围绕服装服饰、美容美妆、时尚家居、运动健康、电子竞技、户外旅游、智能设备、精致食品、数字潮品、文创产品等方面，近年来不断外延催生了一批新的时尚领域门类。通过合适的消费引领，创造消费需求，不仅可以丰富时尚行业新类别，同时伴随这些时尚新产业的利润增收和逐步壮大，也将成为上海时尚之都建设的重要推动力。

（一）扩大消费与点亮人民生活并行，布局时尚消费新热点

着力以消费为导向，顺应居民消费升级趋势，把扩大消费同改善人民生活品质结合起来，呈现新的时尚消费布局，同时提升人民幸福指数。

联动线上线下新模式，继续在推出的四季促消费活动（金秋购物旅游季、拥抱进博首发季、网络购物狂欢季、跨年迎新购物季）的基础上创造其他主题的消费活动，增加时尚消费的密度，营造更多消费热点。同时，鼓励、支持时尚品牌策划一批联动本土文化艺术的跨界营销活动，提升上海人民时尚消费的格调与丰度。

此外，继续围绕消费热点，发挥衣、食、住、行、游的关联消费优势，继续创造更多周边产品与服务，激发消费新动能。多区位打造美食集聚区、特色文创市集、二手交换市集、咖啡文化节、郊野露营节、潮流电竞节、时尚消费新品节等消费休闲活动，提升时尚生活的覆盖性，增加时尚业态的融合性，促进周边装备产品的消费。让更多高质量的时尚创意社区活动嵌入人民的生活场景中，结合产品创新、体验创新、场景创新、服务创新、科技创新等多元方式，带动人民感受时尚、享受生活。

（二）建立多元一体的"新零售"模式

上海是国际"新零售"的主要参与者和推进者，已经拥有广阔开放的消费市场和一批资源配置能力强的新零售领军企业，未来将继续构建多内容、多形式、多层次的新零售方向。

新零售需要以进一步扩大与消费者的之间的触点为目标，联合线上、线下两端，场景零售、流量零售、社交社群零售需共同发力。继续支持云展示、云货架、直播电商、虚拟试穿等线上零售方式，延伸功能升级。支持企业应用区块链、增强虚拟现实、全息投影等新技术，打造数实结合、体验丰富的消费新场景。同时，加强直播品质以及直播行为规范监督，培育一批特色鲜明的直播电商园区。

线下以打造国际化、多层级、特色化的城市商业空间体系为目标，继续打造消费新地标、特色商业街区、国际化商圈等项目，增加商业配套服务的数字化改造。加速城市智慧商圈建设，支持智慧零售、跨界零售、无人零售、绿色零售等新模式和新业态加快发展。

将线上和线下消费场景打通，实现数字生态链的建设，深度打造与用户互动、体验、跨界合作和文化传播等功能的线下体验店，以新技术完善物流服务，多环节、多渠道一起发力，提升上海城市的消费体验度。

六、以人才培养支撑上海时尚之都建设

人才培养与储备是支撑上海时尚之都建设的基础。一方面，需要开展创新人才培养模式的有效探索，大量培养兼具专业素养与综合能力的时尚高素质人才。另一

方面，在目前需要重点关注时尚跨界人才、复合型人才的挖掘。

（一）集结多元教育形式，完善时尚教育体系

在世界经济全球化、贸易自由化的推动下，教育资源不再受到时间和空间的限制，集合多样化的教育教学模式，将国际化教育、在线教育、产业实践教育等方式融合起来，灵活地提供时尚教育新模式。

针对国际化教育，在培养目标的确定、教学内容的选择以及教育手段和方法的采用方面不仅要满足来自本国、本土化的要求，还需要适应国际间产业分工、贸易互补等经济文化交流与合作的新形势。打造良性的时尚国际化教育，运用国际化的教学方式，整合本土和国际资源，培养符合国际标准并服务于本土的时尚人才。

针对在线教育，通过互联网和创新科技给时尚教育带来更多可能，新型的线上教育打破了时空的局限，为社会提供优质的教育资源，形成知识流动，大幅度提高了教育资源的利用率。纵观目前关于时尚类的线上教育，结合国家数字教育行动计划，需要继续构建跨网络、跨平台、跨终端的开放大学信息化支撑平台，通过多种渠道建成覆盖全民学习需求的数字化教育平台。加强针对时尚教育机构的专业性资质考察，细化在线时尚教育门类，提供多样化的在线和点播的网络授课资源。对于自主制造高质量内容的时尚在线教育，严格把关内容，力求为用户提供高质量的内容和服务。

针对产业实践教育，时尚教育应与市场相适应，时尚教育的最终成果应该体现在市场的反馈当中，时尚教育应结合产业实践教育，形成多元性、交叉性和综合性的时尚教育方式。上海建设时尚之都需要更多的立足于行业前沿的领军人才，而时尚领军人才的培养与产业实践经验密不可分，只有真正深入了解行业资源的广度和深度才能更好地服务于企业，更好地为提升上海乃至中国的时尚地位做出贡献。

总之，创新驱动是发展时尚产业的核心，同时创新亦是时尚教育的核心。无论是教学内容的创新、教学方式的创新，还是培养目标的创新，都需要在人才培养中考虑。时尚产业本身就是一个多产业集群，具备多向性、复杂性的系统，所以在时尚教育的体系建构与完善中，不仅是简单地引导学生创意设计、突出风格、制造流行，还需要结合市场，结合产业链前端、后端的一系列时尚产业要素，同时还必须紧紧跟随社会、政治和经济导向，塑造助推未来发展的时尚多面手。

（二）关注多层次时尚人才培养，组建高水平时尚人才团队

时尚产业作为服务业与制造业相结合的一种新兴产业，对于差异化、个性化的人才需求极大。时尚教育应专注于时尚链的各个环节，服务全产业链。[①]如今，上海不乏时尚设计类人才，但真正具备综合素质的时尚复合型人才、以及高水平时尚人才的队伍还有待壮大。

加快培养、组建多层次时尚人才队伍。重点关注时尚设计、创意策划、智能生产等创新方向，培养引进新时代背景下的新业态、新领域、复合型时尚跨界创新人才；加大对青年人才的支持培养力度；关注高端技术专家与管理人才；关注孕育发展一批本土时尚设计大师、创意首席；柔性引进海内外时尚产业领军人才、知名文化人才。最终形成一个有一定规模的覆盖面极广、技术过硬的时尚人才队伍。

伴随着时尚人才战略渠道和方式日益多样化，构建具备国际号召力的上海时尚人才培养基地与孵化中心十分重要。积极推动海内外时尚行业人才的交流协作。此

---

① 沈滨.时尚之路 上海国际时尚之都建设的新探索[M].北京：经济管理出版社，2017：161-168.

外，想要吸引、留住人才，还需要整合政府、经济环境等多方面的动态因素，将上海人才引进与培养机制不断优化。加快改革现行的工资、福利、职称和奖励管理方法，完善人才褒奖制度，不断激励时尚人才发挥自驱力，积极为时尚产业的未来发展开疆拓土，促进时尚人才的劳动报酬与其创造的社会效益、经济效益紧密挂钩，从而激发其创造性和积极性。

七、以产业链优化引领上海时尚之都建设

时尚产业其实是融合众多产业的综合集群，是将各类传统产业资源和新兴产业要素整合、提升、组合后形成的特色产业链。当下的时尚产业链在新理念、新模式的注入下，已然呈现出源源不断的活力。在此基础上，深耕时尚产业链结构升级，提升上海时尚产业价值链的国际竞争力，以夯实基础、完善优化、开拓创新为抓手，是引领上海时尚之都建设的重要方向。

（一）与时俱进，提升时尚产业链运作能级

上海时尚产业链的升级方向早已从传统的劳动密集型转变为技术密集型。这种产业的转型其实是新时代多要素融合的变革创新。

上海作为长三角中心城市，对周边有强劲的辐射力。因此，逐步构建形成长三角区域疏密有致、分工合理、有效协作、功能完善的时尚产业空间格局就显得尤为重要。优先发挥上海时尚产业已有优势，通过与周边已经具备一定时尚产业基础的城市建立时尚产业互动，坚持产城融合，完善郊区新城功能，发展周边城区活力，最终实现多中心、组团式发展，打造全球最具活力的时尚都市群。在构建中，强调时尚产业链管理服务的重点升级，包含质量管理、流程管理、供应链管理、产业联盟等新的管理思想和组织内容。深化都市集群的合作，共同构建运转有度、高效提质的时尚产业服务体系，增强时尚贸易便利化程度，提升上海时尚产业链的整体运作能级。提供管理咨询，为上海时尚品牌制定科学的发展战略。同时，时尚产业链需要加快改造力度，积极开发系统化、信息化、连续化、智能化等先进技术设备，促进时尚产业与战略性新兴产业相结合。

此外，在"一带一路"倡仪背景下，上海时尚之都建设路径也需要考虑布局"一带一路"地区时尚产业链环节。政府要加强与"一带一路"沿线国家投资、贸易协议的签订与条件改善，帮助沿线国家建立安全稳定的时尚产业发展环境，同时给予上海的时尚企业在这些国家投资时一定的优惠政策。[①]发挥现今已有的海外园区资源，将时尚产业主动有序地融入一带一路地区国家的产能合作，共享发展机遇和成果，加强我国时尚产业链在国际市场中的地位，组织、引导上海时尚品牌参与国际市场竞争。

（二）重塑体系，增强上海时尚产业链竞争力

时尚产业是一个高度市场化的产业，通过实体产业、服务体系与品牌资产的整合运作，广泛渗透于社会公众生活的各个领域。在时代发展的进程中，需要实时对时尚产业体系进行结构优化、功能重塑，进一步壮大产业规模和集聚，以拔高上海时尚产业链的竞争优势。

首先，要将科技创新的研发力量、高端工艺的制造能力、智慧有效的营销渠道、

---

① 沈滨.时尚之路 上海国际时尚之都建设的新探索[M].北京：经济管理出版社，2017：219-222.

迭代更新的专业信息、强大灵活的资本支撑系统化地组建起来，进一步提升对上海时尚品牌、时尚文化氛围的创建，拉近分属不同行业、跨越不同部门的各类资源要素，增进创意、设计、制造、营销、推广、培训等诸多环节的紧密度，整合有效资源，发挥最大效能，打造上海在时尚之都建设中的专业性和权威性。

其次，明确由科技引导的产业创新对时尚行业发展的重要性。政府加大政策支持，继续鼓励创新创业，并着重考虑政策之间的联系性，通过政策之间的黏性效应，针对性解决行业中单一问题的同时，以政策的连贯性积极推动时尚行业发展的连锁性。需要注意的是，时尚创意是行业发展的核心资产，需要法律法规的有效保障，因此应进一步落实知识产权保护。

最终，通过重塑整合上海时尚产业各要素，增强资源配置、科创策源、高端引领的功能供给，加速形成以时尚创意为主导、以现代时尚服务业为依托、以先进制造为支撑的时尚产业体系，提升上海时尚产业链的国际竞争力。

参考文献

书籍类

[1] 辞海编辑委员会.辞海［M］.上海：上海辞书出版社，2000.

[2] 刘清平.时尚美学［M］.上海：复旦大学出版社，2008.

[3] ［美］凯文·莱恩·凯勒.战略品牌管理［M］.吴水龙、何云，译.北京：中国人民大学出版社，2014.

[4] ［美］戴维·阿克.品牌大师：塑造成功品牌的20条法则［M］.王宁子，译.北京：中信出版社，2015.

[5] 顾庆良.时尚产业导论［M］.上海：上海人民出版社，2010.

[7] 沈滨.时尚之路　上海国际时尚之都建设的新探索［M］.北京：经济管理出版社，2017.

[8] 高骞.上海打造国际时尚之都的探索与实践［M］.上海：格致出版社，2010.

期刊类

[1] 张静.巴黎时尚品牌展会走向新兴市场［J］.进出口经理人，2010（08）：80.

[2] 解琦.城市宽容度促进创意产业集聚——以巴黎玛黑区为例［J］.天津大学学报（社会科学版），2014.16（02）：138-141.

[3] 符淼，张海虹，刘洋.公共服务、产业集聚和产业网络——时尚之都米兰的城市辐射力构建之道［J］.城市观察，2013（05）：77-85.

[4] 王发明，马立强.产业集聚与创意产业园区可持续发展模式［J］.学习与实践，2012（06）：12-19.

[5] 董锡健.对接国际时尚产业转移大潮打造以时尚为主旋律的上海轻纺［J］.上海企业，2008（09）：68-69.

[6] 潘素昆.战后以来日本的重点产业扶持政策分析及展望［J］.日本研究,2004（1）：28-33.

[7] 褚劲风.东京动漫产业集聚空间组织与空间优化研究［J］.世界经济研究，2009（06）：76.

[8] 辜振丰.巴黎时尚的诞生［J］.名作欣赏，2010（25）：94-98.

[9] DISHI.时尚中心开启中心时尚［J］.中国服饰，2013（02）：90-91.

[10] 盛仁杰.巴黎之为巴黎：关于现代城市的新认知［J］.世界文化,2019（09）：4-8.

[11] Danny Shen.法国时装为何长胜不衰［J］.中国服装，2004（13）：18.

[12] 谢平.英伦时尚向前看——英国时装教育观察与思考［J］.装饰，2010（01）：139-140.

[13] 刘驰，Richard Kennon.英国服装高等教育给我们的启示［J］.纺织教育，2006（05）：63-66.

[14] 刘瑞璞.对英国时尚教育的另一种解读［J］.艺术设计研究，2011（04）：110-112.

[15] 孙超.意大利艺术设计教育教学体系的启示与思考——以佛罗伦萨大学与POLIMODA时尚学院为例［J］.邢台职业技术学院学报，2018，35（03）：35-40.

[16] 齐冀.米兰欧洲设计学院服装设计专业创新型人才培养的实践教学［J］.装饰，2014（04）：102-103.

[17] 彭龙玉，郭平建.北京与纽约服装设计师培养机制比较［J］.山西师大学报（社会科学版），2013，40（S1）：58-60.

[18] 王茂春.纽约时装产业发展经验及启示［J］.合作经济与科技，2019（14）：40-41.

[19] 郭平建，刘颖，姚霁娟.美国纽约时装学院学生创新能力的培养及其启示［J］.纺织教育，2010，25（02）：76-78.

[20] 王时音.日本时尚文化与品牌研究［J］.美术教育研究，2012（05）：52-53.

[21] 徐治国.从日本时尚看日本教育［J］.艺术科技，2018，31（07）：295-296.

[22] 杨柳，张金鲜，刘燕萍.时尚创意类大学生创新创业教育提升途径探析——以东华大学服装与艺术设计学院为例［J］.新西部，2019（23）：55-56.

[23] 王朝晖.服装设计专业课程创新型教学模式的构建［J］.纺织教育，2011，26（04）：274-275.

[24] 曾丽.中美应用型院校服装设计专业学分制对比研究［J］.深圳职业技术学院学报，2013，12（04）：21-25.

[25] 吕学海.服装教育与产业背景下的人才培养——由日本东京文化服装学院教学模式引发的思考［J］.设计艺术，2005（01）：14-15.

[26] 方刚.以时尚为核心的专业建设［J］.商场现代化，2017（24）：23-24.

[27] 贾荣林.时尚设计教育发展面临的环境和对策［J］.艺术设计研究，2016（03）：105-109.

[28] 王革非.服装产业链发展前端导向［J］.上海纺织科技，2019，47（07）：59-61.

[29] 宋欣.屹立、颠覆与新生：化妆品产业链下的多方云涌［J］.现代商业银行，2019（05）：60-67.

[30] 宋煜，胡晓鹏.浅析上海时尚产业发展路径选择［J］.企业经济，2011，30（10）：130-133.

[31] 刘颖.中国美容化妆品业发展报告［J］.日用化学品科学，2005（05）：8-13.

[32] 张国栋.当代城市时尚文化教育交流平台功能性研究——以武汉时尚艺术季平台打造为例［J］.文艺生活·中旬刊，2019，（6）：273，276.

学位论文类

[1] 吕洁.环东华大学时尚创意产业集群发展模式研究［D］.东华大学，2011.

[2] 王卫刚.海派文化背景下的时尚品牌研究［D］.深圳大学，2018.

[3] 李玮琦.区域环境对上海时尚设计师品牌的影响［D］.华东师范大学，2013.

[4] 朱亚男.个体对时尚影响的消减过程［D］.北京服装学院，2015.

[5] 李雯.校园时尚文化视域下高校大学生思想政治教育研究［D］.北京化工大学，2016.

[6] 杨莉.服装展示在服装产业链中的地位和作用研究［D］.天津工业大学，2011.

[7] 丁立义.基于共生理论的创意产业园区模式创新研究［D］.武汉理工大学，2013.

[8] 褚劲风.上海创意产业集聚空间组织研究［D］.华东师范大学，2008.

[9] 张佳.上海时尚产业集聚度测度及效应研究［D］.东华大学，2014.

[10] 王敏.上海时尚产业集聚的影响因素及动力机制研究［D］.东华大学，2017.

[11] 李芮.上海时装周竞争战略研究［D］.上海交通大学，2018.

[12] 刘天.上海时尚产业发展模式研究［D］.东华大学，2012.

[13] 王峥峥.巴黎时装之都的成功经验对北京建设"时装之都"的启示［D］.北京服

装学院，2010.

[14] 刘婧.英国服装设计师培养机制研究［D］.北京服装学院，2014.

[15] 王颖頔.时尚之都纽约的成功经验及对北京的启示［D］.北京服装学院，2012.

[16] 宋杰.日本服装设计的文化性格［D］.天津工业大学，2007.

[17] 李璐.法国时尚产业研究［D］.首都经济贸易大学，2012.

[18] 蒋亮智.我国珠宝评估及珠宝产业发展的经济学研究［D］.中国地质大学，2015.

报纸类

[1]　周卫中.东京时装周20岁，走向成熟［N］.中国服饰报，2005-03-25（B39）

论文集

[1]　欧静竹.米兰时尚产业空间集聚演化及规划启示［C］持续发展理性规划——2017中国城市规划年会论文集（02城市更新）.广东，2017：1136，1150.

其他

[1]　"品牌"名词词汇定义［EB/OL］.https：//baike.baidu.com/item/品牌/235720?fr=aladdin

[2]　什么是产业集聚区［EB/OL］.https：//www.yebaike.com/22/879766.html

[3]　不必了！巴黎不屑做"现看现买"当季时装秀［EB/OL］.http：//news.ladymax.cn/201602/25-29989.html

[4]　十字路口的巴黎时装周［EB/OL］.http：//www.ladymax.cn/column/201603/03-30045.html

[5]　2016年两大巴黎艺博会洛杉矶展会因销售情况不佳被迫取消［EB/OL］.http：//www.artspy.cn/html/news/13/13024.html

[6]　环球时报.欧洲哪国青年最难找工作？欧盟最新报告：西班牙年轻人失业率最高，意大利排名第二［EB/OL］.https：//m.gmw.cn/baijia/2021-11/16/1302680614.html

[7]　人民网.时装周剧烈解崩：巴黎时装周罕见压缩日程，不断有品牌退出纽约时装周［EB/OL］.https：//www.sohu.com/a/125430529_114731

[8]　梁长玉.中国国际服装服饰博览会（2023春季）将于3月28日在上海开幕［EB/OL］.http：//business.china.com.cn/2023-03/16/content_42297155.html

[9]　服饰商情网.海量交易空前爆发，2023CHIC春季展商贸再破纪录［EB/OL］.https：//www.sohu.com/a/660741959_720627

[10]　中国服装的十月情怀　高效成交信心十足——CHIC2016秋季展完美收官，相约明年3月［EB/OL］.http：//www.chiconline.com.cn/newsbd/

[11]　波特兰先生.简说英国创意产业和聚集区［EB/OL］.http：//blog.sina.com.cn/s/blog_6bebde1c0102w1dw.html

[11]　地素时尚股份有限公司《地素时尚2019年年报》［EB/OL］.https：//q.stock.sohu.com/newpdf/202039013710.pdf

[12]　小白.Be a good neighbor. Short Sentence短句首家实体店正式开业［EB/OL］.http：//www.lofficiel.cn/broadcast/13959.html

[13]　专访塔卡沙主理人：有自己的设计风格，别人才会为你买单［EB/OL］ https：//baijiahao.baidu.com/s?id=1638998716105082799&wfr=spider&for=pc

[14] Anka Lau.中国独立设计师（篇六）SHUSHU/TONG［EB/OL］.https://zhuanlan.zhihu.com/p/32878008

[15] 壹衿.秀场速报 | SHUSHU/TONG女孩请起立，最新系列她来了！［EB/OL］.https://www.sohu.com/a/423735739_540061

[16] 华丽志.法国时装学院（IFM）与巴黎时装工会学校（ECSCP）正式合并［EB/OL］.http://dy.163.com/v2/article/detail/E564FFBH0519FFAI.html

[17] 百度百科"马兰欧尼时装学院"词条［EB/OL］.https://baike.baidu.com/item/马兰欧尼时装学院/3666304?fr=aladdin

[18] 百度百科"多莫斯设计学院"词条［EB/OL］.https://baike.baidu.com/item/多莫斯设计学院/1618676?fr=Aladdin

[19] CFDA Company Snapshot. Business of Fashion［EB/OL］. https://www.businessoffashion.com/organisations/cfda

[20] 百度百科"帕森斯设计学院"词条［EB/OL］.https://baike.baidu.com/item/%E5%B8%95%E6%A3%AE%E6%96%AF%E8%AE%BE%E8%AE%A1%E5%AD%A6%E9%99%A2/5771793?fr=Aladdin

[21] 百度百科"普瑞特艺术学院"词条［EB/OL］.https://baike.baidu.com/item/%E6%99%AE%E7%91%9E%E7%89%B9%E8%89%BA%E6%9C%AF%E5%AD%A6%E9%99%A2/6404997?fr=aladdin

[22] 百度百科"日本Mode学园"词条［EB/OL］.https://baike.baidu.com/item/日本Mode学园/17389113?fr=Aladdin

[23] 百度百科"东京造形大学"词条［EB/OL］.https://baike.baidu.com/item/东京造形大/7961368?fr=Aladdin

[24] 文创前沿［EB/OL］.http://www.sohu.com/a/272711362_488939

[25] 共赴上海时尚盛宴，打造世界时尚之都［EB/OL］.https://www.sohu.com/a/106549523_119865

[26] 中华人民共和国国民经济和社会发展第"十四"个五年规划和2035年远景目标纲要［EB/OL］.http://www.moe.gov.cn/jyb_xwfb/xw_zt/moe_357/2021/2021_zt01/yw/202103/t20210315_519738.html

[27] 上海市经济和信息化委员会等关于印发《上海市时尚消费品产业高质量发展行动计划（2022-2025年）》的通知［EB/OL］.https://www.shanghai.gov.cn/nw12344/20221215/c43c0a976d6f475ca564624e5a3b7aac.html

[28] 关于印发《激发创新动能引领时尚潮流加快上海国际消费中心城市建设的若干措施》的通知［EB/OL］.https://sww.sh.gov.cn/zwgkgfqtzcwj/20230128/41de53fc4e84481cad230e936ddf262f.html

[29] 全力打响"上海文化"品牌 深化建设社会主义国际文化大都市三年行动计划（2021-2023年）［EB/OL］.https://www.shanghai.gov.cn/nw12344/20210730/999a70f5b0ad438da219325461b00e03.html

[30] 上海市人民政府办公厅关于印发《上海市促进在线新经济发展行动方案（2020-2022年）》的通知［EB/OL］.https://www.shanghai.gov.cn/nw48503/20200825/0001-48503_64687.html

[31] 上海市经济和信息化委员会等关于印发《促进上海创意与设计产业发展的实施办法》的通知［EB/OL］.https://www.shanghai.gov.cn/nw12344/20200813/0001-12344_56214.html

[32] 上海印发《关于加快本市文化创意产业创新发展的若干意见［EB/OL］.https://www.whb.cn/zhuzhan/kandian/20171214/113230.html

［33］普陀区加快发展文化创意产业实施意见［EB/OL］. http: //service.shanghai. gov.cn/XingZhengWenDangKuJyh/XZGFDetails.aspx?docid=REPORT_ NDOC_008086

［34］静安区商务委员会关于印发《静安区文化创意产业发展"十四五"规划》的通知 ［EB/OL］.https: //www.jingan.gov.cn/govxxgk/JA3/2021-08-23/384906e0- a2b2-4b44-b9d3-d9030b97f502.html

［35］关于印发《长宁区支持时尚创意产业融合发展的实施办法》的通知［EB/OL］. http: //zhengsoso.com/static/310105/2/5960.html

［36］黄浦区推进品牌创新发展实施意见［EB/OL］.http: //www.ssme.sh.gov.cn/public/ product!serviceDetail.do?productId=2c91c287749b972e0174b44b5ef14103

［37］黄浦区促进时尚产业发展专项资金使用和管理办法［EB/OL］.http: //ssme. sheitc.sh.gov.cn/public/product!serviceDetail.do?productId=2c91c287749 b972e0174b45c778d4285

［38］上海虹桥商务区关于文化和创意发展的扶持政策［EB/OL］.http: //dhqonline. com/news/show.php?itemid=1446

［39］2019年上海市国民经济和社会发展统计公报［EB/OL］. https: //baike.baidu. com/item/2019年上海市国民经济和社会发展统计公报/24621091?fr=Aladdin

［40］2020年上海市国民经济和社会发展统计公报［EB/OL］. https: //m.thepaper. cn/baijiahao_11765409

［41］2021全年本市消费品市场运行情况与特点［EB/OL］. https: //tjj.sh.gov.cn/tjf x/20220124/2dbf0a7b70d94398a959e205bf686c77.html

［42］2022年本市消费品市场运行情况与特点［EB/OL］. https: //tjj.sh.gov.cn/tjfx/ 20230116/65ce41fd7ec94fb0a0e15f944279d34e.html

［43］2020年上海市国民经济和社会发展统计公报（摘要）——居民可支配收入及消 费支出数据［EB/OL］. https: //new.qq.com/rain/a/20211103A09MOU00

［44］居民收入稳步增长消费支出继续恢复——2021年本市居民收入和消费支出情况 ［EB/OL］. https: //tjj.sh.gov.cn/tjfx/20220117/84dffd93cbe3486d8dda224 d824828f5.html

［45］2022年居民人均可支配收入及消费支出［EB/OL］. https: //tjj.sh.gov.cn/ydsj 71/20230118/5d288f12efbc4c9298d7babbf1b1b7a7.html

［46］艾伦·麦克阿瑟基金会.新纺织经济：重塑时装的未来［EB/OL］.http: //www. ellenmacarthurfoundation.org/publications

［47］新生代人均"潮"消费额全国第一！这些潮人喜爱的品牌都来自上海［EB/OL］. https: //export.shobserver.com/baijiahao/html/596076.html

［48］新民晚报.上海美丽健康产业健康发展到2025年将形成千亿规模产业［EB/OL］. https: //baijiahao.baidu.com/s?id=1684586059281492685&wfr=spider&for=pc

［49］中国珠宝行业分析报告［EB/OL］.https: //www.diyifanwen.net/c1xjg15r316 9y6ym8c7oz9pugm7qnnb00f4a_1.html.

［50］中国时尚零售百强榜出炉，黄浦在"十强"中占三席［EB/OL］. https: // www.163.com/dy/article/FF1JIULC0514IGIT.html

［51］上海时装周官网-关于我们［EB/OL］.http: //www.shanghaifashionweek. com/page/shfw/about

［52］WWD国际时尚特讯.香奈儿发布重磅环保宣言，"绿色"才是全球时尚圈普及"流 行色"［EB/OL］. https: //baijiahao.baidu.com/s?id=1661489785724843583 &wfr=spider&for=pc

POSTSCRIPT
后记

2017年12月，上海市《关于加快本市文化创意产业创新发展的若干意见》（简称"文创50条"）颁发，进一步明确了文创创意产业是国民经济和社会发展的重要支柱产业，是推动上海创新驱动发展、经济转型升级的重要动力，并在其中明确提出了"建设国际时尚之都"的要求。

上海时尚之都的建设涉及上海纺织轻工产业的转型升级、现代服务业的建设发展、时尚资源的整合共赢等领域。纵观国际五大时尚之都的发展，时尚产业集聚区、时尚品牌和设计师、时尚事件、时尚文化和时尚教育、时尚产业链管理等时尚产业建设要素对时尚之都的建设都起着重要的作用，其中既有文化价值的内涵，又有商业价值的体现。

由此，《上海时尚之都建设路径决策咨询报告》一书的编写团队围绕时尚产业五大要素在上海地区的现实情况分析展开，对标巴黎、米兰、伦敦、纽约和东京这五大国际时尚之都的发展历程，通过实地考察、专家访谈、行业走访等不同层面进行数据获取、调查分析、理论研究和实践经验总结，历时多年编写完成了本研究，以期能为上海建设国际时尚之都贡献绵薄之力。

本研究得到了上海市教委的大力支持，并获得"2019年度上海市教育委员会文教结合项目"的资助。本书由卞向阳确定总体框架，韩哲宇负责策划和统稿，李林臻负责审校定稿，第一章由朱明慧负责编写，第二章由朱明慧、牟金莹、宋庆仪负责编写，第三章由卞思瑾负责编写，第四章由王嘉睿、牟金莹、阮秋月负责编写，第五章由吴思彤、严妍负责编写，第六章由朱明慧负责编写，第七章由廖欣、朱晶、牟金莹负责编写。东华大学出版社编辑为本书的出版提供了宝贵建议和帮助，在此一并表示感谢！

由于编者水平有限，难免有疏漏和不当之处，敬请读者指正。

编　者

2023年2月